总主编◎陈代湘

Biquan Symposium

Studies on Social Work and Sociology

碧泉论丛

2021

社会工作与社会学专辑

主　编◎郑　鹏　陆自荣　张今杰

副主编◎秦加军　王林丽　邬欣言

湘潭大学出版社

碧泉论丛总序

陈代湘

位于湖南湘潭的“碧泉书院”，是南宋最早的理学学派——湖湘学派创始者胡安国、胡宏父子创立的书院。在南宋时期，碧泉书院影响非常大，张栻、彪居正、吴翌等人就学其中，史称“衡岳湖湘之学，皆起于此。”张、彪等人学成之后，传胡氏之学于岳麓书院，促成了岳麓书院学术文化的辉煌，南宋理学家真德秀指出：“窃惟方今学术源流之盛，未有出湖湘之右者。”学术史家黄宗羲也认为：“湖南一派，当时为最盛。”当时的湖湘大地，是全国读书人向往的学术圣地，南宋理学集大成者朱熹说当时的士子学人“深以不得卒业于湖湘为恨”。后世湖南人才辈出，群星闪耀，得益于经世致用的湖湘文化滋养。

山有岳麓，水有碧泉。岳麓书院一直以来兴旺发达，现在更是成为一张闻名全球的文化名片，而作为岳麓书院学术之源的碧泉书院，虽然历代皆有修葺，但却在二十世纪八十年代遭到拆毁，让人痛心！碧泉书院在历史文化上的影响不亚于岳麓书院，但在当代，二者的命运却形同霄壤。究其原因有二，一是地理位置之异，岳麓书院居于繁盛风景之所，而碧泉书院则处于边远偏僻之地；二是学术传承之别，岳麓书院与现代大学（湖南大学）结合，学术传承让世人注目，而碧泉书院未与现代教育体系接轨，薪火不传令世人扼腕。

改革开放，国学复兴。从高等学府到市井百姓，从庙堂之高到江湖之远，人们对国学充满了深深的期待。国学复兴，湘人有志；碧泉重建，吾辈有责。2017 年 6 月 23 日，本人在媒体上发表《重建“碧泉书院”倡议书》，受到社会各界的广泛关注以及省、市领导的高度重视。省、市相关领导相继批示支持，湘潭大学领导也高度重视，在 2018 年 7 月组建了碧泉书院。碧泉书院下设哲学、社会学、历史学、文化产业管理四个系，拥有 5 个一级学科，1 个一级学科博士点，1 个博士后流动站，4 个一级学科硕士点，建有湖南省湘学研究基地、易经哲学研究所、湖南宗教研究协同创新中心、碧泉乡村社会服务部等一大批学术研究、文化传承与社会服务机构。

湘潭大学重建碧泉书院，接续千年文脉，这是湘大未来持续发展的文化“基座”。湘大碧泉书院聚集了一批潜心向学的英才俊彦，以精研学术、传承文化相期许，以培养人才、服务社会为担当。我们创办“碧泉论丛”辑刊，期待借碧泉的源头活水，浇灌学术之田，培育累累硕果。

2022 年 4 月 9 日

目 录

【社区社会工作】

【历史与社会】

社会组织与社会治理

地方性社会组织参与社会治理的实践逻辑

——以中部X市为例

秦加军*

摘　要： 地方性社会组织参与社会治理的现实路径，是历史逻辑、理论逻辑、实践逻辑共同作用的结果。基于对中部地区X市社会组织的实地研究，发现X市社会组织参与社会治理的路径经历了从志愿服务到项目介入的转换；对接和搭建平台是其生存之基，链接和整合资源是其发展之道；社会组织大都认同“标杆示范”是地方治理的重要策略，打造品牌和特色是衡量治理效能的重要依据。地方性社会组织会在特定场域贴合不同主体的行动逻辑，运用实践智慧平衡各种悖论关系，在妥协和坚持中迂回实现主体性发育和自主性发展。

关键词： 社会组织；社会治理；实践逻辑；实践理性

社会组织是国家治理体系的有机组成部分，是社会治理的重要主体。2017年党的十九大提出“打造共建共治共享的社会治理格局”，完善“党委领导、政府负责、社会协同、公众参与、法治保障的社会治理体制”，“推动社会治理重心向基层下移，发挥社会组织作用，实现政府治理和社会调节、居民自治良性互动”。2021年政府工作报告提出“支持社会组织、人道救助、志愿服务、慈善事业发展”，这是自2011年以来，连续十一年在“加强和创新社会治理”部分将社会组织写进政府工作报告①。

近年来我国社会组织数量快速增长，至2017年底，社会组织数量达80.3万个，比上年增长14.3%；至2019年底，全国社会组织总量为86.63万个，比上年增长4.89万个[1]8。各类社会组织在提供公共服务、化解社会矛盾，保护弱势群体、维护社会稳定，扩大社会参与、推进公民社会进程，优化社会治理结构、提高社会主义民主政治等方面的作用日益显现，推进了社会源头治理和治理的理性化、专业化。在江苏、广东、浙江等社会组织蓬勃发展的地区，涌现大批社会治理创新的典型案例，形成了通过政府培育和购买社会组织服务实现政府与社会组织良性互动发展的态势，有力地促进了当地社会建设的发

---

* 作者简介：秦加军，湖北随州人，社会工作与社会学系讲师。

① 早在2006年，党的十六届六中全会《中共中央关于构建社会主义和谐社会若干重大问题的决定》里，就对“支持社会组织参与社会管理和公共服务”做了明确论述。党的十七大提出要加快推进以改善民生为重点的社会建设，重视和加强社会组织建设与管理。党的十八大提出“加快形成政社分开、权责分明、依法自治的现代社会组织体制”，将社会组织作为深化改革的基础和重点来统筹谋划，社会组织建设被推向了前所未有的高度。

展[2]11。在全国范围内，总结推广了“三社联动”①、枫桥经验等发动社会组织协同社会治理的模式。

一、相关研究回顾

学界对社会组织的内涵与本质、社会治理的理论与实践有相对系统的梳理和相对一致的理解，而对社会组织参与社会治理的研究则庞杂得多，研究水平也参差不齐。基于社会组织参与社会治理的合法性困境，本研究从体制机制、主体关系及行动策略三个角度对相关文献进行了梳理。

（一）社会组织参与社会治理的合法性困境

目前我国的社会组织面临主体合法性困境。首先，社会组织身份合法性缺乏基础：法律层面上，我国还未有一部完全针对社会组织的相关法律，来统一明确社会组织的定义、权利及义务、地位和管理、人事与保障以及相关法律责任等；管理体制层面，我国目前对社会组织施行双重管理体制，社会组织的设立需要经过业务主管单位和登记管理机关双重主管部门许可批准[3]179，客观上加大了社会组织设立的难度以及公民结社权的行使[4]64-65，也可能使具有合法性质的社会组织不愿或难以找到相应的业务主管单位而无法取得合法身份[5]108。其次，社会组织的社会认同度不高，部分党政干部认为社会组织不重要，不正式、不可靠，易脱离政府的监管导致政府的社会控制能力下降，总是跟政府不合作甚至跟政府唱对台戏[6]52。梁德友指出，由于传统治理格局的束缚和治理文化、路径依赖等因素的影响，社会组织共治在实践中面临来自结构、制度、能力以及伦理等方面的合法性困境[7]184-188。

（二）社会组织参与社会治理的体制机制

牛晓东基于定量研究，构建了包括结构设计、权责划分、组织培养、制度保障、监督评估、沟通协商、信息共享、网络维持、利益平衡、关系维护和系统参与这11项机制在内的社会组织参与城市社会治理的机制体系[8]58-79。易轩宇运用网络治理理论，从治理网络的适应、信任、竞合、扶持及维护等机制方面具体了讨论社会组织参与社会治理的机制缺口[9]121-146。曹爱军等人认为，在政社关系理性调适的情形下，需打破“平衡主义”制度设计思路，建构起以引导、规范和保护为特征的包容性的制度框架，建立有利于社会组织孵化和发展的制度平台，确保社会组织的实质性“在场”[10]94-99。张春花提出通过购买服务、专业培训、公益孵化、项目运营、公益创投、建构网络、政策倾斜、必要经费支持等，改革创新社会组织的能力培育机制；出台《社会组织法》，制定相关社会组织的扶持政策、减免相关运营成本[2]11。

---

① 2016年，黑龙江省在全国率先出台《关于完善社会服务体系，提升社会治理水平，实施社区、社会组织、社会工作“三社联动”的意见》。

（三）社会组织参与社会治理的主体关系

社会治理中社会组织与政府的关系，实质是国家与社会的关系。解释“国家—社会”关系的主要理论有国家主义、马克思市民社会理论、多元主义、法团主义以及新兴的网络治理理论等。

戈登·怀特在对中国浙江的研究中提出了社团二重性问题[11]63－68，王颖、折晓叶等人指出，基于社团成员自助、互益和自我管理以及政府进行间接管理两方面的需要，导致中国的社团具有半官半民的特征[12]8。王名提出社会组织具有“双重性格”：对体制资源的利用带来自身的“政府性”，对经营性资源的利用则带来“营利性”[13]1－3。范明林认为非营利组织与政府存在强控性、依附性、梯次性和策略性4种不同的国家法团主义关系[14]。刘鹏提出“嵌入性”控制概念：国家利用特定的机制和策略，营造符合国家政治偏好的组织运营环境，对社会组织进行植入性干预和调控；社会组织愿意借助于政府所提供的政治机会而对国家职能进行反作用，从而使二者关系外化为伙伴式关系[15]100－143。冯梦成尝试用“党政引导”来诠释中国社会组织参与社会治理的逻辑和经验[16]160－165。胡颖廉认为，新中国的国家与社会关系经历了单边吸纳、弹性依附、共建共享三大阶段，具体表现为从“总体”社会到“整体”性治理的演进路径[17]47－51。

（四）社会组织参与社会治理的行动策略

张紧跟等用“非正式政治”阐释社会组织寻求非正式的渠道进行日常运作的状况[18]160－174；何艳玲等发现，草根社会组织会因为对其他组织的依赖、信任程度不同以及自身决策者因素而选择不同的策略，比如拒绝、避免、默许和欢迎等[19]48－54；和经纬等发现，草根社会组织采取制度外的道义正当性，以期获得社会的支持以及政府的默认，如建立顾问委员会、理事会等，有的还利用与政府官员的个人联系[20]11－18；邓宁华发现，缺乏社会基础的体制内非营利组织，凭借和利用国家的特殊合法性支持而进入社会领域中以汲取资源，他将这一策略称为“寄居蟹的艺术”[21]91－100。姚华采用“制度—生活”分析框架，发现社会组织与政府合作既妥协又坚持；在“强国家弱社会”背景下，“做加法”是同政府妥协的一种有智慧、有成效、可复制的策略；“理念与责任”“专业化道路”是必须坚守的底线[22]21－41。曾凡木发现，社会组织在与居委会的关系处理中采用“耦合”策略，以获得合法性支持；而在提供专业服务时，面对不专业的社区居委会，采取“脱耦”策略，“耦合”和“脱耦”策略交替使用，二者关系处于动态平衡中[23]43－47。

（五）现有研究的不足

首先，从研究视角看，已有的研究基本是在“国家—社会”框架下分析社会组织参与社会治理的互动关系、体制机制、行动策略等，较少结合地方的社会基础和文化背景，在一个特定的实践场域中，细致地分析地方性社会组织参与社会治理的实践逻辑和非制度因素。其次，从研究对象看，对参与社会治理的社会组织，要么不加区分笼统讨论，要么按其业务范围或成员构成分类讨论，还没有从影响治理效能的短期和长期因素出发，将社会组织看作基本的行动单元和分析单位，进行更有学理性的类型学划分。再次，从研究方法看，较少能立足于某个地域范围的实践场域，基于较长时间的田野调查和扎根研究，层层抽象和提炼出更有现实解释力的地方模式或中程理论。

二、研究思路、框架与方法

本文扎根于我国中部地区一个中等规模的城市，选取若干家公益慈善类社会组织，通过文献研究、田野研究和行动研究，展现地方性社会组织参与社会治理的实现过程及复杂逻辑，进而探究影响地方性社会组织稳健、可持续发展的因素，提炼出更具有现实解释力的理论框架或地方模式。

（一）基本思路和分析框架

第一，将具有一定自主行动能力的社会组织作为行动的主体，根据其参与社会治理的活跃程度和专业化水平，将其分为四种理想型（ideal type）。参与程度反映社会组织在参与社会治理中的活跃程度、社会影响，体现社会组织动员社会资源、获取项目的能力，也反映社会组织与社会治理项目相关事务、相关政府部门和社会组织的关联程度；专业化水平反映社会组织自身的组织运营方式、社会服务模式，体现社会组织可持续发展能力，反映社会组织参与社会治理是否具备核心竞争力，有多大的筹码与政府、市场及相关主题谈判和博弈。

表 1　社会组织的“理想型”

低参与度—高专业化（Ⅲ型）	高参与度—高专业化（Ⅳ型）
低参与度—低专业化（Ⅰ型）	高参与度—低专业化（Ⅱ型）

第二，梳理 X 市社会组织参与社会服务和社会治理的历程，分析地方性社会组织参与社会治理的路径转换及其对社会组织自身的影响。

第三，分析地方性社会组织参与社会治理的行动策略。结合具体的社会治理实践，展现社会组织争取公益项目和社会资源的行动方式和实践智慧。

第四，分析社会组织参与社会治理的效能导向，理解社会组织认同并执行地方政府“典型示范”和“品牌打造”的治理策略和工作方式。

第五，从实践场域联结到社会系统，探讨在党建引领和政府职能改革的背景下，讨论地方性社会组织在党建引领和政府职能转移的背景下，地方性社会组织应该如何定位和作为，实现自我跃升和高质量发展。

（二）研究方法

1. 研究地点和对象的选择

X 市地处湖南省中部，是较为典型的中国中等规模、中等发展水平的城市。X 市社会组织的发展状况在我国中部地区有一定的代表性和典型性。该市有一批长期活跃在民间的公益慈善类的志愿服务组织，近年来注册的社工机构呈快速增长态势，社会组织的整体发展水平和参与社会治理程度，在湖南省处于中等偏上水平。

2. 资料收集方法

（1）文献法。收集社会组织参与社会治理的相关工作文件、政策法规、总结材料；项目的策划方案、会议纪要、档案资料；社会组织的微信公众号、负责人的微信朋友圈、各类社会组织 QQ 群与微信群等。（2）深度访谈。重点考察了 X 市 6 家社工机构（RX、RY、TR、JP、HYG、LHT）和 6 家志愿服务类社会组织（YGL、LC、BBT、QFYG、CJH、XT）参与社会治理的历程、现状和项目运营状况，并与相关负责人和工作人员进行了深度访谈。对 X 市民政局主要负责领导、相关科室负责人和工作人员，进行了一对一的深度访谈。（3）座谈会。通过参与 X 市民政局组织的公益创投项目推介会，市社会组织培育发展中心组织的公益品牌对接会、社会组织与媒体对接会、县市区社会组织孵化基地分享会等，积累了社会组织参与社会治理的大量一手资料。

三、参与路径：从志愿服务到项目介入

截至 2021 年 6 月，X 市有社会组织 1984 家，其中社会团体 942 家、民办非企业单位 1031 家、基金会 11 家；市本级组织 487 家，其中社会团体 347 家、民办非企业单位 135 家、基金会 5 家。

（一）公益“时尚”：社会组织志愿服务的高光时刻

X 市公益类社会组织起步于 2008 年。该市有一定规模和相当影响的志愿服务组织四家。第一家组织的主要发起人在 2008 年一次公益援助活动中聚起一批爱心人士，2012 年注册成立 X 市 YGL 联合会，成为该市第一个在市民政局注册的民间公益组织。另一家有影响的志愿者组织 LCQF 义工协会由发起人 L 女士于 2009 年 5 月组建，2013 年 7 月在民政局正式注册。第三家影响较大的 LC 志愿者协会，由发起人 Y 先生于 2010 年召集几位好友成立并一直担任会长，2014 年协会正式在民政部门注册，2019 年成为中国青年志愿者协会会员单位。第四家 BBT 志愿者协会由大型国企 X 市钢铁公司团委牵头，几位热心公益的志愿者注册成立。这四家组织都属于Ⅱ型的志愿服务类的社会组织，参与程度高，有一定社会影响力，对公益性的强调甚于专业性。X 市可以归为Ⅱ型社会组织还有若干家，他们也较为活跃，但影响稍小，活动范围主要集中于特定领域、服务对象主要集中于特定人群的组织，如专注助学的一滴水、向日葵等公益组织，致力于助残的心智障碍协会、帕金森病友协会，通过体育项目聚集爱心人士的微马协会等。

这类组织的基本特征是以公益、慈善、奉献爱心为行事理念，号召和发动会员、志愿者和市民志愿参与到他们的公益活动中。他们通过慰问走访、发放物资、资金支持等方式，长期开展扶危、济困、助学、助残等爱心公益活动；聚集了相当数量的个人会员、单位会员及志愿者，逐步形成稳定的志愿服务队伍；在民间有较好的口碑，地方政府也对他们有良好的正向评价，部分爱心企业成为他们的单位会员或定期向他们捐赠钱物。一场场活动的展开，一个个会员的加入，一笔笔物资的捐赠，一次次媒体的报道，逐步助推形成

了X市浓厚的公益氛围，"公益场域"或"公益圈"在此过程中被型构。

在2016年之前，他们是民间参与社会公共事务的主要力量。2016年之后，X市加大政府采购社会服务的力度，一些更具专业性、运营项目能力更强的Ⅲ型社会组织开始出现并进入政府重点合作的名单。Ⅱ型社会组织的公益资源渠道、自身运作方式、活动参与度及社会影响力等方面，都受到不同程度的影响。他们中的某些组织感受到了这种变化或挑战，也从不同程度对自身的运营模式进行调整。但是，总体而言，他们作为Ⅱ型社会组织的基本特质没有改变，公益圈或"公益场域"的行事规则仍然主导了他们的行动策略。

（二）"争取项目"：社会组织服务地方社会的路径转换

政府购买公共服务是转变政府职能、改革行政模式、提高公共服务质量的有效手段。2009年开始，我国广东、成都等地出台政策，开展政府向社会组织购买社会服务的试点工作。2014年11月，财政部、民政部发布《关于支持和规范社会组织承接政府购买服务的通知》（财综〔2014〕87号），提出发挥社会组织在承接政府购买服务中的主体作用，加快培育一批独立公正、行为规范、运作有序、公信力强、适应社会主义市场经济发展要求的社会组织。

X市的政府购买社会服务始于2015年开展的全市社会组织公益创投项目。首次公益创投活动，重点支持以"安老、济困、扶幼、助残"为宗旨的项目和社会组织，共安排资金30万元，主要用于弱势群体关爱及社区关系改善。2015年，X市成立全市第一家社会工作机构——X市JP社会工作服务中心。2016年X市民政局发起的公益创投活动，出现两套方案。一个是《X市社会组织参与精准扶贫公益创投活动实施方案》，另一个是《X市社会工作服务项目创投活动实施方案》。相对于2015年首届面向所有社会组织、包括八类公益服务领域而言，本年度在创投范围上更为集中，项目的定位也更为清晰。同时，出现专门针对社会工作领域的项目发包。本年度经费增至50万元，资助19个公益项目。

2017—2020年的公益创投项目，无论是入围的社工机构的数量还是社工机构获得的项目数、资金量，都占有较大比重。2017年公益创投总经费150万元，每个项目3万至8万元，33个项目获批（其中8万元的7项，5万元的8项，3万元的18项），4家社工机构入围，共获得19万元经费。2018年投入经费39万元，发包5个项目，3家社工机构获批3个项目，占项目总数的60%；社工机构获批经费共23万元，占经费总量的59%。2019年资金总量80万元，20个项目，每个项目各4万元，7家社工机构入围获10个项目（3家获2个项目），占项目总数的一半。2020年安排资金30万元资助7个项目（其中6万元1项，5万元3项，3万元3项），3家社工分别获6万元、5万元、3万元项目各一个，总计14万元，接近资金总量的一半。

公益创投项目之外，社工机构在X市其他政府购买社会服务项目中，也在日益成为重要的承接方。2016—2019年的"三区计划"项目、X市救助站困境与留守儿童关爱保护项目、2018年十社区"四点半课堂"项目、2018年开始在X市各县（市、区）推广的"街道（乡镇）社工站"项目等资金量大、社会影响广的项目，承接方都是社工机构。

2015年，X市只有一家社工机构，到2018年增至7家，2021年3月达到26家，注册社工443人①。一般来说，社工机构较公益类志愿组织，工作人员的专职化、专业化程度更高，能较为规范地运营社会服务类项目，逐渐取代Ⅱ型社会组织成为当地政府购买社会服务的合作主体。

此外，有一定规模的社工机构会聘请专职财务，保证项目财务的规范和安全。这一点，地方政府尤为看重。因为超过一定资金量的项目，可能会在“回头看”的过程中，被上级或本地审计部门抽中全面审计，一旦出现问题，不仅是承接机构负责人会被追责，发包的地方政府相关部门的负责人，也有可能被连带追责。

从积极参与公益，到争取政府购买服务的项目，根据生存环境的变化，社会组织在行业习惯的驱动下，在具体实践里中不断调整关系、积累新的资本。在某种程度上，是对实践场域的适应，也在一种程度上型塑了场域的新特质。

四、行动策略：平台搭建与资源整合

从激励社会组织参与公益慈善事业，到通过政府采购发包社会服务项目，政府向社会让渡了部分空间，有利于民间社会的充分发育。社会组织感受到这种变化后，会利用政府的导向，或积极参与公益事业，或向专业化方向转型。但是，社会组织的生存环境和自身特点，决定了单靠自身力量很难走上独立自主和规模发展之路。通过地方性社会组织参与社会治理的行动策略分析，发现对接和搭建平台是他们的生存之基，链接和整合资源是他们的发展之道。

（一）“搭台唱戏”：对接和搭建平台

有一定实力的社会组织，会通过搭建平台，积累社会资本，提升社会声望。X市社会组织的平台主要有两类，一是由政府扶植的、具有半官方性质的“政府主导型”平台，另一类是由社会组织主要利用市场资源、自主搭建“民间主导型”平台。

1. 社会组织孵化基地：“背靠”政府的平台

2016年，湖南省民政厅获省财政资金的支持，拨付一笔费用建设省级、地市级和县（市、区）级社会组织孵化基地。X市市本级孵化基地，以市本级孵化基地为例，当年获得省财政支持资金110万元，通过公开招投标由X市社会组织促进会对基地进行运营管理。X市社会组织促进会成立于1995年，在与市民政局脱钩前，业务主管单位是X市民政局；直至2018年，理事会会长协会均由市民政部门负责人兼任，具有半官方性质。X市社会组织促进会运营培育中心两个周期（2017—2018年、2018—2019年）后，市民政局对总体效果不甚满意。一是认为X市社会组织促进会核心管理团队项目运营经验不足，专业性不够；二是项目的运营思路过于注重孵化和培育而未能发挥更大效用；三是孵化基地对全市社会组织号召力和吸引力不强，社会影响力不大。

---

① 数据来自《湖南省民政厅关于全国社会工作信息录入情况的通报》，2021.5.20。

第三期（2019—2020 年）、第四期（2020—2021 年）的运营方是 X 市 RX 社会工作服务中心，中心的发起人为 X 市某高校社会工作专业硕士点的五位教师。他们在运营思路上做了调整：在做好组织孵化和能力建设的基础上，搭建社会组织与政府、市场之间共建、共享、协作、交流的平台；通过树立一批创新型、示范性的社会组织和公益服务品牌项目，打造全市社会组织服务中心、支持中心与资源枢纽。在平台搭建方面，组织儿童和老年公益类的品牌项目专题分享会，分别搭建儿童、老年公益的交流互动平台；利用 X 市高校众多的优势，尝试在专业社工的引领下，建立 X 市大学生志愿者联盟，探索“社工 + 志愿者”的合作机制；推动下辖县市区的社会组织孵化基地联动，尝试打造一个以市本级社会组织孵化基地为指导，下辖县市区孵化基地为支撑，覆盖全市各级社会组织的公益交流和服务平台；推动区域社会组织孵化基地联动，尝试建立区域信息共享和资源交流平台。

对比 X 市社会组织促进会和 RX 社会工作服务中心的运营模式，可以认为，发挥社会组织孵化基地的公益平台和资源枢纽功能，能号召和发动更多社会组织聚拢整合，协同开展公益服务，造成更为广泛的社会影响，能在较大程度上消解采购方的政绩压力。而将平台定位为政府的助手，协助他们开展全市社会组织的管理工作，缓和了采购方日常工作琐碎而又人手不足的矛盾。

2. 公益帮扶中心：“借力”市场的平台

在 X 市几家主要的Ⅱ型社会组织中，YGL 义工联合会近几年的运作方式呈现越来越鲜明的市场化特征。YGL 义工联合会获取项目的能力一直很强，从 2015 年开始的 X 市公益创投，他们几乎每年都能成功立项，且差不多是资金量最大的类别。究其原因，与他们借力市场打造公益的平台的能力有关。

从 2010 年成立后的相当长的一段时间内，YGL 义工联合会与其他公益类志愿服务组织类似，主要从事助学、助老、助残、环保、社区治理等相对纯粹、常规性公益服务。但在以“义卖”“消费扶贫”等方式创新公益手段的实践中，以 Z 会长为主的核心团队不断从工商人士、爱心企业那里拓展和积累公益资源，走出一条“借力”市场搭建公益平台的路子。YGL 联合会的会员单位有较大比例的工商企业单位，他们做公益的大部分资金也是来源于爱心人士和企业的捐赠。Z 会长敏锐地抓住 X 市产业扶贫与公益慈善之间的关联，采取以“消费扶贫”对接全市重大战略行动的思路，找到了对接更大平台的新路子。Z 会长通过前期调查了解到，X 县 Q 镇因地处偏远山区，当地农户的产品缺乏销售渠道。YGL 结合当地实际，制定了“三带三帮 一村一品 消费扶贫”的公益活动方案。活动在 2020 年初正式推出，YGL 利用自身团队“公益 XT”的平台，采用线上、线下方式大力推介 Q 镇本地牛肉，“以购代销”，接受爱心人士线上预定；线下活动现场称重，确保牛肉新鲜、不注水。初战告捷，YGL 又联合 X 市高新区 S 街道扶贫办举办消费扶贫展销活动，一个小时取得帮销扶贫产品 6000 余元的成绩。

2020 年底，YGL 开始尝试打造具有固定活动场所的公益平台。先是在城区繁华地带开设“消费扶贫助残助学”社区店，三个月后又开设 X 市“公益帮扶中心”。湖南省和 X 市的一些社会团体、群团组织、行政及事业单位开始关注帮扶中心的做法，大多对“消费扶贫”给予了肯定和支持，甚至结合自身单位需求与之开展合作。如 2021 年 2 月，湖南省旅游商品协会在公益帮扶中心设立驻X市办事处；5月，X市乡村振兴局领导到帮扶中心考察，肯定了公益支持农副产品销售的模式。

总结YGL的公益实践和发展策略，会发现一条清晰的“公益+市场”的运作模式。先是在公益实践中，有意识地从X市工商企业界募集公益物资；而后，将组织的发展融进国家和地区发展战略，通过“消费扶贫”对接X市“三带三帮”的产业扶贫计划，策划若干场给自己带来社会影响力的扶农扶贫产品展销会；之后，进一步明晰和聚焦发展思路，在市区搭建“消费扶贫”的平台，以公益帮扶中心为基地，广泛链接工商企业界的公益资源；同时与民间社会组织、党群组织、行政事业单位等互联互通，借助他们获得更广泛的社会影响。

（二）公益的“生产与再生产”：链接与整合资源

地方性社会组织大多通过积累人脉、筹措物资以及打通项目三种途径实现公益资源的聚集和优化：负责人通常为“斜杠精英”，会利用合适的身份和资源，实现各类资源的相互转化，走出一条兼业化的发展道路；通过“蹭热点”的方式向财政争取资源，或利用“互联网+公益”模式开展众筹；为盘活现有项目，他们会打通、整合、共享项目内外的各种资源，或者多个项目共用一场活动，或者多个组织共用一个项目。

1.“抱团取暖”：“人”的获取与整合

X市几家主要的社会组织，基本都与政府部门或地方企业有定期的联系和沟通。社会组织的负责人在社会组织之外，通常还有其他的身份或资源，所谓“斜杠精英”。他们会娴熟地利用某种合适的身份，与政府、企业或其他社会组织打交道，疏通彼此关系，积累各种人脉资源，或者为自己获取其他的社会身份，从而为社会组织的发展夯实社会关系基础。

例如，YGL义工联合会聘请曾获全国道德模范提名奖的原湖南省委党校副校长为荣誉会长，同时聘任一批学者、专家担任团队顾问；吸纳本地爱心企业为会员单位；Z会长本人为X市高新区妇女联合会兼职副主席。又如，LC志愿者协会，背靠X市团市委，前任秘书长L女士说，“会长YB与团市委的主要领导有亲戚关系，协会的大部分项目都是团委提供的。他们对项目执行要求没有那么高，这些年来，协会的日子还过得不错。”Y会长和协会部分会员是X市或下辖某区政协委员。此外，JP社会工作服务中心的后盾是JP养老服务公司，公司总经理W女士也是服务中心法人代表；RX社会工作服务中心，五位发起人均为驻X市高校XT大学社会工作专业硕士点的教师；LC社会工作服务中心理事长L女士，注册社工机构之前在LC志愿者协会任秘书长多年，同时在X市某律师事务所任业务经理，自己又注册一家咨询公司，可谓真正的“斜杠精英”。企业界、公益圈的人脉能迅速为社工机构的发展所用。

2.“众人拾柴”：“物”的寻找与拓展

X市部分社会组织会研究特定时间段政府的重点工作，通过“蹭热点”的方式，从政府发布的项目中申请物资或善款。YGL连续六年开展的“一张纸献爱心”项目是一个典型案例。2008年3月，中华慈善总会为救助我国贫困家庭患先天性心脏病和白血病儿童，启动“一张纸献爱心”大型慈善公益项目。2015 年 7 月，YGL 承接了 X 市“一张纸献爱心行动”启动仪式，不到一年时间便得到该市 200 多家单位的支持，收到各单位捐赠的废旧书报 30 余吨。通过这一项目，YGL 对接上了中华慈善总会、省民政厅及 X 市众多行政事业单位的负责人，为其争取其他项目资源提供了无形的关系资本。

互联网为社会组织链接和筹集公益资源提供了另一种可能。2017 年，X 市的部分社会组织开始参与“99 公益日”筹款行动，如 BBT 志愿者协会计划筹款 122070 元开展“敬老院暮年的回忆”项目，为 X 市 16 个敬老院共计 667 个孤寡老人拍照、制作油画墙照，并开展为期一年的志愿服务；关爱帕金森病协会发起“让生命不再颤抖”项目，计划筹款 16 万元用于 30 名贫困帕金森患者的药品补助，实际筹款 7 万余元。2018 年的“99 公益日”，X 市至少 18 家本地社会组织申报了 19 个“99 公益”项目；2019 年社会组织在 99 公益日期间筹款突破三百万元。

3. “同舟共济”：“事”的共通与互济

部分社会组织有时同时承接多个项目，这些项目的活动指标、参与人员有时非常一致，这为同一组织打通多个项目提供了可能。2020—2021 年，RX 社会工作服务中心同时承接了 X 市社会组织党建指导、X 市社会组织孵化以及 X 市两个县（市、区）的乡镇（街道）社工站项目。机构尝试横向打通不同项目，打造“红社引领，匠心公益”品牌：“红社引领”强调党建，主要满足党建指导项目需要，部分满足社会组织孵化项目对党建孵化、社工站项目对支部活动的需要；“匠心公益”主要满足社会组织孵化项目开展公益服务活动的需要，部分满足社工站志愿服务活动、党建项目要求党务融合业务活动的需要。

地方性社会组织一般规模小，以一己之力开展活动很难造成大的社会影响。他们会联动其他组织，集中一段时间共同开展活动或运营项目。X 市 X 县社会组织孵化基地负责人 P 女士，联动正在孵化的和已经“出壳”的部分社会组织，围绕脱贫攻坚、“一老一小”等领域开展活动，在 12 个乡镇 89 个村，帮助 1190 户 2422 人建档立卡贫困户发展养蜂产业，解决 500 余名劳动力就业；组织 30 多家各类社会组织慰问、帮扶 17 个乡镇 30 余家养老机构和 500 余户留守老人、留守儿童家庭，共同打造的“莲湘颐老”项目已成为 X 县的公益品牌。

五、效能导向：示范引领与品牌创建

社会组织提供的社会服务和参与社会治理的实践，到底该如何评估其成效？本研究发现，地方政府和社会组织大都认同“标杆示范”是地方治理的重要策略，打造品牌和特色是衡量治理效能的重要依据。

（一）典型示范：挣脱资源约束

政府开展典型示范或试点创新，便于集中有限资源重点发力，短期容易出成效；另一方面以点带面、稳步推进，可以减少试错成本。地方性社会组织会积极配合，进入示范或试点的行列，可以获得政策和资金支持，同时可以借此机会，实现项目运营和组织管理的提质升级。

1. 典型带动：示范儿童之家的“乐”与“忧”

2018年，X市民政局采取以示范点建设带动全市站点建设的模式，通过政府购买服务的形式，引进有资质的专业社工机构、服务企业、社会组织参与儿童之家的建设与服务。经过层层申报、筛选和招投标等环节，市民政局最终确定10个儿童之家市级示范点。在典型示范的带动下，2018年X市全年共投入658万元共建设112个儿童之家①；到2020年7月，累计投入1100万元，建成“儿童之家”963个，覆盖全市70个乡镇963个村和社区，覆盖率达100%②。通过建设各级示范站点，成熟之后再带动其他地方，可以少走弯路；典型示范的辐射效应也会提高资源利用效率。

但是，示范点建设解决了场地和基础设施的问题，却没有考虑后期运营问题，多数示范点出现资金短缺导致场地闲置现象。X市社会组织促进会申报的SYJ社区儿童之家2020年度被认定为“省级示范儿童之家”，但其负责人却一直为缺少运营经费头疼，“儿童之家的硬件条件没话说，当时建造，获批的经费全部都投进去了。社区居民要求儿童之家每天都要开门，只要一开门，就要有支出。且不说工作人员的工资，煤气水电费都是一笔不小的费用。一直向局领导反映这个问题，但他们的回复是，局里也没有这个费用预算，需要自筹资金解决。”这一问题暴露了建示范点模式的弊端：注重示范效应，就必须有可视化的硬件和设施供参观学习，那就意味着前期需要投入大量资金搞一批形象工程；而后期的运营和管理，有时很难直接看到成效，投入的经费自然就有限。但实际上，建成后的儿童之家要开展临时照料和课后托管、安全教育、成长活动、游戏娱乐、心理支持等活动，更需要资金支持。承接项目的社会组织，一般缺乏项目外的资金来源，这往往导致后期的运营变得艰难。

2. 试点创新：基层社会治理的“新”与“惑”

2018年6月，X市YH区成为湖南省20个城乡社区治理创新试验区之一，试点周期为三年。YH区民政局围绕“红润YH·三治同行”实验主题，推出居民“零距离”点单、“社区议事厅”制单、“服务直通车”买单的“三单制”清单模式等创新做法，NPL社区“12345”工作法被评为全国优秀社区工作法，XJQ社区党建引领“社区一家亲”工作法、LBD社区“匠心”工作法、HY社区“1314”工作法、TXS社区“同心圆”工作法被评为全省优秀社区工作法③。表面上看，YH区试点工作成效显著，亮点纷呈。进一步分析相关总结材料和宣传报道，会发现其中特有的“行政逻辑”：上级发文推进新的举措，下级政府领会精神，精心准备申报方案，进入试点或示范的“笼子”后，获得一定的资金支持；试点单位策划一些新的活动方案，实施时请领导到场发言、媒体跟踪报道，扩大社会影响力，再组织“笔杆子”挖掘、总结、提炼成绩和亮点，上级政府据此总结验收。

---

① XT市去年建成“儿童之家”112个. XT在线. 2019-2-14.

② XT已建设963个“儿童之家”，覆盖面达100%。X市人民政府门户网站. 2020-07-28.

③ X市人民政府门户网站2019-10-31.

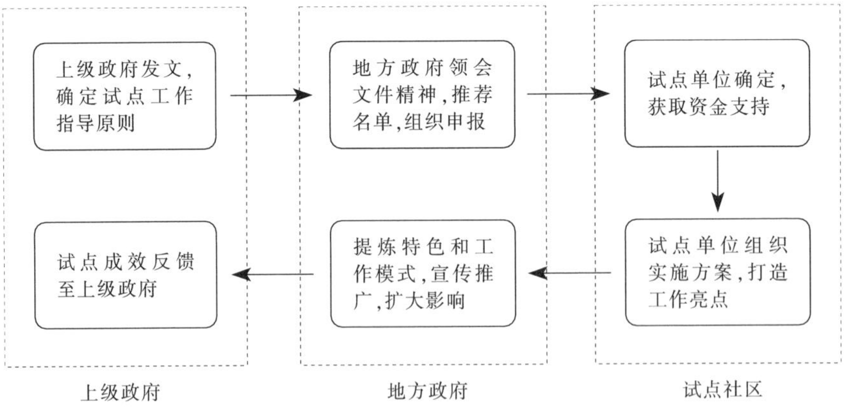

图 1 社区治理试点创新的“行政逻辑”

不过，根据对参与 YH 区社区治理试点工作的某社会组织的实地调研，项目实际的展开确呈现出另外一条线索。为保证项目的顺利实施，在自身人手、精力、能力都有限的情况下，区民政局通过政府购买服务的方式将项目执行交由 RY 社会工作服务中心承接。RY 深度参与了试点工作的策划、执行和总结材料的撰写等过程。在 X 市社会组织微信群里，经常看到 RY 的总干事 GX 作为通讯员，在一些省、市的官媒上发表的诸如《打造“红色四邻”共筑社区治理创新》《“三治融合”下的基层治理，助推乡村振兴新局面》等经验总结的文章。在访谈中，GX 道出了项目推进中遇到的困难和深层次问题：“我们对外说是 12 个示范区同时展开，其实因为资金限制，很多社区的工作没办法做，只能停一停、缓一缓……项目必须要出亮点，出特色，需要整理各种各样的经验材料和宣传资料。但居民更看重的是有没有帮他们解决实际问题，对工作特色、品牌之类的东西并不是很在乎，也不会专门去背去记。”

综上，YH 区社区治理创新实践，除了官方和媒体铺排的光鲜“成果”，项目实施过程中也会出现资金不能及时到位、部分社区动力不足、居民不满意、工作流于形式等问题，冲突、磨合、试错，贯串了整个项目的执行周期。

（二）品牌创建：提升组织的社会影响力

无论是来自各级政府政绩考评的压力，还是来自社会组织争取长久合作的需要，“创立特色、打造品牌”成为购买方和采购方的共同追求。

1. 品牌的“制造”：“三分做功，七分唱功”

X 市的社会组织在打造品牌项目时发现，埋头做好项目远远不够，不会造势，没有一定的媒体曝光率，再有创意的项目也不能成为特色或品牌。

前面提到的 YGL 义工联合会，会长 Z 女士几乎每天都会发朋友圈或在各种微信群里推介他们的“公益消费帮扶中心”；为扩大“一张纸献爱心”品牌活动的社会影响，策划了 12 场走进行政事业单位的系列活动。RY 社会工作服务中心总干事 GX 在访谈中提到了他们创建品牌的经验：“我们与省、市主要媒体都有密切的联系。区民政局与省官方媒体是签了协议的，每年有一定的稿件投放。我们自己也有与 XHN（一家省级官方媒体，笔者注）签约，一年要花一万到两万块，有十几篇的稿件可以推送[①]。你的做法再好，不会包装、不会宣传，在竞争如此激烈的环境，没有人会记住。要想让领导认可你是一个品牌，没有足够的媒体曝光率是肯定不行的。”

2. 品牌的“功用”：“桃李不言，下自成蹊”

对相关政府部门而言，有可展现的特色或品牌工作，是迎接检查、体现政绩的最好方式。对社会组织来说，握有特色品牌项目，能增强加强自己在圈子里的影响力和号召力，便于联合其他社会组织开展活动，进而巩固在行业内的地位。

RX社会工作服务中心在运营X市社会组织孵化项目第四期（2020—2021年）时，开始打造“红社引领 匠心公益”的社会服务品牌。在项目的实施过程中，以打造品牌的名义发动入驻组织、志愿者和其他社会力量参与，每场大型活动的出席的人数、参与的组织数量，都能达到预期。该品牌逐渐为X市民政局认可，在X市社会组织综合党委撰写的年度工作方案中，将继续打造这一品牌活动作为重点工作列了进去。值得警惕的是，政府会对“品牌”形成路径依赖。若过于强调示范和品牌的表面效果，将可视化成果作为评估治理效能的最重要的依据，容易导致工作流于形式，造成资源浪费。

六、结论与讨论

社会组织参与社会治理的现实路径，是历史逻辑、理论逻辑、实践逻辑共同作用的结果。对地方性社会组织而言，参与社会治理的实践过程，更是附着甚至根植在特定的实践场域、关系网络和地方文化之中。

（一）行动策略与社会治理再生产

X市社会组织参与的社会治理的形式主要为服务型治理。社会组织参与社会治理的路径经历了从志愿服务为主到项目介入为主的转变，专业化服务、规范化运营的导向，一定程度上改变了X市社会服务“公益至上”的场域氛围。对接或搭建平台是社会组织的生存之基，链接和整合资源是其发展之道；尽管出发点不尽相同，但地方政府和社会组织大都认同“标杆示范”是地方治理的重要策略，打造品牌和特色是衡量治理效能的重要依据。

典型示范和品牌打造，本为社会治理的手段，若将其作为评估治理效能的唯一依据甚至是治理的目标，就会本末倒置，导致工作流于表面和形式；项目后续没有配套和跟进，也容易造成资源的浪费。抱有历史耐心，扎根基层社区，在擅长的领域持续专注发力，不断提高专业化水平和规范化程度，才能让组织行稳致远，实现可持续发展。

（二）从实践场域到社会系统

在社会治理的实践场域里，不同的行动主体有不同的行为习惯或实践逻辑，遵循不同

① 有偿新闻是违背新闻职业道德的。但现实仍有不少媒体通过签订合作协议等方式，变相从需要新闻报道的相关单位获取某种收益，这也似乎成为业内的潜规则。

的行为规则。地方性社会组织在参与社会治理的实践中，不是从理论理性出发，而是根据不同行为主体的实践逻辑和行为规则，结合具体情境和关系网络，综合运用生存和扩张的实践智慧，在合作、竞争、整合、冲突中平衡各方利益，积累关系资本和社会资源，进而实现主体性发育和自主性发展。

地方治理场域类似一个生活小世界，带有熟人社会的特征；而国家治理则类似社会大系统，采用普遍化、理性化的原则行事。地方性社会组织一方面要嵌入实践场域，注重人脉积累和关系维护，稳固行业地位；另一方面又必须超脱地域局限，对接党建引领和政府职能转移的大系统，注重专业提升和平台拓展，从而实现自我跃迁和升华。

参考文献：

[1] 黄晓勇，徐明等主编．社会组织蓝皮书：中国社会组织报告（2020）［M］．北京：社会科学文献出版社，2020.

[2] 张春花．规范引导社会组织参与社会治理［N］．中国社会科学报，2020－8－12.

[3] 苏力，葛云松，张守文，高丙中．规制与发展——第三部门的法律环境［M］．杭州：浙江人民出版社，1999.

[4] 丁曙光．法律视角下的社团问题研究［J］．山东审判，2006（04）．

[5] 高丙中．社会团体的合法性问题［J］．中国社会科学，2000（02）．

[6] 俞可平．中国公民社会：概念、分类与制度环境［J］．中国社会科学，2006（01）．

[7] 梁德友．社会组织参与社会共治的合法性困境及其政策调适［J］．社会科学辑刊，2019（03）．

[8] 牛晓东．社会组织参与城市治理机制研究［D］．天津：天津大学，2015.

[9] 易轩宇．社会组织参与社会治理的机制创新研究［D］．湘潭：湘潭大学，2016.

[10] 曹爱军，方晓彤．社会治理与社会组织成长制度构建［J］．甘肃社会科学，2019（02）．

[11] White, Gordon 1993, "Prospects for Civil Society in China: A Case Study of Xiao shan City"［J］. The Australian Journal of Chinese Affairs 29.

[12] 王颖，折晓叶，孙炳耀．社会中间层——改革与中国的社团组织［M］．北京：中国发展出版社，1993.

[13] 王名．2005，清华 NGO 研究丛书总序［M］．北京：清华大学出版社，2005.

[14] 范明林．非政府组织与政府的互动关系——基于法团主义和市民社会视角的比较个案研究［J］．社会学研究，2010（03）．

[15] 刘鹏．嵌入性控制：当代中国国家—社会关系的新观察，康晓光等主编．依附式发展的第三部门［M］．北京：社会科学文献出版社，2011.

[16] 冯梦成．党政引导：中国社会组织发展逻辑探析［J］．理论月刊，2018（08）．

[17] 胡颖廉．从"总体"到"整体"——新中国 70 年国家与社会关系变迁［J］．天津社会科学，2019（03）．

[18] 张紧跟，庄文嘉．非正式政治：一个草根 NGO 的行动策——以广州业主委员会联谊会筹备委员会为例［J］．社会学研究，2008（02）．

[19] 何艳玲，周晓锋，张鹏举．边缘草根组织的行动策略及其解释［J］．公共管理学报，2009（01）．

[20] 和经纬，黄培茹，黄慧．在资源与制度之间：农民工草根NGO的生存策略——以珠三角农民工维权NGO为例［J］．社会，2009（06）．

[21] 邓宁华．"寄居蟹的艺术"：体制内社会组织的环境适应策略——对天津市两个省级组织的个案研究［J］．公共管理学报，2011（07）．

[22] 姚华．2013，NGO与政府合作中的自主性何以可能——以上海YMCA为个案［J］．社会学研究，2013（01）．

[23] 曾凡木．耦合与脱耦的平衡：社会组织进社区的实践策略［J］．中国行政管理，2017（06）．

社会问题与社会政策

涉及家庭暴力离婚案件的调解研究*

邬欣言　高　熳**

摘　要：近年来，我国离婚调解制度正在不断发展和完善。涉及家庭暴力的离婚案件在调解中占有极大比例，由于家庭暴力案件的特殊性，涉及家庭暴力的离婚案件是否适用调解，面对涉及家庭暴力的离婚案件时又应当如何处理？这些问题都是调解领域中探讨的重要议题。本文通过运用文献研究法、档案研究法、实地访谈法收集与分析资料，归纳总结我国内地涉及家庭暴力离婚案件调解的实践情况与问题，发现在处理家庭暴力案件时，应对一般调解程序进行进一步优化与改进，在此基础上，进一步对我国涉及家庭暴力离婚案件调解从转变价值理念、完善制度规范、规范实践行动三个方面提出建议。

关键词：家庭暴力；离婚；调解

家庭暴力是家庭内出现的家庭成员间的一方对另一方的暴力行为，包括身体伤害、精神摧残和性暴力[1]23-28。我国《反家庭暴力法》中界定家庭暴力是家庭成员之间以殴打、捆绑、残害、限制人身自由以及经常性谩骂、恐吓等方式实施的身体、精神等侵害行为。国际上对家庭暴力有代表性的界定是在联合国1992年通过的《消除对妇女的暴力行为宣言》中，指出家庭暴力是家庭内发生的身心方面和性方面的暴力行为，包括殴打、家庭中对女童的性虐待、强奸配偶和其他非配偶的暴力行为和与剥削有关的暴力行为。

离婚调解是指离婚或分居纠纷的当事人在中立第三人的辅助下，就离异善后事宜进行自主性友好协商，以期达成双方满意之公平协议的程序[2]59-60。我国于2011年1月1日实施的《中华人民共和国人民调解法》第三条对调解的原则有明确规定，“在当事人自愿、平等的基础上进行调解”。

在调解实务中，涉及家庭暴力的离婚案件数量不容小觑。比如在美国，埃里克森（Erickson）和麦克奈特（McKnight）统计了其在参与调解服务十三年中调解的案例，其中存在身体或精神暴力情形的比例超过一半[3]45-55。陈竹上、邱美月和赖月蜜在台湾地区的实证研究发现，在73件诉请离婚调解案件中包含有不同形式的家庭暴力的共计47件，

* 项目基金：湖南省社科基金项目“社会转型期家事纠纷与中国人家庭观念研究”（18YBA406）；湘潭大学博士科研启动项目“家事调解中性别正义问题的实证研究”（2021BSQDF13）。

** 作者简介：邬欣言，湖南桃江人，社会工作与社会学系讲师；高熳，湖南湘潭人，2019届社会工作专业硕士。

占案件总数的64%[4]80-119。可见涉及家庭暴力的离婚案件在调解中所占比例相当之高。

一、国内外涉及家庭暴力离婚案件调解的研究

（一）西方国家涉及家庭暴力离婚案件的调解

20世纪60年代末开始，西方的许多国家离婚率逐年攀升。传统的诉讼方式解决离婚纠纷在经济上较为昂贵，效率较低，并且作为一种对抗性程序，在处理离婚问题时也显得越来越苍白无力。在此背景下，离婚调解作为一种成本更低廉、合作性更强的方式被倡导和发展起来。因此，在奥库勒（Coogler）等先驱的实践与推动下，离婚调解迅速兴起，不仅获得了很多国家的法律认可，而且朝向职业化、专业化的方向发展，其影响已扩散至全球大部分地区。至1980年，美国的家庭调解志愿者协会建立起来，随后美国、加拿大开始设有家庭调解学会、家庭与法院调解协会，这些都促使了调解专业化的发展，并发展起了调解员的认证标准、伦理规范等[5]25-36。

1. 涉及家庭暴力案件是否适用调解的争论

在西方国家，特别针对离婚案件，经常强制要求运用调解的方法处理。在美国向法院诉请离婚案件，或向法院诉请监护权或探视的案件中，大约有50%－80%涉及家庭暴力，由于家庭暴力涉及权力不对等的情况，调解是否适合处理家暴案件在西方国家的实务界及学术界一直争论不休[6]335-355。

关于涉及家庭暴力离婚案件的调解被质疑和批判的研究，主要是基于以下三个方面的理由：一是用调解的方式处理涉及家庭暴力案件，在安全性上存在极大风险，因为调解中受害人可能受到安全威胁或者存在相关担忧。对于有过家暴史的夫妻来说，分居期间往往是最危险的，家庭暴力犯罪最容易出现在这个阶段[7]87-92；二是在涉及家庭暴力离婚案件中，双方当事人的权力严重不对等。因为家庭暴力的施暴者倾向于控制受暴者的选择，采取强迫、恐吓等方式威胁受暴者参与调解，并且长期遭受丈夫的施暴，会使得女性缺乏自尊，感到无力，进而产生习得性无助；三是调解员的训练、“中立性”与保密原则无法保证调解过程与结果的公正性[8]。

赞成家庭暴力离婚案件进行调解的观点是认为只要考量暴力的情况，在确保受害者的安全及公平的协议前提下，调解是适当可行的。学者通常将调解与诉讼进行比较，提出并没有实际证据表明在对抗性的法律程序中，诉讼的方式比调解能提供受害者更多的权力[9]115-131，对立的诉讼程序反而恶化了当事人彼此之间的关系，更强化权力与控制的差异及输赢的争取[10]420-465，故其基本假设是：即使涉及家庭暴力离婚案件的调解可能会存在一些问题，但是诉讼的方式也并不一定能规避这些问题，所以这些问题的存在便不足以成为排除涉及家庭暴力离婚案件进入调解程序的理由，只是应当讨论进一步的改善与优化。

2. 涉及家庭暴力离婚案件调解的实证研究

研究表明在调解程序中，家庭暴力案件的存在的确占有很大比例。埃里克森（Erickson）和麦克奈特（McKnight）基于其参与调解服务十三年中调解的案例，统计表明存在

身体或精神暴力情形的比例超过一半。

从其研究的内容与结果来看，大致可分为以下三类：一是证实涉及家庭暴力离婚案件的调解中当事人确实存在不平等关系，一项研究显示美国的离婚调解所涉及的家庭问题中，约有一半的女性当事人有家庭暴力经历，而此暴力经历降低了她们在离婚调解过程中为自己权益发声的能力，33%的女性认为该暴力经历降低了其在调解时与配偶讨价还价的能力[11]279-299。二是表明如果采取适当而有效的调解措施，调解程序不仅可以平衡双方当事人的权力差异，也有助于缓解当事人的暴力行为。贝塞尔（Bethel）、森格尔（Singer）在美国哥伦比亚特区调解服务中心基于1269个调解案例，研究对家庭暴力受害者提供调解服务的有效性，结果显示调解服务是有效的，可以使施暴者持续发生暴力与威胁行为的概率大大降低[12]360-384；美国华盛顿特区的实证研究中，对涉及家庭暴力案件调解结束后的持续六个月的数据进行统计，结果显示70%的受暴者和80%的施暴者表示对方遵守了调解协议[13]77-79。三是就涉及家庭暴力案件的调解处理方式与机制进行调研，如多恩（Thoenn）、塞伦（Salem）、皮尔森（Person）针对美国200个法院及机构就调解与家庭暴力的实务进行调查，发现针对调解委员进行家庭暴力的训练越来越广泛，大约70%的调解员都接受过不同形态的家庭暴力训练[14]63-78。

3. *涉家庭暴力离婚案件调解程序的设计*

国外对涉家庭暴力离婚案件调解程序的设计主要体现在：一是有效的筛查程序的构建，一些学者认为通过筛查能帮助当事人和调解员决定是否适合选择调解服务，将那些不适宜于调解的个案排除[15]331-346。筛查的方法包括调解前针对当事人的调查问卷，电话随访，面对面访谈或者会议，以及文件审查等方式[16]365-376。海恩斯（Haynes）和查尔斯沃思（Charlesworth）也提出了一系列筛查指标；二是特殊的调解模式的设计，通过前期的筛查工作，可以将涉及家庭暴力的案例进行分类，决定其是可以按照一般的情况进行调解，还是不应该提供调解，又或者应当提供一种混合的、为其特殊性而定制的方案进行调解[17]63-78；三是特殊的知情教育，调解前的教育能够帮助当事人充分地了解调解程序，并且决定调解程序是否适合他们[18]420-465；四是调解员专业训练，调解的训练应当包括家庭暴力关系动力学的知识，针对涉及家庭暴力案例的特定调解工具和技巧，以及涉及家庭暴力案例调解的特定调解体系和调解协议的设计（包括保密性和警告的职责）等[14]63-78。

（二）国内涉及家庭暴力离婚案件的调解

1. *台湾地区*

对面调解涉家庭暴力案件的问题，台湾家庭暴力防治法第39条明确规定，原则上禁止和解或调解，除调解员曾受家庭暴力防治训练、受暴者选定辅助人参与调解等情形可进行调解。由此可见在台湾，家庭暴力案件并未完全排除调解程序。在台湾家事调解案件中，涉及家庭暴力情形的并不少见。陈竹上、邱美月和赖月蜜在台湾的实证研究发现，在73件诉请离婚调解案件中包含有不同形式的家庭暴力共计47件，占案件总数的64%[4]80-119。

然而，对于家事调解制度究竟是否适用于处理涉及家庭暴力的家事事件，学者对此依然存在争论。一方学者阐述了家庭暴力案件不适于调解的理由：一是存在家庭暴力行为的夫妻通常不具有对等的权力，受害方通常遭受控制。如法官高凤仙基于台湾地区某一家庭暴力案件的审理反思，发现“害人与受暴者间并无对等的谈判能力”[19]1-7；二是传统观念影响着调解员的判断行事，同时缺乏足够的家庭暴力防治训练。如黄翠纹认为，调解员很少有婚姻、家事等专业知识的训练，难以处理复杂的婚姻暴力或离婚事件[20]79-103。另一方学者持有肯定的态度，认为即使在调解程序中处理涉及家庭暴力案件存在上述弊病，似乎其他纠纷解决方式也并不能更好地规避这些问题，且并非所有案件皆存在此种权利不对等现象。

故台湾一些学者提出，“并非所有家庭暴力案件皆不得调解，只是需要有更为完善的调解制度来妥善处理此类案件”[4]80-119。以此观点为基础，各台湾学者基于不同的视角，研究提出相应的建议或设计更为合适的调解方式与制度。如赖月蜜运用质性研究的访谈法以及比较法，认为台湾应建立家事调解专业资格认定标准，加强家庭暴力专业训练，研拟家庭暴力处理准则及筛检系统等[21]247-298。学者黄翠文在此类问题方面做过大量定量研究，结论为应加强调解员教育与调解环境的布置[22]。

2. 大陆地区

香港的家事调解通常由民间机构提供，属于社区家事调解的范畴，在面对涉及家庭暴力离婚案件的调解时，通常可以灵活地运用与对接社区资源。香港的调解会特别注重从预防的角度出发，提供较为多元及完整的家庭服务[23]79-103。此外，学者岳云以香港地区为代表，提出了一套适于华人家庭的治疗性家庭调解服务[24]102-120。

内地学者的研究大多是基于法学的视角，从制度的层面去探究涉及家暴案件参与调解的适用性，也有部分基于实务经验探索的研究。阎晓军基于完善法院内离婚调解的目的，建议纳入心理调解的方法，但也提出存在一定人格障碍的情形下，即便运用了心理学的方法进行调解，一般也很难取得较好的效果[25]182-184。张芦军从文化冲突理论视角作阐释，认为殴妻文化与调解文化是相冲突的，而两种文化的冲突必然会使其中某一文化出现危机，甚至可能灭亡或两种文化并存[26]95-97。

也有学者认为家庭暴力离婚案件适用于调解程序，这方面的研究大多基于制度层面而提出，也有少部分研究基于实证观察经验发现问题并提出对策。具体来看，巩华山强调了需要充分发挥基层居委会等组织的调解作用[1]23-28。来文彬运用比较研究的方法，研究认为涉及家庭暴力的案件是可以调解的，并且对于改善当事人关系而言，具有一定的优势，建议“应进行个案甄别审查，拒绝一刀切”“涉及家庭暴力的家事调解的具体执行需要专业化、科学化”[2]59-60。刘瑜运用田野调查、个案分析与比较研究等方法，观察了解内地对涉及家庭暴力的家事调解的现状，并对比国外研究，提出“有限调解”的理念”[27]35-37。徐英建议应当对家庭暴力的发生频率与严重程度进行区分，调解员则应当具备法律、心理、医疗等方面的专业知识[28]17-18。

（三）已有研究评述

对比国内外相关研究，可以发现，由于国外现代离婚调解起步较早，对于涉家庭暴力离婚案件的调解，在适宜调解与否的争论，特殊调解模式的构建方面都有较为系统与完善的概述。我国大陆与台湾由于现代离婚调解起步相对较晚，尤其在涉及家庭暴力离婚案件的调解方面，发展与研究也相对滞后。内地的已有研究内容大多基于制度层面，探讨如何在制度上设计适于处理家庭暴力离婚案件的调解程序，对调解实务中的现状与存在的问题讨论较少，并且已有的讨论也相对片面，不够深入；研究类型明显偏向于法学，较少有基于心理学、社会学方面的研究；研究方法也相对单一。总体观之，我国内地的调解制度正在不断地完善与发展，那么在涉及家庭暴力离婚案件调解的问题方面，也应当投入更多的关注，进行更为深入系统的研究。

二、研究方法

调解在我国有着悠久的历史，虽然现代离婚调解发展相对滞后于西方，但在涉及家庭暴力离婚案件调解方面已进行了部分的实践。笔者通过运用文献研究法、档案研究法与实地访谈法，深入了解我国内地涉及家庭暴力离婚案件的调解现状，并以实证调研为基础，发现我国内地涉家庭暴力离婚案件调解可能存在的问题。

（一）文献研究法

主要是搜集、鉴别、整理文献，并通过对文献的研究形成对事实的科学认识的方法。笔者基于研究涉家庭暴力离婚案件调解的主题，通过搜集与阅读文献资料，进行归纳与梳理，进而全面、正确地了解国外与国内在涉家庭暴力离婚案件调解方面的内容。

（二）档案研究法

对现存的档案材料的内容进行调查分析，档案材料包括报纸的报道、政策或团体的记录、书籍、杂志、个人新建、讲演稿等。笔者参与了湖南省妇女联合会制定的婚姻调解手册调研项目，收集到湖南省范围内各市区婚姻调解委员会的档案资料，如表1所示，涵盖了湖南省长沙、岳阳、株洲、衡阳、湘潭、益阳、常德、郴州、怀化、娄底、永州、张家界地区，资料内容包括了调解目标、调解原则、调解流程、调解表格工具等，笔者基于此进行档案资料的分析研究。

（三）实地访谈法

通过访谈员和受访人面对面地交谈获取一手实证资料的研究方法。笔者对山东省德州市X县法院、湖南省湘潭市X区婚姻家庭纠纷人民调解委员会、湖南省邵阳市X志愿服务组织的调解运作进行了深入的实证调研访谈，获取一手实证调研资料。笔者先后就这三地的9位调解员进行访谈，调解员资料如表2所示。

表1　档案资料表

地区	长沙市、岳阳市、株洲市、衡阳市、湘潭市、益阳市、常德市、郴州市、怀化市、娄底市、永州市、张家界市
内容	调解程序、调解工作流程、调解工作原则、调解工作职责、调解受理范围、调解目标、调解工作纪律、调解工作制度、调解方法与技巧、调解培训资料、调解问卷量表、调解工具表格等

表 2 调解员资料表

调解员	性别	所属调解机构	专业背景	全职/志愿
A	男	德州市 X 县法院 民政局家事指导中心	国家二级心理咨询师	全职
B	女	德州市 X 县法院	人民陪审员	全职
C	女	德州市 X 县法院	婚姻家庭咨询师	全职
D	女	湘潭市 X 区婚姻家庭纠纷人民调解委员会	妇联退休干部 调解经验丰富	全职
E	女	湘潭市 X 区婚姻家庭纠纷人民调解委员会	妇联退休干部 调解经验丰富	全职
F	女	湘潭市 X 区婚姻家庭纠纷人民调解委员会	国家二级心理咨询师 社会工作专业的高校教师	志愿
G	女	邵阳市 X 志愿服务组织	国家二级心理咨询师 婚姻家庭咨询师	志愿
H	男	邵阳市 X 志愿服务组织	国家二级心理咨询师 婚姻家庭咨询师	志愿
I	女	邵阳市 X 志愿服务组织	国家二级心理咨询师 婚姻家庭咨询师	志愿

三、国内涉家庭暴力离婚案件调解的现状

传统意义上，我国内地对家事纠纷的调解通常分为由居（村）民委员会主导的人民调解，由行政机构主导的行政调解以及法院主导的法院调解，离婚调解作为家事调解中的主要内容，主要归属在人民调解和法院调解的范围内。而近年来，随着对家事纠纷情感性和伦理性等特点认识的深入和关注，探索出了不少多组织部门协同调解的新模式，法院、妇联、民政、专业社工机构和各种民间社会组织、个人工作室等都被不同程度地联合起来[29]33-38。例如长沙市 X 区婚姻调解委员会由区综治办、区法院、区司法局、区民政局、区妇联等部门联合，不同部门分工合作开展调解服务；邵阳市 X 志愿服务组织调解工作的运作整合了当地市、区两级政府、民政、妇联、综治办、司法局等部门资源等。这都体现了我国现代离婚调解多部门协同合作的特点。在此发展背景下，笔者将我国涉及家庭暴力离婚案件调解的现状就价值理念、制度规范、实践行动三个方面进行简要的概述。

（一）价值理念

离婚调解的价值理念贯穿于整个调解过程中，其中调解原则与调解目标是最具有导向性的，它们对于调解工作做出了基本的准则规定与目标导向，最能体现调解的价值理念。离婚调解核心理念是自愿、平等与中立[30]45-47，实际在各个离婚调解实务工作档案资料中对调解工作原则的概述也是围绕着“平等自愿”“合理合法”“尊重当事人权利”展

开。但是个别调解机构会在这三项调解原则的基础上，分别强调以下一项或几项原则作为补充：① 特别保护原则，调解婚姻家庭纠纷坚持依法保护妇女儿童以及老人的合法权益不受侵害；② 婚姻自由原则，开展调解工作时应对各种干涉婚姻自由的行为予以批评教育；③ 隐私保护原则；④ 多方参与调解原则；⑤ 无偿公益原则，调解是义务服务不收取任何费用。其中特别保护原则强调保障妇女等弱势群体的合法权益，重视调解过程中当事人双方可能出现权力差异，这一点对调解存在家庭暴力行为的离婚当事人是有益的，不过总体而言调解原则上并没有对家庭暴力做特别的表述。此外，也有少部分调解机构不引用人民调解法的表述，将调解原则设置为“维系夫妻感情、维护美满婚姻、维促家庭和谐”，这就体现了其受到传统观念的影响，会对家庭完整性有特别的重视。

调解目标的设置中，《人民调解法》第一条规定调解制度应注重“维护社会和谐稳定”，在部分调解机构的目标设置中也明确注明了这一点，这就表现有较为明显的政治色彩。家庭暴力方面，通常妇联所属的调解机构会特别提及“预防和制止家庭暴力”一项内容，虽然并没有更为具体的表述，但也可以见到其对于调解中的家庭暴力离婚案件是有一定重视度的。此外，需要特别提及的是不同调解机构对调解目标的规定存在差异，这里体现了传统与现代价值理念的碰撞。通常我国离婚案件的调解会有“调和”和“调离”两种目标，在调解的实务过程中，由于受到我国传统家庭观念的影响，特别重视家庭的完整性。正如常言道“宁拆十座庙，不拆一桩婚”，这在部分机构的调解原则中已有体现。这些调解机构会常常以“调和”的目标为主要导向，在大多数情况下是“劝和而不劝离”，调解员会更多地采用劝说、批评教育等方式。也就是说，用调解员的价值观念去影响当事人和协议达成的情况比较常见。一些地方甚至直接将调解场所命名为“劝和茶室”“劝和工作室”等。这种“劝和”的倾向也特别体现在调解指标中对“和解率”的关注，如X市的调解年度报告中便直接强调了劝和率，“共接待提出离婚的夫妻2146对，劝和708对，劝和率占33%。”也有一些调解机构不会一味地强调“和解率”，一般会在基本了解当事人纠纷情况时为婚姻类型做基本的区分，在调解文书中将婚姻类型表述为“冲动型离婚”与“死亡婚姻”，前者是指当事人因为一时冲动而离婚，后者则是指当事人双方已完全心灰意冷，恢复婚姻关系无望，或是存在有严重的家庭暴力。面对“死亡婚姻”则不再考虑持续婚姻关系，这就为“劝和”与否做出了基本的筛选。现代价值理念更多地强调“以人为本”，侧重从当事人本身的视角考虑离婚选择问题，考虑离婚选择对当事人是否正确、合理、公正。传统观念一味地强调劝和很可能会忽视了这些因素，很可能使本已不适合持续的婚姻勉强维持而诱发更为严重的危机，如当事人存在严重家庭暴力很可能在调解后诱发更为严重的家庭暴力。

（二）制度规范

关于调解员任选与培训方面的制度，《人民调解法》中表述“人民调解员应当由公道正派、热心人民调解工作，并具有一定文化水平、政策水平和法律知识的成年公民担任。县级人民政府司法行政部门应当定期对人民调解员进行业务培训。”也就是说，《人民调解法》有要求定期对调解员进行培训，但并没有对调解员的学历背景、专业水平做明确的要求。实际中各个调解机构在调解员的任选方面要求不一，部分调解机构并未对调解员的专业背景有硬性要求，而部分调解机构会要求调解员具有心理咨询、婚姻家庭咨询、社会工作或法律工作的专业背景。培训方面，调解机构都会要求调解员定期地参与调解培训，有的要求一月一次，有的要求两月一次，有的甚至是半年一次，培训内容主要以法律知识、心理学知识、调解技术与方法为主。关于家庭暴力方面的特殊培训基本没有涉及，最多的是在培训法律知识方面涉及《反家庭暴力法》的内容，而实务中调解员具体应当如何面对与处理涉家庭暴力案件的培训内容并没有。

调解员 A：我们在民政局这边，我们这些国家二级心理咨询师，经常参加一些心理咨询的培训，参加心理咨询的培训我们都是自费的。

调解员 B：我们这一块也做培训的，法律方面的，也有心理咨询的，有政治思想学习方面的，再就陪审员基本上隔一年上中院培训。

调解员 F：我参与过很多调解培训，因为我本身是心理学专业毕业的，又是社会工作专业的教师，有很多调解培训会邀请我去讲课，他们更多的希望我讲具体的调解方法，比如心理学的知识如何在调解中运用等。

调解员 H：集体组织培训还是有的，家庭暴力方面的培训还没有。

关于调解程序方面的制度，《人民调解法》对整套调解程序做出了较为明确的规定，包括调解程序的进入、调解参与的人员、调解过程中调解员的责任、调解当事人的权利与义务、调解过程中的措施、调解结果以及调解后的回访等，但并没有对家庭暴力做特别的表述。具体在各个调解机构设置的调解程序方面，其制定基本是按照《人民调解法》的规定设置了一套从“接待—受理—调解—办结—回访—归档”的相对清晰、规范且完整的调解程序。一些调解机构对应设置了档案管理制度、文书登记制度、例会制度、调解情况反馈制度、回访制度等，其中有少部分调解机构并没有设置回访程序。笔者在收集到的档案资料中未发现有设置关于家庭暴力的特殊调解程序，有且仅有在某一法院主导的调解程序回访制度中提到“涉及家庭暴力的案件，当事人如果申请人身保护令的，自人身保护裁定送达之日起，一年内回访不低于6次”，另外在妇联主导的其中两间调解机构有使用到《家庭暴力案件接案登记表》与《家庭暴力案件危险性评估量表》。这是借用了妇联系统的评估量表用以评估在调解过程中存在家庭暴力行为当事人的危险性，不过该评估量表在调解程序中具体如何使用并没有做细致的表述。

（三）实践行动

实务中离婚调解团队大多由法律工作者、社工、心理咨询师、婚姻咨询师等相关专业人士或法院、妇联的退休干部构成，而各个调解员基于不同的专业背景，在调解实务中的调解风格、运用的调解技术和方法并不相同。通常具有心理咨询师、婚姻咨询师、社会工作专业背景的调解员，会采用基本的会谈技巧如同理心、倾听、支持等；而法院、妇联的退休干部作为调解员更多采用经验性的说理，举例等方式。但即使是相同专业背景的调解员，也会因个人能力与个人习惯的不同，使用不同的调解技术和方法，这方面是有较为突出的个体差异的。

> 调解员 A：我们没有固定的方法，因人而异。因为当事人性格，特点，矛盾的焦点都不一样，所以说我们用的方法都不一样。比如我们这几个国家二级心理咨询师，他们用的方法都不一样，我用的方法就是举实例，让他带入情景体验。有的调解员就让他做绘画，有的调解员喜欢用格式塔的未完成事件，来让对方做自我的觉察。
>
> 调解员 B：一人一个法。基本上我就用举例子的方式，所有的当事人我都给他们举很多例子。
>
> 调解员 E：我主要就是耐心听当事人讲，他们做得不对的地方，或者做得不好的地方我会说出来，好好劝他们。
>
> 调解员 I：因为我是心理咨询师和家庭咨询师，我会用到许多这方面的技巧，倾听啊，同理心啊这些。

在实际调解服务的运作过程中，是否让家庭暴力案件进入调解程序，并未有完整的筛检及评估机制。通常来说，调解员依据自己的经验判断家庭暴力存在与否，以及存在的严重程度，偶发性、情景性的不严重的家庭暴力会继续调解程序，如果判断施暴者存在人格缺陷，有严重家庭暴力的情况时，会建议受害者申请保护令。另外在调解场地设施，会谈技巧方面并未有针对家庭暴力案件的特殊性安全保障。

> 调解员 A：家暴这一块，是在什么样的情况下调解呢，这里面是有区分的，其实我们是已经注意到家庭暴力存在风险，就是他人格里面有缺陷的这种情况，这是我们不可调解的。但是调解的是什么呢，女方感觉她接受不了，“他原来对我特别好”，但是，其实经过了解是什么情况呢，还是女方先动的手，女方动了手，然后，男方气急了以后打了她，女方就感觉到承受不了，她的底线是“我可以打你，你不可以打我”，在这种情况下，男方是在被动的实施家暴，这种是可以调解的，但是就是像人格缺陷的那一种（那是不能调解的……）
>
> 调解员 B：在我这边，家暴的，首先要确定当事人有没有打过 110，构不构成伤害。有的起诉状上写的有家暴，但实际上了解一下并不严重，也就是稍微动手打人而已，不严重的家暴就做男方工作，让他写个保证书；假如要是有伤害了，或者打过 110，那就要申请人身保护令，走另外一个程序。
>
> 调解员 D：有很多是因为家庭暴力过来离婚的，其中有那种说如果女方坚持要离婚，就要跑去女方家闹，打人的，这种情况下我们能劝还是劝，打人肯定是不对的，实在不行的就让他们走法院的程序。
>
> 调解员 H：家庭暴力的情况是有很多，不过要说真的有多严重的，那还是不多，可能就是偶然情况没忍住动了手了，其实并不严重。

正如笔者在前部分内容所述，调解制度在我国不断发展和完善，目前全国各地已经探索出了不少多组织部门协同调解的新模式，笔者在实务调研中发现，虽是多组织部门的协同调解，但调解机构会因主导的组织部门的不同而产生或多或少差异，在处理涉及家庭暴力案件时亦是如此。具体来看，法院主导的调解因依附在法院的权威体系上，相较而言调解员会显得更具有权威性，在调解程序的设置上相对更加完整和规范，通常会有回访程序，若调解失败也可以直接对接法院的诉讼程序，对于涉及家庭暴力的案件会特别强调是否有证据，对于严重家庭暴力的受害人会推荐其申请人身安全保护令。妇联主导的调解相对更为重视女性、儿童的权益。正像上部分内容中提及有些妇联主导的调解机构会使用到《家庭暴力案件接案登记表》与《家庭暴力案件危险性评估量表》，对于当事人是否存在家庭暴力行为会更加敏感。社会组织主导的调解则大多是志愿者团队组织展开，调解员成员构成以心理学专业人士为主，更多地运用到心理学方面的知识，实务中也会遇到存在家庭暴力的案件，但由于志愿者的能力、精力皆有限，很难在调解后对当事人进行持续的跟进与回访。

调解员 A：就是说家暴这一块嘛，我们也是要和双方谈了以后才能核实一下，说打过人，那要问一下有没有证据，如果有证据的话，她又还对这个婚姻抱着这个一线希望的这个情况下，我们会建议她做一个保护令。

调解员 C：会进行回访，就是说当我们调和好了以后，或者说法院判决不准离婚以后，我们会再进行一个回访。

调解员 F：没有回访的，有些很特别的案子我会格外关注，会加上当事人双方的微信持续联络，但是时间和精力有限，能给到的帮助不会特别多。

调解员 G：除非有我特别在意的案子，比如有严重家庭暴力的，我可能会加个联系方式持续关注一下，一般情况是没有专门回访的。

四、国内涉家庭暴力离婚案件调解的问题

总体来看，我国现代离婚调解秉承着自愿、平等、合法的价值理念展开，但在调解实务过程中或多或少受到传统价值观念的影响，表现出较为明显的“劝和”倾向。制度规范方面整体而言较为完善，形成了一套“接待—受理—调解—办结—回访—归档”的调解程序，但是在整个调解程序的设置中，缺少了家庭暴力的筛查评估机制，并且调解员的任选条件宽松，调解员的培训相对不足。实践行动中，各个调解机构由于主导的组织部门不同，调解工作会产生或多或少的差异，调解员在进行调解工作时也表现出了明显的个人差异。我国离婚调解的现状对于涉家庭暴力的案件而言隐藏着危机。

（一）违背保障当事人自愿与平等的初衷

无论是在调解原则的制定上，还是在调解程序的设置上，都特别突出地强调了保障当事人自愿与平等的参与调解。但是存在家庭暴力行为的当事人之间很可能存在巨大的权力差异，而我国实际调解程序中并没有对家庭暴力案件设置专门的筛查与安全评估机制，这使得我国调解中对于识别家庭暴力存在与否，判断存在暴力的严重程度完全依靠调解员的个人经验。调解员的个人经验有赖于自身的人生经历与专业背景，在调解员专业培训方面却又几乎没有涉及家庭暴力方面的特殊培训，而此类案件并不能完全依赖调解员的经验能够察觉。这就可能很难做到弱势保护，也很难采用特殊的方法赋予调解中弱势的一方权力与能力。所以对于家庭暴力受害者而言是具有很大风险性的，很可能使调解在实际运作中

偏离了自愿与平等的轨道。假设有存在严重家庭暴力行为的当事人，由于受暴者受到施暴者的控制而无法表达真实意愿，调解员并未察觉到这种控制关系的存在，使得当事人进入调解程序，而调解程序中并没有发掘权力不平衡的机制以及纠正权力不平衡的机制，那么调解的结果很可能就是在施暴者控制之下想要得到的结果，并非受暴者的真实意愿。这就完全违背了调解在最初设置上要保障当事人自愿与平等的初衷。

（二）增加家庭暴力受害人安全性的风险

对于存在家庭暴力行为的当事人而言，受害人无论是在调解前，调解过程中，乃至是调解结束后都是存在安全性风险的。虽然在实证调研中，调解员都表示确实有许多存在家庭暴力行为的当事人参与调解，依据个人经验可以识别出大部分是偶发的，不严重的家庭暴力，但并不能排除调解员可能无法识别家庭暴力，以及一些严重的家庭暴力行为的存在。面对严重的家庭暴力，在法院主导的调解下会强调提供存在家庭暴力的证据，但是，家庭暴力证据采集指正问题一直都是司法界探讨的难题[31]4-8，因为许多家庭暴力受害人并不一定有保存受暴证据的意识和能力。再者，一些暴力实施者可能存在一定的人格障碍，暴力行为已经成为他的应激反应，在调解时施暴者表示认识到自己的错误行为，信誓旦旦保证不会再犯，但很可能在今后的婚姻生活中发生某些特定事件时又无法控制自己的暴力行为，那么这种情况下调解不仅无法为受暴者提供保护，还很可能加剧受暴者的安全性风险。一些调解机构并没有设置回访程序，但是对于涉及家庭暴力行为的当事人而言，回访是必须的。此外，一些调解员特别强调“劝和”的理念，这在一定程度上可能会干扰到当事人的自主选择，同时也会使得调解员忽视了对离婚案件本身的关注，以及对离婚调解专业性的考量，对于涉家庭暴力的案件来讲，也是危险和不适当的。

五、国内涉家庭暴力离婚案件调解的建议

面对并解决国内涉及家庭暴力离婚案件调解的问题，是调解专业化发展过程中必须要经历的一步。一些国家，包括国内的关于涉家庭暴力案件适用调解的讨论、反思及其有针对性地调解实务模式在某些方面值得我们借鉴、学习与推广。笔者基于我国内地调解的实际情况，结合国外与国内实践经验，从转变价值理念、完善制度规范、规范时间行动三个方面提出中国内地涉家庭暴力离婚案件调解的参考性建议。

（一）转变价值理念

《人民调解法》第三条对调解原则明确规定，要求人民调解组织调解家庭纠纷时，必须在坚持当事人自愿平等、不违背法律法规政策、尊重当事人权利的基本原则下开展调解工作，也就是说我国离婚调解应秉承着自愿、平等、合法的价值理念。但是在调解的实践过程中，由于有较为明显的政治色彩，会特别注重维护社会和谐和稳定，并且受到传统价值观念的影响，表现出明显的“劝和”倾向。调解员会更多地采用劝说、批评教育等方式，也就是说，用调解员的价值观念去影响当事人和协议达成的情况非常常见，这在一定程度上会左右当事人的自主思考。习近平主席在党的十八届三中全会中强调“大力推进

社会治理体制创新，加快从传统社会管理向现代社会治理转变”。我国调解也应当从传统的行政管理理念转向服务理念。在这一点上，社会工作作为一种运用科学方法助人的服务活动，在转向服务理念方面有独到的优势，我国内地可以借鉴香港的经验，推动社会工作者参与调解，推动社会工作与调解的互融互通。这有助于我国离婚调解的服务型理念转变，进而提高涉家庭暴力离婚案件调解的专业化程度。

（二）完善制度规范

1. 建立调解员专业资格的认定标准

《人民调解法》中规定，“人民调解员应当由公道正派、热心人民调解工作，并具有一定文化水平、政策水平和法律知识的成年公民担任。县级人民政府司法行政部门应当定期对人民调解员进行业务培训。”该规定中并未明确调解员专业资格的认定标准。为进一步确保其调解的专业性，严格调解员任聘的专业资格把关，明确任聘调解员的专业资格，规定调解员在任聘前以及聘期内专业课程训练的时间，建立规范的调解员专业资格认定标准，有助于确保调解专业性的维持与提高。

2. 加强调解员家庭暴力的专业训练

我国在调解员的训练过程方面，并未如美国离婚调解制度一般，特别加强家庭暴力的训练。我国虽有少数调解课程论及家庭暴力议题，但总体而论，调解程序中针对涉家庭暴力的处理，主要依赖调解员本身原有处理家庭暴力的经验，或自己积极参与家庭暴力有关的工作或培训课程。我国调解员构成有法律工作者、社工、心理咨询师、婚姻咨询师及原调解经验丰富者，调解实务中各自采取了不同的技术和方法。通常具有心理咨询师专业背景的调解员，会采用基本的会谈技巧如同理心、倾听、支持等。而无专业背景但调解经验丰富的调解员多采用经验性的说理，举例等方式。在调解程序中需要确保涉家庭暴力当事人安全性及平衡双方权力，则对于暴力本质、暴力敏感度、性别意识及处理家庭暴力案件调解技术与知识方面，都应该更有系统地加强调解员在家庭暴力专业上的训练。

3. 设立家庭暴力调解程序的筛选机制

我国目前对于涉家庭暴力案件进入调解程序的筛选并没有统一的流程和标准，对家庭暴力存在与否及存在暴力严重程度的判断，当事人安全性的评估大多有赖于调解员的经验判断。为进一步实现我国调解程序的公平与正义，笔者建议应参考西方国家建立的家庭暴力处理原则及筛选系统，提升我国家事调解及涉家庭暴力案件处理的能力与品质。据此，笔者在实践调研与文献研究的基础上，收集了我国大陆地区的相关量表，同时参考了我国台湾地区与国外涉及家庭暴力离婚案件调解程序的建构，设计了一套适于我国调解实际情况的家庭暴力案件调解程序的筛选机制，如图 1 所示，以供实务届参考。

该家庭暴力案件调解程序的筛选机制分为初步筛选、二次筛选、三次筛选与进入调解程序中筛选四个步骤。其主要内容是：初步筛选时，由双方当事人填写《来访登记表》，该表中应设置是否存在家庭暴力一项，以初步甄别存在家庭暴力情形的案件，进入二次筛选。二次筛选分为两方面的内容：（1）当事人双方接受调解知情教育。除常规知情教育外，应特别告知家庭暴力所含范围、有关法律法规、家庭暴力案件调解程序等，填写知情同意书；(2) 双方当事人填写《家庭暴力案件接案登记表》①，受害人填写《家庭暴力案件危险性评估量表》②。通过《家庭暴力案件危险性评估量表》甄别“低、中危险”家庭暴力案件当事人进入三次筛选程序，甄别“高危险”家庭暴力案件，及时报告有关当局。三次筛选时，由受害人填写《家庭暴力案件当事人情绪状态评估表》③，加害人填写《家庭暴力案件当事人调解态度评估表》。通过此表判断当事人参与调解的适宜性，适宜的当事人则进入调解程序，不适宜的当事人应转介相关部门。双方当事人进入调解程序，在调解会谈后由受害人填写《家庭暴力案件调解过程评估表》。通过此表判断当事人是否仍然适宜参与调解，适宜的当事人继续调解，不适宜的当事人应终止调解。

此外，家庭暴力案件调解程序的筛选机制还应当注意一些基本规则，首先是当事人双方都应参与筛选程序中；其次是当事人应当单独分开进行筛选，因为考虑到受害人可能无法在加害人面前披露信息或提出问题，所以必须执行单独、私密的筛选程序；再次是需要筛选的保密性，当事人双方需要知道，筛选程序中所填写的信息是保密的，不会与当事人共享。调解员需要注意任何保密的例外情况（例如：儿童虐待等），必须向有关当局报告。最后当调解员发现存在以下情形时，可随时终止调解程序，并及时报告有关部门：(1) 调解进行时发现当事人存在有持续的生理、心理、性或其他形式的暴力与控制行为；(2) 使用凶器威胁；(3) 有明显受暴痕迹；(4) 当事人表现出明显的恐惧。

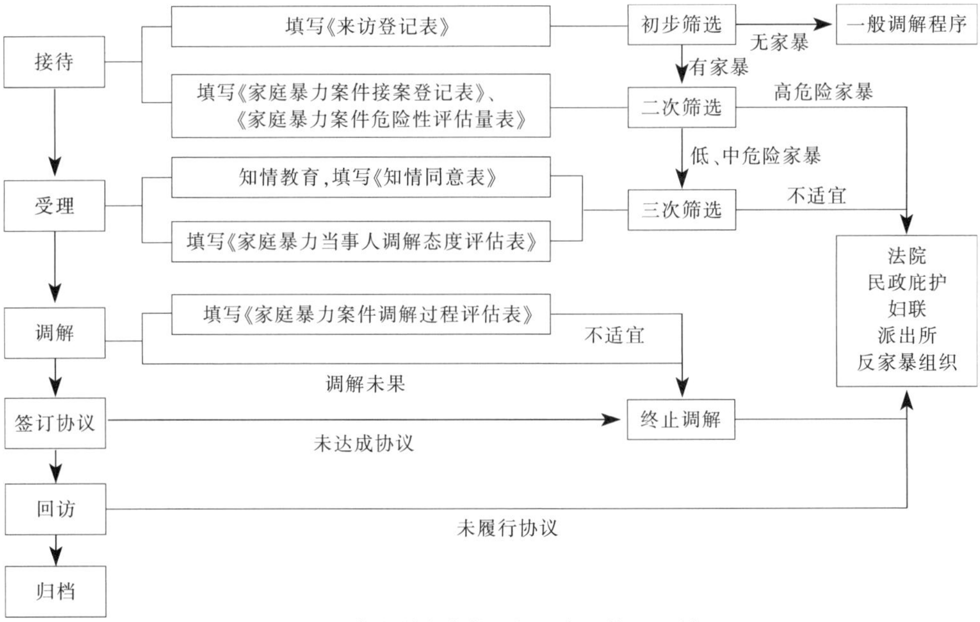

图 1 家庭暴力案件调解程序的筛选机制

---

① 该表引用自湖南省妇联《湖南省妇联系统家庭暴力信访案件接案登记表》

② 该表引用自湖南省妇联《湖南省妇联系统家庭暴力信访案件危险性评估量表》

③ 该表参考并修改自 [10] [32].

（三）规范实践行动

在实际调解过程中，调解实务形态非常多样，不同组织部门主导的调解机构存在着不同差异，调解员的调解风格个人差异突出，缺乏了更加细致、全面和规范的行业标准。在西方国家，现代调解成为“专业”的标志之一是专业调解协会或学会的成立，而各行业调解协会和学会又是推进调解更加专业化和优化的主要力量。因此，如果我国的离婚调解想要朝着更加专业化的方向发展，如果想让离婚调解成为一种适于处理涉及家庭暴力案件的程序，亟待更多的学者和实务工作者在调解的实践行动方面展开更多的反思与检讨，研究更适于我国实际情况的调解方式，如学者岳云提出的“专家型调解员”“学习过程型的调解”等[24]102-120，同时也期待专业调解协会和学会的出现，促进更加科学、严谨、合理的行业规范出台。

参考文献：

[1] 巩华山．对我国家庭暴力纠纷处理的立法司法透视［D］．贵阳：贵州大学，2007.

[2] 来文彬．家事调解制度研究［D］．重庆：西南政法大学，2010.

[3] Erickson S K，McKnight M S．Mediating spousal abuse divorces［J］．Conflict Resolution Quarterly，1990（04）．

[4] 陈竹上，邱美月，赖月蜜．婚姻暴力事件进入家事调解程序之可行性探讨：跨界整合及在地实证观点［J］．成大法学，2013（25）．

[5] Barsky，A．Understanding family mediation from a social work perspective［J］．Canadian Social Work Review，2001（01）．

[6] Maxwell J P．Mandatory Mediation of Custody in the Face of Domestic Violence：Suggestions for Courts and Mediators［J］．Family and Conciliation Courts Review，1999（03）．

[7] Fischer K，Vidmar N，Ellis R．Culture of battering and the role of mediation in domestic? violence? cases［J］．University of Oxford，1993（01）．

[8] Stallone D R．Decriminalization of violence in the home：Mediation in wife battering cases［J］．Law & Ineq，1984.

[9] Haynes J M，S Charlesworth．The Fundamentals of Family Mediation［M］．Sydney：The Federation Press，1996.

[10] Folberg J，Milne A L，Salem P．Divorce and Family Mediation［M］．New York：The Guilford Press，2004.

[11] Pearson J．Ten myths about family law［J］．Family Law Quarterly，1993（27）．

[12] Bethel C，Singer L．Mediation：A New Remedy for Cases of Domestic Violence．In H Davidson，L Ray，R Horowitz（eds.），Alternative Means of Family Dispute Resolution［M］．Washington：American Bar Associanon，1982.

[13] Perry L．Mediation and wife abuse：A review of the literature［J］．Conflict Resolution Quarterly，1994（04）．

[14] Landau B．The Toronto Forum on Women Abuse：The process and the outcome［J］．

Family and Conciliation Courts Review，1995（01）.

[15] Chandler D B. Violence，Fear，and Communication The Vanable Impact of Domestic Violerice on Mediation [J]. Mediation Quarterly，1990（04）.

[16] Girdner L. Mediation triage：Screening for spouse abuse in divorce mediation [J]. MediationQuarterly，1990（04）.

[17] Landau B. The Toronto Forum on Women Abuse：The process and the outcome [J]. Family and Conciliation Courts Review，1995（01）.

[18] Schepard A. Children，courts and custody：Interdisciplinary models for divorcing families [M]. Cambridge：Cambridge University Press，2003.

[19] 高凤仙. 谘商与调解在家庭暴力事件之法律界限 [J]. 应用心理研究（台湾），2007（33）.

[20] 黄翠文，梁欣丞. 法院调解委员调解家庭暴力案件能力影响因素之研究 [J]. 亚洲家庭暴力与性侵害（台湾），2011（01）.

[21] 赖月蜜. 香港、台湾家事调解制度比较研究——以家庭暴力事件为中心 [J]. 人文及社会科学（台湾），2009（06）.

[22] 黄翠文. 乡镇市区调解委员会调解成效及其影响因素之研究——以庭暴力案件调解为例 [C]. 家庭暴力与性侵害防治实务工作研讨会，2009.

[23] 黄翠文，梁欣丞. 法院调解委员调解家庭暴力案件能力影响因素之研究 [J]. 亚洲家庭暴力与性侵害，2011（01）.

[24] 岳云. 家庭调解——适用于华人家庭的理论与实践 [M]. 北京：中国社会科学出版社，2005.

[25] 阎晓军. 论对离婚案件的心理调解 [J]. 河北学刊，2008（01）.

[26] 张芦军. 配偶暴力事件中调解的异质性 [J]. 江西金融职工大学学报，2006（04）.

[27] 刘瑜. 涉家庭暴力离婚案件司法调解的限度 [D]. 昆明：云南大学，2016.

[28] 徐英. 我国家事调解制度重构论 [D]. 长春：吉林大学，2017.

[29] 邬欣言，高熳. 涉家庭暴力案件之适用调解研究 [J]. 石河子大学学报（哲学社会科学版），2018（04）.

[30] 全国妇联权益部. 反家庭暴力法实用问答及典型案例 [M]. 北京：中国法制出版社，2016.

[31] 陈敏. 家庭暴力是暴力而不是纠纷 [J]. 人民司法，2014（07）.

[32] 黄翠之. 婚姻暴力受虐妇女接受乡镇市区调解委员会调解满意度影响因素之分析 [J]. 犯罪学（台湾），2003（01）.

寺院养老服务模式的特征、运作及其政策建议*

——以X寺安养院深度个案研究为例

郑　鹏　彭　航　许靖梧**

摘　要：寺院养老是一种以本土宗教信仰及其活动场所为依托，为老年佛教信众提供生活照料、精神慰藉、临终关怀等多样化服务的养老模式。目前，中国人口老龄化呈加速发展的态势，老年宗教信众增加，宗教世俗化，加之政策环境改善。在此背景下，宗教界积极参与社会养老服务，其中寺院养老成为社会养老的一种有益补充形式。以X寺安养院为例，采用个案研究法和实地研究法获取第一手资料，发现其寺院养老具有自利利他、自助互助、精神慰藉、临终关怀等特点。在一定程度上满足了老年宗教信众的养老需求，缓解了社会养老压力，促进了社会和谐稳定。然而目前，寺院养老还处于起步阶段，需要加强引导，使之专业化、规范化。

关键词：人口老龄化；寺院养老；安养

一、问题的提出

目前，我国正处在老龄化快速发展阶段，面临着日益严峻的社会老龄化挑战。H省民政厅和老龄办发布2017年度老龄事业发展统计公报数据显示：60岁以上老人达到了1245.87万，占常住人口的比例达到18.16%，比全国高出0.86个百分点。M市2017年国民经济和社会发展统计公报数据显示：M市60岁及以上人口58.3万人，占全市常住人口的20.5%，比去年提高0.6个百分点，人口老龄化程度居于全省前列，呈现出老年人口基数大、老龄化速度快、高龄化、空巢化等特征。由此对养老服务提出更紧迫的需求。与此同时，湖南省宗教呈现出信教人数多的特点。有信教群众约700万人。据非官方数据统计，宗教信众中80%以上的是老年人，数量还有持续增长的趋势。

随着老龄化进程的不断加快，老年信众的生活照护、康复护理和精神慰藉等方面的刚性需求不断增加，而养老服务供给相对短缺，已经成为“老有所养”目标实现的重要障

* 项目基金：湖南省教育厅优秀青年项目“为生民立命：言心哲社会工作理论研究”（19B571）。

** 作者简介：郑鹏，男，湖南常德人，博士，社会工作与社会学系副教授；彭航，男，河南驻马店人，2019届社会工作专业硕士；许靖梧，男，广东广州人，2019级社会工作专业硕士。

碍。如何面对老年信众的养老尤其是临终养老问题，更好地引导老年信众与社会主义社会相适应成为亟待解决的社会问题。

本文从问题出发，以M市X安养院为调查点，采用深度个案研究方式搜集与整理资料。在具体方法运用上，主要采用了参与式观察法和半结构式访谈法。笔者在寺安养院以做义工的形式与老年居士相处两个月，拉近与老年居士的心理距离，建立相互信任关系。通过参与观察，笔者针对寺院养老的服务特点及其运作模式、发展现状及问题进行实地考察。在半结构式访谈中，访谈对象一部分是养老服务提供主体，即寺院安养院的负责人；另一部分是养老服务客体，即入住安养院的老年居士。在此期间，笔者对8人进行了焦点访谈，包括负责人1人，入住老年居士7人，涉及年龄、信教时长、入住时长、健康状况、职业状况等方面的基本情况，如表1所示。

表1　受访者基本情况

受访者	身份	年龄	性别	信教时长	入住时长	健康状况	原职业	备注
受访者F1	负责人	48岁	女	33年	11年	健康	/	/
受访者L1	入住老人	81岁	女	10年	9年	骨膜炎	服务业	老伴去世
受访者L2	入住老人	72岁	女	11年	6年	健康	自由职业	老伴尚在
受访者L3	入住老人	88岁	女	16年	10年	亚健康	工人	老伴去世
受访者L4	入住老人	82岁	男	22年	4年	高血压	工人	老伴尚在
受访者L5	入住老人	86岁	女	26年	10年	肺癌，恢复中	医生	老伴去世
受访者L6	入住老人	71岁	女	9年	2年	健康	售票员	老伴去世
受访者L7	入住老人	81岁	男	34年	3年	亚健康	农民	老伴去世

二、寺院养老模式的特征

寺院养老是宗教参与养老服务的一种模式，它基于宗教的精神关怀，借助寺院活动场所，为老年居士提供食宿、精神慰藉、临终助念等服务。老年居士在寺院参与共修学习，满足其生活需求、精神慰藉和临终关怀，是对现今养老服务资源短缺的一种补充。[1]77-82 寺院养老呈现出丰富的特点，形成了一种独特的养老服务模式。

（一）服务理念：自利利他

X寺安养院不以营利为目的，不追求任何经济效益和名利，而是为本地老年居士解难，为地方政府分忧，即自利利他。自利是修行布施，常怀慈悲心，强调佛教徒的宗教义务；利他是为超越宗教信仰，为老年居士提供安养、共修学习、临终关怀等服务，真正能够实现“老有所养、老有所学、老有所为、病有所医、终有所安”的目标。自利利他服务理念强调把利己为主的修养和利他为目的的行为合二为一，把佛教伦理和社会现实需要融为一体，把学佛修行和现实社会责任有机联合。[2]175

“寺院每天都在产生不同的费用，食物需要钱，水费电费也需要钱。现在资金上的压力大，不能实现免费提供。目前我们每月只收取 450 元的生活费，老人们也都能理解和接受。”（20180802F1）[①]

佛教有“慈悲为怀”“救世济人”的慈善传统，对人们有亲和性，对弱势群体提供帮助。安养院只会收取入住老人一定的生活费用，以便为她们提供吃、住、精神慰藉等服务。其养老服务资金主要为自筹，无论养老场所基本生活设施建设、日常水电支出、雇工工资还是寺院发展所需资金均来源于信众的捐献、寺院佛事正常收入和部分社会企业捐赠。

（二）服务形式：自助互助

X 寺安养院为入住老年居士提供住所、食物、基本药品等日常生活所需外，僧尼每天还带领居士进行念经、拜佛、礼佛等宗教集体活动。此外，入住居士开展多种形式的自助互助养老服务。与一般的社会养老院不同，入住寺院安养院的老年居士既是服务对象又是特殊的服务主体。

X 寺安养院在养老服务中注重激发和挖掘入住老年居士的自身潜能，鼓励他们参与力所能及的事务，实现互帮互助。

寺院制定《入住寺院须知》《大寮规约》《供住规约》，要求入住老年居士生活上能够自理，饮食起居能料理，而且根据自身身体状况向其他老人提供各类养老服务。比如年纪相对小、身体好的老人帮助年纪大的老人打扫房间、搬运东西等。视力好、懂医疗的老年人为其他老人拿治疗药品、量血压等。在精神上，老年居士们互相关怀，相互倾诉内心的烦恼、不解，彼此劝导、缓解不良情绪。除此之外，老年们还自觉自愿地参与打扫卫生、洗菜、洗碗、除草、种植农作物等，过着农禅结合生活。与封闭式院舍养老相比，自主互助的形式让入住老年居士更舒心。

（三）服务资源：义工队伍

目前，安养院没有聘请专业的服务人员，只是雇佣全职厨师和司机各 1 名，提供饮食、出行服务。安养院的非宗教服务活动主要由义工参与提供。

> “寺院目前拥有一支诚心帮助老年人静心修行的义工团队，提供志愿服务，把为安养院老人服务看成佛教修行的实践，强调更多的是积德行善、无私奉献，注重的是心灵和精神境界的提升。”（20180803F1）

X 寺是有由寺院住持牵头修建的，养老院依托寺院活动场所，为老年居士提供生活照料、精神慰藉、临终助念等安养服务。其发展目标是“静心修行、弘法利生、慈善安养、临终关怀”，解决 M 市学佛老年人“老有所养、老有所学、病有所医、死有所安”的后顾之忧，为政府排忧解难。安养院是一个集念佛、弘法、慈善、安养、临终关怀于一体的场所，以做爱国爱教的领头人、促进和谐稳定的引路人、守法持戒的带头人、信教群众的

---

① 文中的受访者均做匿名处理，数字代码为访谈年、月、日，数字后的字母为受访者编码。

贴心人为发展目标。虽然X寺安养院面临资金和人力资源上的压力，没有专业的服务人员，但拥有重要的服务资源——义工队。

义工是寺院安养院养老服务不可或缺的一部分。成立于2012年的X寺义工队现在发展到两三百人之多。义工的社会关系网络涵盖医生、银行职员、企事业单位职员、个体户、农民等，形成强大的社会支持。他们怀着纯粹的慈悲之心从事志愿服务，不求任何物质性回报，只为拔苦与乐、积善行德，自愿贡献自己的时间、精力、知识、技术，有条不紊地提供义务服务。寺院安养院成为他们奉献爱心、帮助老人的平台。

（四）服务内容：养身、修心、安命

一是“养身”。绝大多数入住老年居士原来都是有工作的，到了退休年龄，从原有的职场关系网络中退出，在无新的角色需要扮演时，就多出了许多空闲的时间，身体机能也会随之衰减。入住老人参与宗教活动，寺院规律的生活作息、饮食与修行锻炼，使居士对身体状况的自我评估趋向好转。

在硬件设施上寺院还做到了尽量为老人着想，体现人性化服务。对于年龄偏大、行动不便的老人，会专门安排他们在一楼居住，用斋也在一楼；楼梯也都安装防护设施，增加了扶手，防止老人跌倒；每个房间都有独立卫生间，厕位旁有扶手、马扎；房间内家具及电器设施基本齐全。养老院创建良好的养老环境，形成良好的养老氛围，解决了老年人基本养老需求，做到了“养身”。

二是“修心”。很多入住老人的老伴都已去世，自己的子女也忙于工作和养育下一代，无暇顾及他们的晚年生活，精神上的关怀更为匮乏。佛教的往生净土给予了他们精神上的支持，为他们提供了一个平和宁静的归宿。寺院作为家庭的延伸扮演了重要的社会角色[3]300，吸引了许多老年居士。

“自己退休好多年，也80多了，身体也不硬朗了，加上老伴去世好几年，一个人生活很孤单！虽然我有儿有女有孙子，但是我不太愿意跟儿子住在一起，他们也要上班，觉得自己就是拖累，我不愿意给他们增加负担，所以我就搬到庙里来住”。(20180810L3)

“我每天除了庙里安排的正常功课外，还要自己念‘阿弥陀佛’，师父规定的是每天念三万声，我自己规定三天念十万声，每天的任务不完成我是不睡觉的，所以在这里每天都过得很充实。”(20180813L4)

“主张日念七万、八万声的‘阿弥陀佛’，专门的计数器作为统计，如此一心机械地反复念诵佛的称号，就可凭借阿弥陀佛行本愿的他力，往生佛国。这种净土法门以其简易方便而流行于中国的穷乡僻壤、大小城镇，为缺乏文化而需要信仰的平民大众所普遍奉行”。(20180804F1)

X寺属于众多佛教派别中的净土宗，对入住老人按常住僧尼的方式进行日常管理。独身修道、清心寡欲、苦行修佛，通过一系列仪轨为老年人提供精神支持，养身的同时又修身养性。特定的戒律、禁忌和规范，形成了各具特色的生命科学、养生科学。例如，通过静心打坐、用心念佛号、捻佛珠培养良好的心性。参加宗教活动心灵得到净化的同时，也为信众搭建交往、互动的平台，与佛友共学共修，充实了他们的精神生活。

三是“安命”。与社会普通养老机构相比，佛教安养院所提供的临终关怀服务对老人们最有吸引力。所谓“临终关怀”，是对生命行将到达终点的人进行带有宗教色彩的关怀服务。“在剧烈受苦的情境中，对意义的需要与对幸福的需要是同等强烈甚至更加强烈的。”[4]69相比于其他宗教，佛教看上去似乎更像是一套专门为死亡所准备的哲学。[5]248佛教的生死哲学里的轮回观念和佛教经典对死亡过程的独特理解是其他宗教所没有的。佛教所建构出的时间世界，乃是一个不断流转的“无始之轮”，所有生命体在六道中不断流转、轮回转世。佛教徒认为，今世的遭遇皆源于前世的业因，即业（今世的行为）又决定了来世的果报。[6]94-105

入住安养院的老人最大的心愿是临终时得到往生助念，安然往生。X寺内设有助念堂，供奉临时的佛堂、引磬、念佛机、咒轮等器物。并且成立助念小组，对垂危老人日夜轮流进行临终助念，以努力减轻其痛苦，帮助消除其心理恐惧，让他们安宁地度过人生最后时刻。1个小组2小时助念时间，24小时轮流值班，直到老人遗体冰冷，往生佛国。这种临终关怀可以从精神上减少老人们对于疾病和死亡的恐惧，既不加速也不延迟死亡的来临，使其更有尊严更平和地安度余生，帮助老人们安详地面对死亡。

三、寺院养老影响因素分析

（一）老年信徒增多，养老需求不容忽视

中国是一个多种宗教并行流传的国家。目前我国形成了以五大宗教为主体，即佛教、道教、伊斯兰教、天主教和基督教，兼有少数其他宗教和多种民间信仰的基本格局。湖南省是全国宗教工作重点省份，宗教历史悠久。现有信教群众人数约700万，有认定备案教职人员5651人，爱国宗教团体254个，宗教院校3所（湖南佛学院、南岳坤道学院、湖南圣经学校），依法登记开放的宗教活动场所5413处，其中有全国重点汉传佛教寺院6处。信教人数、宗教场所和神职人员呈不断增加的态势。值得注意的是，宗教信徒中老年人是一个庞大的群体，并且数量持续增长。

人口老龄化、家庭小型化、人口流动加上人们生产生活形态的变化等因素，使得家庭提供养老服务的模式难以满足老年信徒的养老需求，特别是精神关怀上的需求。此外，质优价廉的公办养老院一床难求，而私立养老院往往又价格高昂，超出老人们的承受能力。就众多老年信徒而言，他们在饮食起居等方面还有着特殊的要求。因此，宗教参与养老服务，以其所具有慈善性质与独特的安养模式，加上护理人员有爱心、能忍耐、讲奉献，加之收费较低，得到了老年信徒肯定和青睐。

（二）宗教世俗化，积极主动参与服务社会

由于人类理性的上升、个人地位的提高、自我意识的增强，曾经作为主要的行为标准和价值取向的传统宗教走向衰落。政教分离是宗教世俗化的开始，意味着宗教走下神坛，

面向百姓，融入社会。宗教参与社会服务是宗教适应世俗化的重要表现，也是宗教世俗化的拓展和延伸方式。[7]64-71

我国宗教界持守慈悲为怀、救世济人的理念，具有悠久的慈善传统。进入新时期，随着宗教环境的改善，我国宗教界进一步挖掘教规教义中的积极因素，宗教参与社会服务的领域也在不断扩展，涉及赈灾救灾、扶危济贫、捐资助学以及关心弱势群体等。在对安养院负责人的访谈中，笔者了解到寺庙也积极投身到公益事业中，多次捐资助学、救济困难患者。

实际上，宗教参与养老服务古已有之。魏晋南北朝期间僧尼主持的六疾馆孤独园、唐朝期间寺庙兴办的悲田养病坊、两宋的福田院、清朝的普济堂，都是宗教参与养老的专门机构。只不过宗教对养老的支持没有从宗教社会服务活动中分离出来。[8]82—84因此，如何规范地为社会提供公益服务，发扬宗教服务社会的传统美德，也是宗教界人士所关心的问题。

（三）政策环境改善，养老服务获支持

我国新时期的宗教政策为宗教参与养老服务提供了明确框架，也为积极引导老年信众与社会主义相适应明确了规范要求，进而为应对我国老龄化、破解养老难题提供了一种有益的探索路径。早在2004年国务院公布的《宗教事务条例》就规定宗教团体、宗教活动场所可以依法兴办社会公益事业。2012年，国家宗教局、中央统战部等中央六部门联合下发了《关于鼓励和规范宗教界从事公益慈善活动的意见》，明确肯定：“多年来，我国宗教界坚持走与社会主义社会相适应的道路，积极参与和开展各种公益慈善活动，产生了良好的社会影响。”同时指出：“要重点支持宗教界在养老等公益慈善领域开展非营利活动，只要是法律和政策允许的，适合宗教界人士和信教群众发挥积极作用的各种公益慈善活动，都应该得到支持和鼓励，还可以享受扶持和优惠政策。”

因此，在2017年3月国务院印发的《关于“十三五”国家老龄事业发展和养老体系建设规划》中指出，“对民间资本和社会力量申请兴办养老机构进一步放宽准入条件，加强开办支持和服务指导。落实好对民办养老机构的投融资、税费、土地、人才等扶持政策”。作为回应，在2017年6月新修订的《宗教事务条例》规定“宗教团体、宗教院校、宗教活动场所、宗教教职人员可以依法兴办公益慈善事业。”从以上相关政策文件可以看出党和国家对于宗教界开展养老服务等公益事业的肯定与支持。这为宗教参与养老服务创造了有利的政策空间和制度环境。

四、结论与讨论：积极规范宗教参与养老服务

目前，中国社会面临着老龄化日益严重，养老需求日益突出的问题。同时，我国老信众的数量也日益攀升，国家如何引导老年信众与社会主义相适应的政治问题。如何解决同一过程中呈现出的社会问题与政治问题，构成了我国新时期的挑战。通过在M市的深度个案研究，笔者认为通过积极规范宗教参与养老服务，是同时破解这两个难题的一种有益路径。

基于笔者参与观察，寺院养老新模式的特点可以总结为：第一，向入住者收取一定费用，但不以营利为目的，以自利利他为服务理念；第二，以自助互助为主要形式；第三，不断壮大的义工团队提供志愿服务；第四，养老服务内容丰富，除了基本的食宿等日常生活服务外，还包括修心、安命等高层次的服务。

当然，由于寺院参与养老服务还处于初级阶段，养老的入住标准、资金筹措、运作机制、管理模式等诸多方面还需要进一步探索。在入住标准方面，为了规避风险，安养院的入住对象是有选择性的，对入住老人设置了特殊的“门槛”，要求老人生活能够自理，家属能够承担应承担的责任和承诺不要求安养院负意外责任。在安养院管理上，管理人员缺乏管理经验且人数有限，服务管理还达不到相关标准，而且缺乏医疗护理人员，没有专门的医务室，只有简单的应急药品，单靠僧尼和义工的慈悲心很难保证养老服务质量。在资金上，安养院只能靠自己内部“朋友圈”的供给，缺乏资金供应的多元化渠道，也缺乏相关的资金管理制度。

因此，政府部门应该积极落实宗教参与养老服务的政策，将优惠政策覆盖到宗教团体；统筹发展居家养老、机构养老等多种养老形式，实行普遍性服务和个性化服务相结合；规范社会资本赞襄寺院养老服务领域的途径，促进其可持续性发展。社会成员应摒弃对宗教的历史偏见，客观看待宗教在社会服务中的积极因素，对宗教养老服务事业持包容态度；新闻媒体应该加强对各宗教大力发展宗教慈善公益事业的正面宣传和报道，为宗教社会服务机构在社会中营造良好的舆论氛围；鼓励社会成员对宗教养老机构进行捐赠，提倡志愿服务工作。

最后，针对 M 市寺院养老的现状，笔者进一步的政策建议是：培养一支掌握宗教政策、专业技能过硬的老年社会工作专门人才队伍，使他们成为推动宗教参与养老事业规范化发展的一线执行者。笔者所在的研究团队也对此进行着积极的探索。社会工作者可以对寺院义工团队进行培训，使其掌握较为专业的护理知识和方法；将社会工作“助人自助”的专业价值观与佛教“自利利他”的理念相融合，将社会工作三大方法应用到老年信众的养老服务中，改进养老的服务理念；汲取佛教在养老服务中的精神慰藉、临终关怀的优势，与社会工作本土知识和方法相融合，提高养老服务水平，保证养老服务成效，推动寺院养老专业化、规范化发展。所以，这也要求政府把专业社工介入宗教参与养老服务纳入议程，加大对社工的宗教政策培训与老年康复学、护理学、心理学等方面的专业培训，鼓励其从事老年社会工作，介入宗教参与养老服务。

参考文献：

[1] 吴旭梅，卢福营．宗教机构养老：一种独特的养老服务方式——以温州基督教会柳市堂“敬老之家”为例［J］．浙江师范大学学报（社会科学版），2015（01）．
[2] 王佳．中国佛教慈善组织的发展现状［J］．黑龙江民族丛刊，2010（05）．
[3] 杨庆堃．中国社会中的宗教——宗教的现代化社会功能与其历史因素之研究［M］．范丽珠等，译．上海：世纪出版集团、上海人民出版社，2007．
[4] 贝格尔．神圣的帷幕——宗教社会学理论之要素［M］．高师宁，译．上海：上海人民出版社，1991．

[5] SPIRO, MELFORD E. Buddhism and Society: A Great Tradition and Its Burmese Vicissitudes [M]. Berkeley, CA: University of California Press, 1982.
[6] 李晋. 佛教、医学与临终关怀实践——基于人类学的研究 [J]. 社会科学, 2007 (09).
[7] 赵立新, 赵慧. 转型社会宗教参与养老的基础和优势研究 [J]. 人口学刊, 2012 (05).
[8] 赵立新. 转型社会宗教参与养老的模式探析 [J]. 学理论, 2014 (10).

多维贫困视角下致贫成因与反贫困政策研究

——基于柬埔寨暹粒省的区域研究

陈　吉　赵　然*

摘　要：自 2014 年“东亚减贫合作倡议”以来，中柬合作减贫发展迅速。通过梳理柬埔寨联合政府成立以来推行的反贫困政策与实地研究的方式，本文选取物质、能力、权利、脆弱性四个维度，研究柬埔寨贫困群体的多维致贫成因与政府反贫困政策。多维贫困指数的测量结果显示，柬埔寨贫困群体的致贫原因是多维的、复杂的，既存在国家整体经济实力落后、政府扶贫理念偏差的因素，也存在个体因素。在众多因素中，贫困群体的个体因素——文化贫困，没有得到政府的重视。这也是多维贫困理论中被弱化的部分。最后，本研究从多维贫困理论出发，为柬埔寨政府提出相关反贫困政策建议。

关键词：柬埔寨；多维贫困；反贫困；社会政策

一、问题提出与研究述评

在全球经济飞速发展的今天，贫困依然是国际社会不容忽视的问题之一。随着贫困内涵的多元化、复杂化，对贫困的评判也不再以收入作为绝对标准。联合国指出，在判断个人和家庭是否处于贫困状态时，除经济收入之外，教育、健康和生活水平等多个方面也应该被纳入考量。柬埔寨作为世界上最不发达、最贫穷的国家之一，从世界体系中来看，尽管柬埔寨一直在尝试融入世界发展进程之中，但仍旧无法忽略其当下严峻的多维贫困问题和在世界体系中处于边缘地位的事实；从东南亚区位中来看，柬埔寨发展虽不及泰国、新加坡等国迅猛，但高度对外开放的经济模式使其经济在近十年间获得强劲增长，然而经济持续增长与其缓解贫困相脱节也是柬埔寨面临的一大问题；从柬埔寨与中国的关系来看，两国交往友好、历史悠久。李克强总理在 2014 年出席东盟—中日韩领导人会议时就提出“东亚减贫合作倡议”，并形成了“中国—东亚乡村减贫合作示范项目”，柬埔寨迅速与中国合作，将中国扶贫开发“整村推进”的工作经验引入，在村级社区开展减贫示范项目。因此，利用多维贫困视角研究柬埔寨农户的致贫原因，既符合柬埔寨当下的发展境况，也有利于促进中柬合作减贫，推进减贫进程。

---

* 作者简介：陈吉，重庆市人，2021 届社会工作专业硕士；赵然，内蒙古人，2021 级社会工作专业硕士研究生。

国内对柬埔寨贫困问题的研究主要从历史背景、地理自然条件、经济发展等方面探讨柬埔寨贫困原因。张海霞通过研究中国与柬埔寨的合作减贫模式，指出柬埔寨的贫困特征与中国早期的贫困特征相似。例如中国和柬埔寨都经历了从普遍性贫困到区域性贫困，再到个别贫困的演化，城乡贫困程度存在差异等[1]143-147。朱丹凤、高翔等认为柬埔寨的贫困是由长期的殖民史和内战导致的，内忧外患使柬埔寨一直处于动荡之中[2]254-257。陈松涛认为柬埔寨的贫困除去历史因素，即多年战乱破坏了其基础设施和自然资源，农村问题才是其贫困的根源[3]324-325。王文等人指出，柬埔寨当前贫困率的下降主要由过去数年间农业领域产值的迅速提高和成衣业的长足发展所带动[4]。一旦农产品价格和成衣从业人员工薪下降，大量民众便有可能立即重返贫困。

国外的学者讨论柬埔寨的贫困问题主要集中在以下几个方面：在自然环境方面，Dasgupta 认为柬埔寨严峻的贫困问题和其环境有紧密联系，森林砍伐、土壤退化、室内空气污染、水污染和室外空气污染都加重了柬埔寨人民的贫困[5]617-638。在医疗卫生方面，Meessen 通过对柬埔寨居高不下的婴儿死亡率和儿童登革热住院率的研究，揭露了柬埔寨的公共卫生系统对贫困群体的不公[6]2253-2257。贫困群体无钱看病，而国家公共卫生资源匮乏，导致了一般贫穷的人民陷入极端贫困。在工业方面，Yamagata 的研究指出柬埔寨以出口为导向的制衣业通过贫困群体的就业为该国的减贫做出了巨大贡献[7]81-136。在教育方面，Fergusson 认为柬埔寨的大学里开设的吠陀教育课程对国家脱贫率和社会福利都产生了积极影响[8]。在其他方面，Takasaki 认为由于历史战争残留的数以百万计的地雷使柬埔寨人民深受其害，产生了大量的残疾人；残疾引发了劳动生产率低、收入低、生产性资产和社会积累低的恶性循环[9]。Tsuruga 发现柬埔寨大力推行的经济政策增加了长期贫困人口的家庭消费，却对其积累资本、打破长期性贫困毫无帮助[10]85。

综上所述，国内外学者针对柬埔寨的贫困问题的研究角度多样化，但主要侧重于讨论其某一项社会政策是如何影响人民贫困的，少见多维度地综合分析其贫困问题。此外，在既有的研究中，多讨论国家政治历史背景、政策等宏观环境对贫困群体的影响，少见探讨贫困群体在陷入贫困以后的具体反应机制，如何从贫困群体本身出发探索其个体贫困因素。这两项是本文将要讨论的核心问题。

二、理论视角与研究方法

多维贫困理论最早源起于印度经济学家阿玛蒂亚·森（1973）在《贫困与饥饿：论权利与剥夺》这篇文章中提出的观点。他认为随着经济社会的发展，仅以收入作为考察贫困问题的唯一指标是不合理的[11]11-19，致贫因素除收入外还应包括公民获得健康权、养老权、教育权、居住权等能力上的缺失[12]80-83。接着，阿玛蒂亚·森提出了“可行能力”理论，将贫困视作可行能力的剥夺[13]。他指出，可行能力由一系列功能组成：如免于遭受疾病、饥饿的功能，满足基本营养需求、接受教育、参与社区活动的功能等[14]3-18。“可行能力”被认为是多维贫困理论发展的基础。

后来学者们在“可行能力”的基础上逐渐探索出多种测量多维贫困发生率的方法。影响比较深远的有 Watts 方法、A－F 贫困“双重识别”法、HPI 法、MPI 指数等。其中较常被运用的是A－F贫困“双重识别”法。即英国牛津大学贫困与人类发展中心的学者Alkire和Foster将阿马蒂亚·森关于可行能力的理论发展为多维贫困，选取教育、健康、生活条件三个维度构建多维贫困指数，并且构建了一套系统的、可测量多维贫困指数的数据方法——A－F方法，用于测算某个国家或者地区的多维贫困发生率。

除从测量角度完善多维贫困理论之外，从不同维度看待贫困现象逐渐兴起，越来越多的权威机构也开始多维度地定义贫困，多维贫困理论的内涵得到进一步拓展。如《世界发展报告》（2000/2001）指出，所谓的贫困不仅指低收入，低消费，缺少衣服、药品、住房、文化等，还包括其易受风险，缺乏发言权等[15]。联合国开发计划署提出“多维剥夺”概念，指出贫困意味着促进人类发展最基本的机会和选择被剥夺，无法继续过上健康、自由、有尊严的生活[16]83－89,112。欧洲共同体提出“社会排斥”，贫穷应理解为资源（物质、文化和社会）有限，以至于被排除在所在国家其他社会成员所生活的方式之外[16]83－89,112。可见，多维贫困强调贫困群体在多个维度上同时受到剥夺，并且各个维度之间相互影响。

综上所述，多维贫困理论也在随着社会经济的发展被赋予更丰富的内涵。其核心观点是，多维贫困是从多个维度认识贫困的思想，指人的贫困不仅仅是收入低下，也包括饮用水、道路、卫生等基础设施提供的服务、社会福利与社会保障等其他客观指标和主观感受的贫困[17]。本文主要从物质贫困、能力贫困、权利贫困、脆弱性四个方面来讨论柬埔寨农户的致贫成因。

笔者于2019年参加教育部中外语言交流合作中心项目，以汉语教师身份前往柬埔寨王国暹粒省暹粒公立中山中学任教。在一年的任期中，一方面，笔者作为汉语教师与学生、家长、同事以及当地居民共同生活，完成工作任务。另一方面笔者将整个生活场景作为田野背景，将当地居民、农户等作为研究对象，实际参与研究对象日常的社会生活，利用参与式观察、无结构访谈等方法获取一手资料。

三、多维贫困视角下柬埔寨农户致贫因素分析

（一）物质贫困：机会不足

物质贫困主要表现在机会不足方面。如获得土地的机会，就业的机会，基本公共基础设施获得保障的机会。

在土地的获得方面，柬埔寨农村地区特别是边远地区的贫困率很高。85%的人口生活在农村社区，70%以上的人口从事农业生产，然而，其中12%到15%的人口没有农业用地①。针对农民缺乏土地耕作的情况，虽然柬埔寨政府通过土地改革政策重新分配土地，但实际上只是其通过宣称减少贫困来夺取土地的一种策略[18]。例如，在柬埔寨首都金边和直辖市西哈努克港修建大量商品房，而原本生活在当地，尤其是西哈努克港的农户，失

① 数据来源：THE ROYAL GOVERNMENT OF CAMBODIA：NATIONAL STRATEGIC DEVELOPMENT PLAN UPDATE 2009－2013

去了自己的土地却没有得到相应补偿。

> “我去年去了西哈努克港，变化很大。那里以前很小，只是一个小渔村。现在有很多中国企业在修路和建造商品房，工地上大部分都是中国人。做生意的大部分也都是中国人。原来住在西哈努克港的人因为政府与中国企业的合作，失去了土地。那里的人告诉我政府并没有给他们补贴。他们现在也没办法参与进自己家园的发展中。”（访谈记录：学生杨珍娜的父亲 Roi[①]）

2004 年，在洪森提出四角战略时便将农业视为国家发展的核心内容，通过提高农业生产力和促进农业生产多样化来推动经济增长，从而减少贫困。由此，农业部门的政策主要侧重于资本密集型的大型农业综合企业，小农经济被视为永久性贫困。近十年间，柬埔寨国家发展政策转变，政府将经济增长的重心转向引进外资发展建筑业。而借由应对贫困危机，农户的土地被合法剥夺。贫困群体失去了土地，也就意味着其无法获得维持基本生存需求的粮食作物，陷入物质贫困。

在就业方面，根据柬埔寨国家统计局在 1999 年的数据，柬埔寨只有 15% 的就业人口从事有薪工作（即在正规部门），第二和第三产业的就业机会十分有限，分别只有 8% 和 18%[②]。从 2004 年起，柬埔寨经济进入高速发展阶段。根据世界银行 2015 年的评估，柬埔寨在世界上经济增长最快的国家中排名第 6 位。在过去的二十年里，年平均经济增长率在 7.7% 左右。

诚然，经济的高速增长推动了第二产业和第三产业的发展，服装业、鞋业等制造业增加了大量就业岗位，旅游业等服务业衍生了更多的就业机会。但对于绝大部分贫困群体而言，就业岗位增加的同时，也增加了就业的难度。因为他们缺乏相应的知识水平和职业技能。例如，柬埔寨的旅游业吸引世界各地的游客，从事旅游业的柬埔寨人需要具备一定的语言水平，一些公司需要具备基本的电脑操作能力，这对连接受本国国民教育都有障碍的贫困群体来说，难度较大。

在基本公共基础设施方面，在柬埔寨，穷人几乎没有机会获得基本的社会服务和设施。发达的农村公路基础设施将大大有助于减少贫困，减少脆弱性，开辟新的经济机会，创造新的就业机会，加强民主进程，发展技能，改善农村服务。

在医疗卫生设施方面，在柬埔寨最贫穷的五分之一人口中，约有 21% 的人必须步行超过 5 公里才能到达一个健康诊所，获得及时的医疗服务较难。在教育设施方面，相当一部分孩子辍学的原因是家离学校太远，缺乏能够在规定时间内到达学校的交通工具。在通信设施方面，远离城市的农村地区没有覆盖网络，阻碍了人们与外界的交流，不利于其接收外部信息，了解国家、社会实时发展情况。在饮水设施方面，城市基本上覆盖了自来水系统，而在农村地区的覆盖率较低，较多农户依然饮用井水、河水甚至雨水。在住房方面，贫困群体的居住条件堪忧。

---

① 注：本文所有访谈对象的名字皆由高棉语翻译为中文。

② 数据来源：柬埔寨国家统计局。网址：http：//www. nis. gov. kh/

（二）能力贫困：能力不足

阿玛蒂亚·森在提出能力贫困时指出：贫困即一个人可行能力的剥夺[19]。可行能力的范围包括公平地获得教育、性别平等、医疗保障、饮用水、住房等方面。贫困群体的贫困不是缺乏收入，而是缺乏获得收入的能力。教育和健康是影响贫困群体的首要因素。

由于受教育程度低，就业技能有限，年轻人在劳动力市场中缺乏竞争力。近年来，柬埔寨吸引外资，大力发展旅游业、房地产、服装业和鞋业等来促进经济发展，同时，也为柬埔寨人民制造就业机会。但也因经济的发展，工作岗位的多元化、国际化对就业技能有了更高的要求：

> “我在一家公司做会计，因为我会柬文、中文和英文，才可以做这份工作。”（访谈记录：闵诗婷）
>
> “我想去金边的公司里做中文翻译，但是他们问我会不会电脑，我说我不会，他们就说不会电脑不可以。学电脑很贵，我没有钱去学。”（访谈记录：万达妮）

为了适应经济环境的变化，许多家庭都选择让自己的孩子学习多种技能。但贫困的家庭却不具备承担技能学习费用的能力。不仅如此，他们往往还要承担家庭的开支。贫困群体的子女被剥夺了上学的机会，因为他们需要做家务或工作来赚取收入养活家庭及其年轻的兄弟姐妹。虽然柬埔寨政府一直在增加对教育的投入，官方数据上表示城市与近城市的农村地区入学率得到大幅提升，但实际上在偏远的农村，儿童的辍学率与童工占全国儿童总人数比例都非常高。可见官方数据与实际情况存在差异。

在暹粒的旅游景点，有很多年龄在5至13岁之间的孩子提着一些具有当地特色的手工艺品或者热带水果进行贩卖，尽管他们对游客说：“我想上学，请买一点我的东西，让我去上学。”但从和他们的对话，以及导游的口中得知，绝大部分孩子已经不上学了，这只是他们的销售话术。

柬埔寨儿童缺乏教育的因素是多方面的。首要因素便是学费问题，绝大多数人未能继续接受教育的原因是无力支付学费。笔者在柬埔寨暹粒省某中文学校任教时，曾经发现有学生上课没有课本，每节课通过看同桌的课本进行学习。问其原因，学生说：“因为没有钱交学费。但是江主任（学校主任）说可以来上课。”这类情况往往发生在住在离市区较近的学生身上。

> “柬埔寨的大学很贵。一学期要六百多美金。我的大学没有读完。还有最后一年。因为在我三年级（大学）的时候，发现我的爸爸和妈妈为了让我上大学，借了很多钱（高利贷）。他们一直不告诉我。被我发现了，我很难过，不想他们借很多钱，就不读了。”（访谈记录：沈妮达）

另一种情况常发生在家庭住址距离学校较远的家庭。即缺乏城市到乡村的公共交通工具造成的贫困群体的教育缺失。柬埔寨只有首都金边才设立了市内公共交通运输系统。其余省市的交通出行，除跨省流动有巴士汽车外，人们的日常出行皆依靠载客的突突车（一种专门载客的三轮车，相当于中国的出租车）和自行购买的小汽车和摩托车。摩托车是柬埔寨人民最普遍的出行工具。但对于贫困群体来说，无法支付购买摩托车的费用。摩托车在当地价格昂贵，通常在1200美金（折合人民币7800元左右）以上，而当地在城市务工人员的月平均薪资水平约在100－200美金（折合人民币650－1300元左右）。生活在偏远地区的人，一天收入不到5美金（折合人民币32元左右），而没有收入的人更多。居住地址距离学校较远，又无力承担购买摩托车费用的家庭，往往会选择放弃让孩子上学，略有经济基础的家庭，使其留在家中学习做一点小生意，如上文提到的在景区贩卖手工艺品，而赤贫家庭则任由孩子在家附近游走、玩耍。

还有一种情况是，贫困群体自身的教育意识较为薄弱，且对教育的功利化和盲目性十分严重。正如马斯洛的需求层次理论一般，尚在生理需求挣扎的人往往很难产生更高层次的需求。受柬埔寨旅游业红利的影响，居住在暹粒省乡下的农户纷纷开始在旅游景点开设餐厅、贩卖具有民族特色的手工艺品等。较多这样的家庭会选择把孩子留在家里帮忙做生意，他们认为这样比上学能更快地脱离贫困，而教育带来的回报缓慢又微薄。笔者任教时，班上常有连续请假多天的学生，或者常常迟到的学生，其缘由都是"家里很忙"。更有甚者在上课的途中突然接到家中父母的电话而立刻回家的，因家里生意忙，让其赶快回家帮忙。还有学生曾跟笔者提及：

"我觉得上大学没有用。因为我的弟弟上了大学，现在找的工作，一个月只有200美金。我没有上大学，但是我可以找到一个月400美金的工作，会说中文和英文还有柬文，很容易。我听见很多柬埔寨人都说，读书不能当饭吃。"（访谈记录：杨珍娜）

"柬埔寨人学什么是一段时间的，别人学什么就学什么，什么赚钱学什么。以前来柬埔寨的韩国人多，韩国人来做生意，柬埔寨就有很多人去学韩国语。学了一段时间，来了很多日本人，他们又不学韩国语，去学日本语。现在中国企业来了柬埔寨，中国人很多，他们自然又开始学中文了。"（访谈记录：江胜）

柬埔寨贫困家庭的儿童除被剥夺了受教育机会外，较低的教育质量也阻碍着他们进一步发展，提升自我能力。为了提高儿童入学率，减轻贫困家庭的教育负担，降低辍学率，柬埔寨政府出台一系列政策普及国民九年义务教育。但教育效果却并不显著。因为教师工资普遍较低，学校的教师在学校里授课并不认真，反而私下开补习班要求学生补课：

"柬文学校上学不要钱，老师工资低啊，就开补习班，在课堂上随便讲讲，让学生下课了去补习。不补习就升不了学的。"（访谈记录：江胜）

显然，鲜有能承担这笔开支的贫困家庭。此外，对于接受了大学教育的学生，知识储备与学习、发展能力并没有得到明显的提升：

"我认为还是和教育（质量）有关系。这里的人就算是上了高中，上了大学，你和他谈论一些国际上的新闻，他们都不知道，不懂，说不出来什么。就算是问他们柬埔寨哪个省在哪里，他们也会说不知道。"（访谈记录：陈会长）

总之，无论是受教育权被剥夺，还是教育质量不容乐观，都导致了贫困群体缺乏能够帮助其获得收入的能力。他们的小学和中学教育直接影响到他们未来的就业和生产力。

在十年前，营养不良是柬埔寨的一个普遍问题，将近一半的柬埔寨儿童营养不良，发育迟缓，微量营养元素缺乏很普遍。营养不良是一种无声的紧急情况，会严重威胁儿童的生命健康。根据柬埔寨国家统计局数据，五岁以下儿童中有三分之二的死亡率与营养不良有关。在育龄妇女中，20%的妇女报告了低体重指数（体重指数小于18.5 kg/m^2）。低出生体重（小于2500克）是与儿童发育不良、新生儿和婴儿死亡率高、母亲健康和营养状况不佳有关的重要指标。这既是贫穷的主要原因，也是贫穷的结果。此外，大多数贫困群体经常面临的可预防但又危及生命的主要疾病包括疟疾、肺结核、登革热和艾滋病毒等。这给贫困群体带来了沉重的负担。同时，健康状况不佳是造成贫困和其他形式的社会剥夺（例如失去教育和就业机会）的主要原因。贫困、健康不良和家庭医疗保健支出高（占家庭收入的11%）的持续循环使柬埔寨家庭陷于瘫痪。根据柬埔寨联合卫生部门的审查，发现国家投入卫生部门的大量家庭资源没有得到有效利用。他们生活在不卫生的、过度拥挤的环境中。

造成其健康水平低下的原因是多方面的。一方面，医疗设备落后，医生职业能力不足，误诊率高。尽管柬埔寨政府一直强调要提升国家医疗服务质量，增加相关财政支出，但成效缓慢。柬埔寨目前缺乏完善的医疗保障体系，公立医院医疗水平十分有限。笔者曾了解到，尽管暹粒市是柬埔寨第三大城市，是著名的国际旅游城市，却只有一家私立医院的医疗水平较高，类似做常规胃部检查需要用到的胃镜技术也只有这一家医院有相关设备。而医疗水平较好的私立医院却是穷人望尘莫及的，大多私立医院是为居住在柬埔寨的外国人和收入较高的本地群体提供服务的。

另一方面，贫困群体本身缺乏预防的意识。笔者任教时，班级里常常有学生请病假，症状多是发烧、肠胃不舒服等。且请假时间非常久，动辄一个星期以上。甚至有部分孩子因患登革热而失去生命。笔者在农村调研时，看见人们在家中通常是赤脚，席地而坐，不使用桌子凳子，除非有城里的人到访，才会拿出凳子待客。他们吃饭时用一张布铺在地上，在上面摆放食物，大多食物用手抓着吃。而他们并没有意识到这会有严重的卫生问题。可见，他们对良好的健康习惯和卫生的意识也较差。同时，在农村地区的贫困群体缺乏确保健康生活方式的资源。尽管柬埔寨的近郊农村地区已经普及了自来水，但绝大部分农村地区的用水来源均是没有经过消毒杀菌处理的井水、江河湖水甚至雨水。这是导致其肠胃功能不佳的重要原因之一。

（三）权利贫困：社会排斥

社会保护制度对于防止每个公民因自然灾害、医疗费用、残疾或老年等不可预见的负面事件而陷入贫困是必不可少的。只有将贫困群体纳入完善的社会保障体系之中才能使其各项权利都受到保障。缺乏获得权利的机会是贫困群体面临的一个严重问题。

柬埔寨在1955年建立了社会保障制度，1993年建立社会保障局，2002年制定了第一个社会保障法，2007年设立国家社会保障基金，代替了原先的社会保障局[20]。柬埔寨社会保障体系主要包括基金、社会性的扶助项目、基础性的救济工程等[21]63-68。其中，针对国家公务人员的社会保险基金比针对私营部门从业人员的社会保障基金完善、全面。而针对贫困群体的社会保障基金在2011年以前几乎处于空白，直到2011年，针对贫困群体和弱势群体的国家社会保障战略才正式启动，并且从2011年至2015年都处于试点阶段。

贫困群体社会保障权的缺失，引发一系列权利缺失。如医疗保障权的缺失导致贫困群体无力支付高昂的医疗费用，难以得到及时有效的治疗，从而使疾病剥夺了他们作为普通公民平等生活的能力。教育权的缺失也会引发一系列问题，如由于受教育程度低或完全不识字，他们不能理解法律，更不能解决法律问题。因此，穷人的利益得不到保护。贫困群体得不到平等的教育、有偿就业、土地所有权和其他权利的保障，又进一步导致他们在社会中一般都处于不利地位，遭受到社会排斥。

从国家层面来看，造成贫困群体权利贫困、社会排斥的原因是国家社会保障体系的不完善。那么从个体层面来看，则是公民缺乏权利意识，贫困群体尤甚。如果说中国的贫困群体在反贫困实践中缺乏主体意识，存在依赖政府权力脱贫的现象，那么柬埔寨贫困群体则是安于贫困现状，对自身的权利意识处于淡漠状态。

> “本地人（指柬埔寨人）就是知足常乐，也不知道为什么，就是懒，像我们（华人）就不一样。像我去乡下，一般华人会在自己的房子前面种果树，种点蔬菜，本地人就不会，从来不会，我去过那么多乡下，就没见过一家柬埔寨人是那样（在房门前种瓜果蔬菜）。所以本地人都不能来城市里生活，活不下去的，城市消费太高了，乡下便宜。柬埔寨物产丰富啊，河里很多鱼，他们随便抓几条鱼烤一烤就能吃一餐啦！在乡下三千块钱（3000柬币，约5.2元人民币）就可以过两天啦！”（访谈记录：陈世阳）

除缺乏维护自身权利的意识外，还有一种情况是对政府政策缺乏关注：

> “我告诉你啊这里没有人关心国家大事的，他们只关心怎么样获得钱，吃饱肚子。”（访谈记录：江胜）

但这类群体往往是少部分贫困群体身上发生的情况。拥有较强的赚钱意识的群体，会主动学习赚钱技能，逐渐摆脱赤贫状态。而更多的情况是，绝大部分贫困群体并不认为自己拥有摆脱贫穷的能力。可见，总体来说，柬埔寨的公民个体权利意识较为淡薄，尤其是贫困群体。他们或是不清楚自己所享有的权利，或是清楚却不愿意行使自身权利，造成自身在社会环境中处于不利地位，难以摆脱贫困。

（四）脆弱性：抗风险差

尽管柬埔寨现在实现了和平与稳定，并取得了一些发展成果，但其大部分人口仍然是处于贫困和粮食无保障的弱势群体。大多数弱势群体包括国内流离失所者和回返者、艾滋病毒携带者、战争寡妇和女户主家庭、孤儿、街头儿童、棚户区居民、残疾人和孤立的少数民族等。其他弱势群体包括那些生活在被地雷和未爆弹药污染的地区以及受水灾和旱灾等自然灾害影响的地区的人。他们处于恶劣的生活环境之中决定了其具有较高的脆弱性。

1. 自然风险

缺乏多样化的家庭经济加剧了柬埔寨农村人口的脆弱性。大多数农村家庭严重依赖自给农业为生，水稻种植面积占总耕地面积的 90%，占农业劳动力投入的 80%①。由于柬埔寨独特的水文状况和相关配套治理水系的基础设施覆盖率很低，这意味着农业生产（以及家庭粮食安全）严重依赖于天气，并且每年都会有很大的波动。贫困群体对诸如水灾和旱灾等自然灾害具有高度的脆弱性。他们对自然资源的经济依赖使其特别容易受到环境退化的影响，无力承担自然灾害带来的风险。

2. 疾病风险

对于大多数家庭，尤其是贫困家庭来说，疾病意味着通过一个或多个成员的发病率和死亡率减少收入。对于农村家庭，发病率会对农业生产力产生负面影响，因为他们被迫将劳动力从农业重新分配给病人护理。疾病的增加也导致更多的护理和治疗开支，压缩了家庭的食物资源。小储蓄家庭迅速耗尽，资产被卖掉。牲畜将被出售，以产生用于病人护理的现金或作为劳动力损失的补偿。当家庭失去家畜时，他们就失去了食物安全的关键：动物、肥料、家庭牛奶和食物储蓄。

3. 环境风险

那些因战争或因地雷致残而贫穷的人是柬埔寨最贫穷的人之一。经过三十多年的战争，地雷是穷人获得农业用地和给农村地区人民造成脆弱性的主要障碍。据估计，大约有 400 万至 600 万枚杀伤人员地雷和反坦克地雷以及未爆弹药，其中包括大约 539129 吨的空对地炸弹埋藏在地下，散布在全国各地。根据柬埔寨 2013 年的人口普查数据显示，柬埔寨大约有 30 万残疾人，相当于总人口的 2.06%。造成残疾的主要原因是战争遗留的大量地雷和未爆弹药②。他们是一个值得特别关注的贫困群体，因为他们的生活水平远远低于贫困线，他们参与经济活动的能力也因残疾而受到限制。

> “我家大约有 20 公顷的土地，三台拖拉机，一辆轿车，一辆摩托车，还有各种各样的农具……有一天，我的工人驾驶着拖拉机，我们那里有地雷，拖拉机被摧毁了。后来，司机去世了，我不得不卖掉其他资产为他们的家人提供补偿，并组织他们的葬礼。不久之后，我丈夫患了抑郁症，去世了。对于我们变得贫穷这一事实，我们无能为力。”（访谈记录：农户苏丽珍）

4. 就业风险

虽然近年来柬埔寨大力吸引外资、扩大出口，发展建筑业和旅游业，促进了经济飞速

---

① 数据来源：THE ROYAL GOVERNMENT OF CAMBODIA：“Rectangular Strategy” for Growth, Employment, Equity and Efficiency Phase III. Of the Royal Government of Cambodia of the Fifth Legislature of the National Assembly Phnom Penh, September 2013

② 数据来源：THE ROYAL GOVERNMENT OF CAMBODIA：“Rectangular Strategy” for Growth, Employment, Equity and Efficiency Phase III. Of the Royal Government of Cambodia of the Fifth Legislature of the National Assembly Phnom Penh, September 2013

发展，也为柬埔寨人民增添了大量就业岗位。据柬埔寨统计局公布的数据显示，2019 年，柬埔寨建筑业占 GDP 的比重为 35.7%、旅游业占 GDP 的比重为 18.7%、服装和制鞋业占 GDP 的比重为 17.0%[22]15-17。其中，建筑业更是创造了近 20 万的就业岗位。但是由于实行高度对外开放的自由市场经济，对外依赖高，经济发展风险大，从而导致人民就业的不稳定因素较高。如 2020 年初突然爆发的新型冠状肺炎造成全球经济下行，欧美主要出口市场需求下降，各国实行封锁政策，柬埔寨旅游人数大幅下降，近 3000 家旅游业相关企业倒闭，近 4.5 万人失业。世界银行在 2020 年 5 月发布的报告中指出，由于疫情影响了柬埔寨最重要的三个行业——建筑业、旅游业、服装和制鞋业，上百万个工作岗位受到威胁，引发失业潮①。柬埔寨经济面临其 30 年以来最大的危机。

四、柬埔寨反贫困政策实践

柬埔寨的反贫困实践从第二届联合政府成立伊始至今，反贫困政策经过不断修改、完善，始终围绕着增加机会、降低脆弱性、提高能力、赋予权利几个方面进行。

（一）柬埔寨反贫困的历史演进

柬埔寨时局自近代以来一直不稳定，先是在 1864 年与法国签订《法柬条约》成为法国长达 90 年的殖民地，第二次世界大战时，又一度被日本占领。二战结束后又成立临时抗战政府以抵御法国的再次入侵，直至 1953 年才摆脱法国的殖民主义的入侵。柬埔寨获得独立之后仅获得短暂的几年发展便又相继爆发了内乱，即长达 40 年的红色高棉运动，直至 1999 年才结束。自此柬埔寨人民才获得了真正的独立与自由。但其长达一百三十几年的战乱史已经让柬埔寨满目疮痍，人民陷入极度贫困中[23]。

在红色高棉运动还没有完全结束之时，1994 年 2 月，金边政府就制定了《柬埔寨复原与发展国家计划》（The National Programme to Rehabiliate and Develop Cambodia, NPRD），为的是协助柬埔寨达到完全成熟的市场经济，促进社会正义与公平、民族和解与永续的经济成长。1996 年 4 月，柬埔寨王国政府以 NPRD 为基础制定了第一个社会经济发展计划（SEDP 1996—2000），是金边政府为促进宏观经济成长、社会发展、降低与最终消减贫穷而制定的首个五年国家发展计划。在 2000 年着手制定第二个社会经济发展计划（SEDP Ⅱ 2001—2005）时，对柬埔寨的主要捐赠国与援助机构表示，针对柬埔寨社会发展方面的不足，要将《消除贫困白皮书（Poverty Reduction Strategy Paper , PRSP)》引入柬埔寨，柬埔寨必须制定一份《临时消除贫穷策略白皮书》（Interim Poverty Reduction Strategy Paper，I－PRSP）[24]。基于此，柬埔寨才由经济与财政部统筹，开始制定 I－PRSP 草案，并于 2000 年 10 月完成。这是柬埔寨首次制定关于国家减贫的策略，也成为

① 数据来源：World Bank. Cambodia in the Time of COVID－19：Economic Update，May2020［R/OL］. https：//www. worldbank. org/en/country/cambodia/publication/cambodia－in－the－time－of－covid－19－coronaviruseconomic－update－may－2020

柬埔寨制定第一个国家减贫策略的基础①。紧接着柬埔寨王国政府便根据当时该国的贫困状况，着手制定了《国家减贫战略 2003—2005》。《国家减贫战略》关注那些有助于整体经济增长的政策和计划，重点关注那些直接提高贫困群体收入和可持续经济增长成果的可能性的政策和计划。

2004 年，柬埔寨王国政府又提出“四角战略”。《四角战略》是第二届王国政府成功实施“三角战略”政策的延续，是柬埔寨王国政府当时正在实施《千年发展目标》《2001—2005 社会经济发展五年计划》和推行的《国家减贫战略 2003—2005》的重要组合。以改善和提高各行政部门的执政能力，提高政府管理水平，推进国家经济基础设施现代化，以促进经济增长，为人民提供就业岗位，保障社会平等和增强公共领域工作效率，以及保护国家自然资源和文化资源，使之为国家的可持续发展和减少贫困做出贡献②。

（二）增加机会

柬埔寨王国政府认为经济增长是提高贫困群体收入机会的关键，因此设立了以公平促进基础广泛的可持续经济增长的政策目标。

1. 维持宏观经济稳定

对于极度贫困的国家或者地区而言，发展经济是首要任务。柬埔寨王国政府从第一次制定《国家减贫战略》以来，到后来不断更新的四角战略，一直推行保持宏观经济稳定、将资源转移到更有效率的部门以及融入全球经济的政策，以促进经济增长，实现减贫。同时，政府通过利用货币、财政和对外政策发展国内金融体系，并以可靠的手段进行金融交易，以促进国内和外国投资，推动经济增长，为贫困群体增加农村收入和减少贫穷。

2. 改善农村生计

尽管政府认为稳定的宏观经济环境和健全的金融部门政策是重要的，但这些不能保证改善柬埔寨绝大多数贫困群体居住的农村的生计。农村地区的贫困多维且复杂，改善农村生计也是多方面的工作，包括增加获得土地的机会、促进农业发展、恢复和发展农村交通运输网络等。这些领域的改善还将有助于改善其他方面的贫穷，例如通过改善获得基本服务的机会。

3. 扩大就业机会

在新世纪初，大约四分之三的柬埔寨人从事与农业有关的活动。在农村和城市地区，许多贫困群体工作时间长，回报低；生产率低，安全性有限。因此，政府意识到必须支持农业以外的发展，创造就业机会和改善工作条件是减少贫穷的关键。柬埔寨王国政府通过促进私营部门发展和发展劳动力市场、旅游业开发等措施来增加贫困群体的就业机会。

（三）降低脆弱性

柬埔寨的贫困群体面对各类危险和风险都具有很强的脆弱性。降低贫困群体的脆弱性

① 资料来源：Teramoto，“Development Plans of Cambodia，” pp. 104 - 105

② 资料来源：中华人民共和国驻柬埔寨大使馆经济商务处，http：//cb. mofcom. gov. cn/

主要包括保证粮食安全，增强社会保护，打击人口贩运，降低艾滋病毒感染率，加强灾害管理能力，开展地雷行动，促进自然资源和环境的可持续管理和利用等行动措施。

1. 保证粮食安全

柬埔寨王国政府认为缺乏粮食安全是多种因素复杂交互的作用：包括食物可用性、获取和利用。改善粮食安全即从增加食物供应、改善食物供应，此处的行动将侧重于增加农村人口的就业和创收机会，以确保获得粮食，包括获得土地、森林和渔业。提高食品利用率，努力增加作物多样化和集约化，以确保粮食多样性和更好的营养与微量营养素混合，并扩大和改善营养、健康和教育。

2. 增强社会保护，打击人口贩运

家庭暴力对柬埔寨妇女构成威胁。家庭暴力给家庭、社区和国家造成高昂的代价，是发展的一个重大障碍。妇女的劳动对许多柬埔寨家庭的生存至关重要，当妇女丧失劳动能力时，家庭收入受到损害。当妇女遭受家庭暴力时，儿童的教育可能会受到影响。贩卖人口是另一个重要的脆弱性因素。柬埔寨已成为贩卖妇女和儿童的输出国、接受国和过境国。

3. 降低艾滋病毒感染率

由于获得保健服务的机会有限，农村地区的贫困人口比城市地区的贫困人口更容易感染艾滋病毒。而两性的不平等使女性在染病方面承担着更强的脆弱性与风险性。针对此情况，柬埔寨成立了国家艾滋病管理局，负责制定各项降低艾滋病感染率的政策。例如，实施母婴传播预防方案；扩大连续护理范围，使艾滋病毒感染者、特别是最贫穷者能够以最可接受和最有效的形式获得适当、低成本的护理和支助；实施针对渔村、流动工人来源社区和流动工人的社区预防方案，其中包括了贫困群体。

4. 加强灾害管理能力

由于缺乏预警和管理系统，作为柬埔寨主要自然灾害的旱涝灾害，给人民生活和经济造成了巨大的损失。尤其是依靠自然资源生活的贫困群体，在自然灾害方面的脆弱性极高，毫无风险承受能力。柬埔寨建立国家清洁发展机制，应对洪水或作物歉收等自然灾害影响。同时，为备灾、救灾、减灾和恢复制定明确的战略，建立协调、监测和审查机制，以减轻自然灾害带来的作物欠收的脆弱性。

5. 地雷行动：针对地雷和未爆弹药的行动

由于数十年冲突的遗留问题，柬埔寨是世界上地雷和未爆弹药受影响最严重的国家之一，平民伤亡率最高，而且具有重大的社会和经济影响，特别是对偏远地区的土地分配和贫穷农户的安全。因此，排雷行动被视为柬埔寨王国恢复和发展的首要优先事项，特别是在农村地区实现有效的减贫。为了确保制定和执行有效、协调的国家排雷行动政策，柬埔寨王国政府于 2000 年 9 月设立了柬埔寨排雷行动和受害者援助局。这是柬埔寨排雷行动向前迈出的重要一步。

6. 自然资源和环境的可持续管理和利用

减贫与环境之间的关系至关重要。增加贫困群体的机会是保护环境的关键因素，因为当贫困群体没有替代手段时，自然资源会受到侵蚀。自然资源退化部分是由于农村贫困群体的剥削，他们正在寻求满足他们的基本需要。因此，减少农村贫困对柬埔寨实现可持续发展至关重要。柬埔寨制定了《2010—2029 年国家森林计划》和《国家环境行动计划》来应对自然资源的过度利用。通过更好的执法和治理、森林的划界、分类和登记、有效管理和开发国有和私有森林，以可持续进一步管理森林和野生动物资源，改善人民生活，避免其过度依赖自然资源生存等的措施。

（四）提高能力

1. 加强教育、科技和技术培训

针对农村地区入学率低，辍学率高的问题，教育部采取了一些政策措施来实施扶贫教育改革。如普及 9 年基础教育，给予资金补助；向中等教育水平的贫困和弱势家庭的学生提供奖学金，以鼓励青年继续接受教育；通过提升教师薪酬待遇，鼓励教师要有责任心地投入教育事业；通过向学校和机构提供经营预算，减少贫困群体的成本负担，增加入学机会；扩大教育设施方案，在服务不足的地区和社区提供更多的中小学和教室；减少儿童前往小学和初中的距离，提供尽可能靠近村庄的学校；强调要确保女孩在正确年龄上学并完成基础教育，并逐步解决女孩和妇女的高文盲率问题；实施一系列关键措施提升科技教育水平。值得一提的是，政府还强调了进一步促进宗教在教育中的作用，特别是佛教作为国家宗教，为向学生灌输伦理、道德和行为价值观以及确保柬埔寨社会和谐做出贡献。

2. 促进健康和营养

身体健康状况差与营养不良是阻碍柬埔寨贫困群体能力发展的重要因素。政府出台了多项政策。例如，设立社区、乡村卫生支助小组，以利用基层领导做出决定和采取行动，改善卫生中心的职能；通过通信战略提供充分的信息，使孕妇、产妇能够做出适当选择并采取完全母乳喂养等健康做法；通过社区网络、实地保健提供者和其他可用的渠道促进公共部门保健服务的使用，以此改善柬埔寨孕、产妇高死亡率，婴儿、儿童高死亡率，贫困群体家庭缺乏营养等问题。设置穷人健康保险计划、社区医疗保险计划和私人健康保险三种医疗保险为特定的目标群体服务。防止人们因健康相关的问题而陷入贫困。

3. 安全用水和卫生设施

安全用水和卫生设施直接影响婴儿死亡率。农村供水是柬埔寨减贫政策的一项关键努力，该政策是通过为家庭种植稻谷提供小型灌溉和向农村地区人口提供安全饮用水来实施，政府高度重视这一部门的发展，并将其作为改善农村地区人口健康和减少贫穷的手段。

（五）赋予权利

贫困群体的致贫原因除能力缺失外，还存在均等发展权利缺失的问题。从某方面来说，发展能力和保障权利相辅相成，只有保障贫困群体各项权利的充分获得，其能力才能够得到发展。

1. 加强社会保障和社会安全网

赋予贫困群体权利，使其能够得到发展的前提条件是生活在稳定、安全的社会环境之中。柬埔寨面临国内治安混乱、疫情疾病、气候恶劣等问题，发展和建立一个全面和可持续的社会安全网系统，保护穷人和大多数脆弱性人口的生计是首要任务。目前正在实施社会保护和安全网计划，以协助个人、家庭和社区更好地管理风险、冲击和赤贫。社会事务、退伍军人和青年康复部、劳动和职业培训部以及妇女事务部均受权向民众提供社会服务，并保护贫困群体免受风险。

2. 保障各项权利

当一个人的各项权利被剥夺或者被削弱到一定程度时，贫困便发生了[23]。柬埔寨政府也意识到了这一点，因此在联合政府成立以来，逐步探索、建立社会权利保障机制，保障民众权利。例如，卫计委、教育部等正在实施各种方案，通过免除卫生保健费用、设置奖学金来解决造成脆弱性的一些主要原因，这些方案帮助家庭处理卫生保健费用并让子女留在学校。

3. 赋予妇女权利，促进性别平等

在柬埔寨所有贫困群体中，受传统“男主外，女主内”观念影响，妇女权利缺失问题最为突出。柬埔寨王国政府自制定《国家临时减贫战略》以来，性别问题就被纳入政府的主要改革方案，将两性平等和赋予妇女权利纳入国家关键政策。

五、多维贫困视角下柬埔寨反贫困路径探索

（一）改善制度环境

良好的制度环境有利于反贫困政策的有效实施，推动减贫进程。

1. 遏制腐败现象

柬埔寨的腐败问题一直非常严峻，渗透在国家的方方面面。其中，在政府高层部门、军警部门、教育部门的腐败问题最为突出。政府职能部门及其官员利用自己手中的公共权力大肆谋取部门或个人的私利；军队与不法商家勾结，保护其走私、贩毒、非法军火交易等犯罪活动，从中获得巨额利润；警察出警不为帮助民众、惩治不法之徒，根据谁给的小费多便为谁“声张正义”，犯罪分子通过高额保释金便可免受法律的惩罚；国家考试徇私舞弊，教育工作部门收取高昂费用为学生颁发毕业证、考试合格证明等，而不是以其真实学习能力与成果作为评判，严重缺乏公信力。

虽然柬埔寨政府在2002年颁布的《国家减贫计划》中就已经明确提出要打击腐败，并在2004年通过了《国家反腐败法》，但多年来成效并不显著。2018年，在世界正义工程（World Justice Project）公布2017—2018全球113国法治指数排名中，柬埔寨的腐败程度排名排第113名，位列全球倒数第一。可见，柬埔寨的腐败问题阻碍了国家与社会的公平稳定发展，必须加大打击腐败力度，遏制腐败现象的发生，由此才能保证国家的长远发

展，使相关政策落到实处。

2. 健全反贫困工作机制

在柬埔寨政府制定第一个《国家减贫战略》时，成立了社会发展委员会，负责促进协调和监测与国家减贫目标有关的发展政策和计划。但其工作重心在后来逐渐向国家投资和重建发展综合事务转移。待到其制定“四角战略”时，又成立减贫技术小组，作为一个协商和协调机制，以支持国家战略规划的制定、执行和监测。可见，柬埔寨的反贫困工作的规划和指导主要是从国家层面直接向全国展开，缺乏与部门、地方政府工作的衔接，各项反贫困政策缺乏区域针对性。反贫困是一项系统的、持续性工程，柬埔寨政府应健全反贫困工作机制，使各项减贫工作有效运转。

纵向来看，柬埔寨政府除了从国家层面制定宏观反贫困政策，还应与各部门、地方政府进行有效衔接，层层落实反贫困工作任务，做到分工明确、责任清晰。横向来看，同一层面、不同政府机构之间应保证信息畅通，构建系统、完善的贫困信息共享系统，有效掌握各机构之间关于贫困群体、反贫困工作的动态信息，以便及时调整与补充。此外，还应建立逐级督查问责机制，调动负责反贫困工作政府工作人员的积极性，保证工作的有效落实。

3. 完善反贫困相关法律法规

反贫困工作的有效实施需要法律法规的保障，也有助于实现减贫工作的制度化和规范化[25]，促进公平发展。

首先是针对贫困群体的法律法规。贫困群体既是反贫困实践中的客体也是主体，在使其被动接受减贫政策时，也应利用法律的形式明确自身所享有的权利和作为主体的职责和义务。一方面，当反贫困实践过程中出现不公平现象时，有利于贫困群体主动维护自身权益。另一方面，法律法规规定了其作为扶贫主体的责任和义务，有利于其履行义务，主动参与到反贫困实践中去。其次，应明确在扶贫工作中违反相关立法应承担的法律责任。尤其是在腐败猖獗的柬埔寨，更应该发挥法律法规的权威效应，尤其保证扶贫专项资金的有效利用，避免出现贪污、挪用扶贫专项资金的现象。最后，应完善与反贫困工作中所涉及的教育、医疗、社会保障等相关法律法规。如在教育方面，虽然柬埔寨政府实行城乡教育一体化，城市和农村的孩子都必须接受 9 年义务教育。但实际上，在农村地区有相当一部分孩子并没有接受义务教育，但却无相关部门管理。可见，义务教育的强制性并没有发挥作用。同样的，在社会保障方面，政府虽然出台了一系列保护弱势、贫困群体相关权益的法律，如《劳动法》《反家暴法》等，却鲜少发挥出应有的效应。而只有当贫困群体应有的教育、社会保障等权益得到保障，他们才拥有获得经济机会与可持续发展的能力。

（二）改善社会服务

贫困地区最缺乏的便是基础化、多维化服务供给。而最能使其受益的便是直接改善贫困地区的基础设施建设、教育文化、医疗卫生等基本公务服务。

1. 完善基础设施建设

柬埔寨的基础设施整体较为落后，尤其是在农村贫困地区，最主要的几大设施，道路、通信、水和电的落后使得贫困群体生活在恶劣的生存环境中。

目前柬埔寨农村与城市之间相连接的道路网络较为落后，也缺乏相应的交通工具，加上通信网络覆盖率低，不利于贫困群体与外界联络交流，更新认知。较差的饮水条件不利于贫困群体的健康，电力供应不足影响其日常生活。因此，柬埔寨应加大对农村地区的基础设施建设的重视和投入。首先，在完善道路设施方面，可以采取“以工代赈”模式，将对贫困群体的赈济转换为参与劳动所得的报酬。其次，在改善饮水条件方面，为贫困群体安装自来水设施，使其能够饮用经过处理的自来水，避免直接饮用雨水和湖水，引发一系列卫生疾病问题。最后，在电力供应方面，可利用自然资源发电。柬埔寨处于热带地区，拥有丰富的太阳能资源，同时，还拥有湄公河和洞里萨河两大水系，政府应充分利用起来，多元发展电力来源。

2. 构建完善的教育培养体系

国家的发展离不开对国民的教育和培养。当下柬埔寨的教育质量、基础教育覆盖率、高等教育体系和国民受教育水平情况均不容乐观。初级教育质量低、专业高素质人才培养体系不健全，处于低端落后水平，从而导致产业转型升级欠缺人才储备和技术支撑，不利于国家政治和国民经济的发展。

首先，针对学校教育，政府应提高贫困和弱势家庭儿童的入学率，保证贫困群体的孩子能够接受义务教育。同时，注重教育公平，保障女童受教育权利。其次，扩大贫困地区的教育资源，除了增加学校的数量、增添教育配套设备，还应提高教师的教学水平和待遇。最后，推动高等教育的体系化、规范化建设，由此才能培养高素质、高科技人才，推动国内科技发展，形成良性循环。另一方面，教育不仅仅针对学生，还针对已脱离学校的贫困成人群体。针对不在义务教育体系内，但又缺乏文化知识的贫困成年人，应建立成人教育体系，为其普及基本文化知识。对于缺乏职业技能的贫困群体，应完善职业教育体系，增强其就业竞争力。另外，柬埔寨政府应重视激发贫困群体的内生动力，使其转变甘于贫困、对贫困不作为的态度，向他们输入新的文化、知识和价值观念，提升其整体思想素质，培养其可行能力。

3. 提升医疗服务水平

目前柬埔寨还缺乏健全的国家医疗保障体系，医疗服务主要由外国人投资建立的私人医院提供。于贫困群体乃至大部分柬埔寨人来说，私立医院费用高昂，无力支付，公立医院是最好的选择。而公立医院医疗设备落后，医生职业技能有限，误诊率高导致贫困群体出现“看病难”“治愈率低”等问题。柬埔寨政府应加大对医疗卫生方面的财政支出，改善医疗环境，更新落后医疗设备，培养专业医生，提升医疗服务质量。同时，加快普及偏远贫困地区的医疗服务，为贫困群体提供及时、便捷的医疗卫生服务。此外，不容忽视的是，还应为贫困群体普及基本医疗卫生知识，提升其医疗卫生意识，及时就医，杜绝因病致贫问题。

4. 促进贫困群体可持续就业

在就业方面，柬埔寨贫困群体主要缺乏的是就业技能和就业意识。在就业技能方面，尽管柬埔寨近年引进外资，开发旅游业等创造了大量就业岗位，但于贫困群体而言却没有竞争优势。因此，政府应根据贫困群体的就业能力、现状，制定有针对性的帮扶措施，开展就业指导。例如，评估其就业能力，给予合适的就业建议；开展就业技能培训、劳动技能培训等，提升其就业竞争力。在就业意识方面，应通过宣传和教育，纠正贫困群体的就业观念，如由看重眼前短暂的舒适与自由导致的工作持续性低，出现“三天打鱼，两天晒网”的情况。同时，应倡导男女平等观念，鼓励女性走出家门，积极就业，避免女性劳动力过剩现象。

（三）联合多元主体力量参与扶贫

1. 推动社会企业参与反贫困

从柬埔寨巨大的贫富差距可知柬埔寨不乏发展势头强劲、资金雄厚的社会企业。政府应完善财政、税收、金融、农业相关政策，鼓励社会企业将创造经济价值与社会责任相统一，积极参与反贫困活动，去农村地区投资，寻求企业发展与农村发展的契合点。

社会企业前往农村地区投资，从产业发展来看，能够调动农村地区的产业发展积极性，增强其发展能力。从生活在农村地区的贫困农户受益情况来看，社会企业进入农村，与农户合作，也拓宽了农户获取新的知识、认知的渠道，有利于更新其落后的思想文化，学习新技能，提升自身发展能力，建立增收致富的长效机制。

2. 发挥非政府组织在反贫困中的积极作用

非政府组织在援助贫困家庭方面发挥着重要作用。2007 年，非政府组织提供了柬埔寨官方发展援助总额的约 26%，仅 2007 年就有 6500 万美元用于社会保护。在卫生部门，许多援助用于初级卫生保健医院和诊所。在教育方面，它侧重于贫困人口的基础教育和职业培训。非政府组织也非常积极地通过孤儿院向弱势儿童与青年提供社区和社会福利服务等一般性援助。但活跃在柬埔寨的非政府组织缺乏统一化、规范化管理。

目前柬埔寨拥有的官方的济贫组织是由总理夫人管理的红十字会，主要对遭受自然灾害，如洪灾、旱灾、风灾等的人群发放物资补助。虽然柬埔寨拥有来自世界各地的、庞大的社会组织力量，也有小部分社会组织从事农户减贫工作，但并没有经过政府系统化地分类统计和规范管理，处于“只要不涉及政治”就任其发展的状态。对此，政府应将社会组织实现有序管理，鼓励、呼吁不同功能的组织进入贫困地区，帮助贫困群体、家庭发展、提升能力，摆脱贫困。以此逐步形成多元主体参与扶贫。

（四）柬埔寨反贫困的中国经验借鉴

柬埔寨的贫困特征与中国早期的贫困特征有众多相似之处。从背景上看，两国都曾遭受了长期的战乱和动荡，国家独立之初绝对贫困率居高不下。从贫困特征上看，两国都经历了从普遍性贫困到区域性贫困再到个别化贫困的过程；贫困人口的分布都存在城乡差异；都存在性别贫困问题。从反贫困措施来看，两国都在国家独立以后开展大规模扫盲运动、开始建立全国普惠性教育体系和医疗体系，大力恢复、兴建基础设施，大力发展经济等。因此，从两国国情和贫困问题的共性来看，将柬埔寨当下的贫困状况与中国反贫困历程相对比，具有较大借鉴意义。具体来看，柬埔寨可借鉴中国反贫困实践中的区域扶贫开发、精准扶贫和精神扶贫相关经验。

1. 区域扶贫开发

中国在普遍性贫困阶段结束后，区域贫困特征凸显，贫困区域主要集中在民族地区、边疆地区、地理条件处于劣势的农村地区。针对区域贫困现象，中国不断探索出针对性的反贫困措施。首先采取了“先富带动后富”方法，进行东西协作对口支援，东部发达地区带动西部贫困地区。接着，采用行政手段，从上至下将贫困区域的贫困程度进行了精准划分。从县域体系来看，划分为国家级贫困县、省级贫困县和非贫困县；县再往村进行划分，贫困村和非贫困村。从贫困发生率指标来看，将贫困县和贫困村再分别划分为深度贫困县和深度贫困村，再进行有效扶贫。

根据本文第三部分对柬埔寨区域贫困发生率和多维贫困情况的介绍可知，柬埔寨目前的贫困问题主要集中在农村地区，同样呈现出城乡差距大、区域性贫困特征。因此，柬埔寨应重视区域扶贫开发。根据其区域贫困地理分布空间特征，可借鉴中国的东西协作办法，采取南北协作、以南部发展带动北部发展的方式推动区域减贫。柬埔寨南部无论是在农业方面还是经济发展方面都占据了区位优势，应发挥南部农业和城市的集群效应，对口支援北部发展。同时，应加大对农村地区的财政投入，支持农业农村优先发展，缩小城乡差距。此外，应对贫困区域的省市的贫困程度进行精细、精准划分，由此才能达到更有效的减贫效果。

2. 精准扶贫

中国提出的精准扶贫方案适应了新时期中国的发展特点。精准扶贫拥有一套内在逻辑：精准扶贫的要求是什么？要解决哪些问题？解决问题的方法是什么？首先，精准扶贫的要求是“六个精准”，即扶贫对象精准、项目安排精准、资金使用精准、措施到户精准、因村派人精准、脱贫成效精准[26]。其次，精准扶贫要解决的问题：扶持谁？怎么扶？谁来扶？怎么退？最后，解决问题的路径：坚持“五个一批”，即发展生产脱贫一批、易地搬迁脱贫一批、生态补偿脱贫一批、发展教育脱贫一批、社会保障兜底一批[27]。

柬埔寨虽然还未到反贫困的后期，但当下绝对贫困与多维贫困交织，整体贫困与个体贫困交叉，借鉴中国精准扶贫经验非常有必要。首先，建立精准的贫困识别机制。贫困识别不仅要精准识别贫困人口，为贫困群体建档立卡，及时掌握贫困群体的信息，还包括精准识别贫困群体的致贫原因，如此才能因人施策。其次，精确帮扶手段。柬埔寨政府目前的帮扶措施大多较为笼统，多是属于贫困群体出现了什么问题才着手采取对应措施，没有形成细致化、规范化的帮扶体系。精确帮扶建立在精准识别之上，针对贫困群体的差异化、个体化采取对应的帮扶手段，如此才能增强扶贫的有效性。

3. 文化扶贫

“文化贫困”标示的是特定文化的一种低水平低层次的状态或特征[28]133-135。从贫困个体看，文化贫困是指某一群体、家庭或个人在知识水平、教育程度、科学技术修养、思想道德素质、价值观念、主体性、心理素质、思维方式、行为趋势上落后于当代经济社会发展，从而影响到自身生存与发展的落后状态。文化贫困主要表现在这几方面：一是知识贫困。知识贫困不仅是受教育程度低，还包括缺乏获取、吸收和交流知识的能力。二是文化生活单调。由于偏远农村地区的文化设施不足、文化产品数量短缺、公共文化服务不足等，农户的精神文化生活往往较为单调。三是价值观念的低层次性。一些贫困群体持有一种低层次、低品位的价值观，如好逸恶劳、缺乏志向、信念消极等。文化贫困阻碍着农村地区和贫困群体自身的长远发展。文化扶贫对于劳动生产率的提高、区域经济发展具有积极意义。

中国在反贫困实践中不仅注重对贫困群体的物质帮扶、权益保障等问题，还重视贫困群体的文化贫困问题，注重文化扶贫。如果说政策帮扶是从外部环境出发改善贫困群体各方面的条件，那么文化扶贫则是从贫困个体内部赋权，帮助其转变固有思想观念。一方面，贫困群体居住在与城市较远的农村地区，落后于城市文明的发展，尤其是柬埔寨的农村地区还未覆盖网络，思想意识方面难以得到及时的更新，使其缺乏斗志，安于贫困状态。另一方面，普遍来说，偏远农村地区的文化生活较为匮乏，柬埔寨也不例外，不利于形成积极的精神风貌。因此，柬埔寨政府还应重视贫困群体的文化贫困问题，加强宣传和教育，将“扶志”与“扶智”结合，激发其改变自身贫困命运的精神动力，改善“人穷志短”现象。“志智双扶”重在将激发贫困群体的内生动力与提升能力相统一，实现长效脱贫[29]30-31。同时，政府应通过政策宣传、举办文化活动等形式丰富贫困地区的文化生活，举办并发扬具有当地特色、使贫困群体易于接受的文化活动，逐步形成积极、活跃的农村精神面貌。只有将激发贫困群体的自主意识与激活农村地区的活力相结合，才能实现可持续减贫。

六、总结与讨论

本文从多维贫困的视角来研究柬埔寨农户的致贫原因和柬埔寨政府的反贫困政策的有效性，并与中国的贫困特征和反贫困经验结合，探索可借鉴的中国反贫困经验，为中柬合作减贫提供现实意义。研究发现，贫困群体的致贫原因是多维的、复杂的，既存在国家整体经济实力落后、政府扶贫理念偏差的因素，也存在个体因素。同时，多维贫困中的维度也是相互影响的，某一维度的贫困可能会导致其他维度的贫困。

从国家宏观环境上来看，柬埔寨经历了长达百余年的战乱，到 1993 年联合政府成立时百废待兴，全国人民都处于绝对贫困之中，柬埔寨成为世界上最贫穷的国家之一。虽然在世界各国的帮助下，柬埔寨在这三十年间发展迅速，但居住在乡下的农户依然长期生活在恶劣的环境之中。如道路、通信、饮水等基本基础设施的落后使他们难以及时更新对世界发展、变化的认识；医疗条件的落后威胁着他们的身体健康；低教育质量与学校分布范围的不合理限制他们自我发展、获得知识与技能的能力和机会；同时，由于偏远农村地区的交通闭塞、通信状况差，使其缺乏获得政府政策信息的渠道，难以表达自身诉求，也造成了贫困群体缺乏权利意识的问题。

从政府扶贫观念上看，柬埔寨政府一直致力于利用经济增长减贫，实现经济持续增长的方式是实行高度对外开放型经济，依赖出口和引进外资实现经济增长。然而强劲的经济增长却出现与减贫脱节的困境，受益更多的是居住在城市里的人民，贫困群体的贫困状态难以得到改变。此外，政府颁布的反贫困政策都是从宏观层面出发，旨在改变国家落后的基础设施、不完善的社会保障体系等，忽视了贫困群体的个体差异性。

从个体因素看，贫困群体本身所致的致贫因素差异性大致可分为两类。一类是积极参与经济活动，致力于赚钱、摆脱贫穷，却难以获得长远发展。另一类是好逸恶劳，安于贫困现状。针对前者，得益于柬埔寨的高度对外开放的经济模式，外资企业、出口业、旅游业等都为国家创造了大量就业岗位，也为想要改变贫困状态的群体提供了机会。以暹粒省的旅游业为例，柬埔寨从二十世纪九十年代开始发展旅游业，世界奇迹吴哥窟是首要景点，而暹粒作为吴哥窟旅游的必经之地，吸引了来自世界各地的游客，也吸引了柬埔寨其他省市的人来到暹粒谋生。因此，居住在暹粒的柬埔寨人可谓是最早受到现代经济文明冲击的一批人。想要摆脱贫穷的人抓住了机会，纷纷投入到旅游业的浪潮之中。从表面上看，从事旅游业的群体似乎多才多艺，为了推销产品、接待游客，她们往往会讲多国语言。但为了留在景区挣钱，却放弃进入学校接受系统学习的机会，不利于长远发展。针对后者，这类群体往往对参与现代经济活动缺乏积极性，也缺乏强烈地想要改变贫困状态的意愿，但他们依然难以避免受到现代经济发展的影响。与第一类群体舍弃文化教育，抓住机会努力工作获得收入不同的是，他们选择在“需要”（例如生病）的时候出门寻觅收入。更有部分人选择到市区向游客乞讨，利用这种不用付出辛苦劳动的方式获得收入。

总的来看，这两类贫困群体的个体致贫差异性可归结为文化贫困问题。文化贫困问题既是柬埔寨政府在反贫困政策实践中没有顾及的，也是多维贫困理论中被弱化的一维。在多维贫困理论研究中，学者们将教育直接量化为入学率和受教育年限，这仅是文化贫困中的知识贫困表现之一，并不包括文化精神生活、价值观念等对贫困群体的影响。从阿玛蒂亚·森提出“可行能力”伊始，国内外多维贫困研究皆是以实证主义研究方法为主，测量贫困地区多维贫困指数，这些数据、指标直接代表了贫困群体的声音，使作为脱贫主体的他们集体失语。实证主义研究工具将贫困问题进行指标量化，为反贫困政策的制定提供科学性，但不应忽视贫困这一经济现象背后，贫困群体作为独立个体的复杂性与多样性。正如学者李飞等人在多维贫困研究中指出的那样，多维贫困的研究既不能纯粹实证而独立于任何特定立场或价值判断，也不能纯粹以解释主义为出发点，应通过对有意义的细节描述和细微叙事，挖掘当事人背后的宏大叙事和固结的偏好结构，重新构建主体研究者与客体研究对象之间的关系[30]147-153。

参考文献：

[1] 张海霞，庄天慧，杨帆．建构主义视角下中国—柬埔寨合作减贫：回顾与展望［J］．广西社会科学，2018（09）．

[2] 朱丹凤，高翔．柬埔寨在全球化背景下的机遇与挑战［J］．思想战线，2011（S2）．

[3] 陈松涛．论柬埔寨贫困问题［J］．社科纵横（新理论版），2008（03）．

[4] 咖地南．柬埔寨金融发展与经济发展之间的联动效应研究［D］．徐州：中国矿业大学，2018．

[5] Dasgupta S，Deichmann U，Meisner C，et al．Where is the poverty－environment nexus? Evidence from Cambodia，Lao PDR，and Vietnam［J］．World Development，2005（33）．

［6］Meessen B，Van Damme W，Tashobya C K，et al. Poverty and user fees for public health care in low – income countries：lessons from Uganda and Cambodia ［J］. The Lancet，2006（368）.

［7］Yamagata T. The garment industry in Cambodia：Its role in poverty reduction through export – oriented development ［J］. Cambodian Economic Review，2006（02）.

［8］Fergusson L. Vedic science – based education，poverty removal and social well – being：a case history of Cambodia from 1980 to 2015，2016.

［9］Takasaki Y. Disability and Poverty：Landmine Amputees in Cambodia ［R］. CIRJE，Faculty of Economics，University of Tokyo，2019.

［10］Tsuruga I. Chronic Poverty in Rural Cambodia：Quality of Growth for Whom? ［J］. Growth is Dead，Long Live Growth，2015.

［11］刘守威，张玉玲. 内生性因素的多维贫困测度及因素变动分析——基于南疆四地州农村调查问卷［J］. 新疆大学学报（哲学·人文社会科学版），2020（01）.

［12］刘国新，雷明贵. 医疗教育法治：反贫困的协同保障体系［J］. 湖南省社会主义学院学报，2019（03）.

［13］Sen A，Development as Freedom（1st ed.）［M］. New Delhi：Oxford University Press，1999.

［14］沈扬扬，Sabina Alkire，詹鹏. 中国多维贫困的测度与分解［J］. 南开经济研究，2018（05）.

［15］苏力丰（Soulifoun Bounmyxay）. 老挝国家的贫困问题与反贫困对策研究［D］. 桂林：广西大学，2015.

［16］王婴，唐钧. 现代贫困研究：从绝对到相对再到多维［J］. 河海大学学报（哲学社会科学版），2020（06）.

［17］庄天慧，杨浩，蓝红星. 多维贫困与贫困治理［M］. 长沙：湖南人民出版社，2018.

［18］Scheidel A. Tactics of land capture through claims of poverty reduction in Cambodia ［J］. Geoforum，2016.

［19］〔印〕阿马蒂亚·森. 以自由看待发展［M］. 任赜，于真，译. 北京：中国人民大学出版社，2002.

［20］傅岩松，胡伟庆. 柬埔寨研究［M］. 北京：军事谊文化出版社，2004.

［21］谢和均，张潘东. 柬埔寨社会保障制度研究［J］. 东南亚纵横，2013（07）.

［22］刘阳. 新冠肺炎疫情下柬埔寨经济面临的风险及相关建议［J］. 海外投资与出口信贷，2020（5）.

［23］段立生. 柬埔寨通史［M］. 上海：上海社会科学院出版社，2019.

［24］萧文轩，顾长永，林文斌. 柬埔寨的政治经济变迁（1953—2018）［M］. 台湾：聯經出书公司，2020.

［25］〔印〕阿玛蒂亚·森. 贫困与饥荒［M］. 王宇，王文玉，译. 北京：商务印书馆，2004.

[26] 庄天慧，杨浩，蓝红星，黄承伟. 多维贫困与贫困治理 [M]. 长沙：湖南人民出版，2018.
[27] 谢俊贵. 论精准扶贫中的社会工作精准化 [J]. 贵州师范大学学报（社会科学版），2017（01）.
[28] 杜伟. 政策执行视角下新疆兵团精准脱贫路径研究 [D]. 武汉：华中师范大学，2017.
[29] 熊丽英. 贫困文化和文化贫困 [J]. 求索，2004（02）.
[30] 江书军. "志智双扶"视阈下新时代精准扶贫优化路径研究 [J]. 中国集体经济，2019（03）.
[31] 李飞，唐丽霞，于乐荣. 走出多维贫困研究的"内卷化"与"学徒陷阱"——文献述评的视角 [J]. 中国农业大学学报（社会科学版），2013（03）.

农民工随迁子女社会融入的困境与对策

侯　娟*

摘　要： 随着中国工业化、城市化进程的不断加快，大量农民工举家迁入城市，在城乡二元结构差异的情况下，农民工随迁子女在社会融入的过程中会遇到各种困境。生活融入能力、社交融入能力和心理融入能力是农民工随迁子女社会融入的三个重要维度。在社会融入的过程中，农民工随迁子女面临的主要困境有生活融入困难，社会交往受到阻碍，心理融入受限等。通过从农民工随迁子女自身及周围社会环境方面找寻原因，创新性地站在社会工作者的角度，从社会工作者在开展服务过程中所扮演的角色出发，基于个人 - 家庭 - 学校 - 社区 - 社工五位一体的多方合作的机制，帮助农民工随迁子女克服日常生活融入的困难，提高社会交往的能力，提升心理融入速度，进一步帮助农民工随迁子女融入社会。

关键词： 农民工；农民工随迁子女；社会融入

一、农民工随迁子女社会融入研究背景及研究问题

（一）研究背景

1. 现实背景

人口流动是城市社会发展的一种表象特征。根据第七次全国人口普查报告显示：居住在城镇的人口为 9.02 亿人，占 63.89%；居住在乡村的人口为 5.10 亿人，占 36.11%。与 2010 年相比，城镇人口增加 2.36 亿人，乡村人口减少 1.64 亿人，城镇人口比重上升 14.21 个百分点。[1] 随着我国新型工业化、信息化和农业现代化的深入发展和农业转移人口市民化政策落实落地，近年来我国新型城镇化进程稳步推进，城镇化建设取得了历史成就。与此同时，城乡二元结构逐渐松动，人口流动障碍逐渐消除，在工业化和城市化的背景下，大量人口从农村涌入城市。近年来，农民工群体呈逐渐现年轻化趋势，农民工迁移也从简单的“个人迁移”逐渐转化为“举家迁移”，越来越多的农民工子女跟随父母嵌入

---

* 作者简介：侯娟，安徽宿州人，2019 级社会工作专业硕士研究生。

到城市生活。2020 年 10 月，《流动儿童蓝皮书：中国流动儿童教育发展报告（2019—2020）》显示：2019 年，中国流动人口子女规模 9870 万，占中国儿童人口的 35.65%，2019 年末，中国城镇常住人口规模常达到 8.48 亿，常住人口城镇化率为 60.60%，但是户籍人口城镇化率仍然只有 44.3%，流动人口规模 2.36 亿人。[2]《中国流动人口子女发展报告 2020》中提到：2019 年只有 1/3 的流动人口子女与父母生活在一起。一些农民工子女跟随父母来到城市生活，在现实的制度、文化和心理等因素的影响下，农民工随迁子女在融入城市生活的过程中遭遇重重阻碍，社会融入问题亟待解决。

2. 学术背景

“农民工随迁子女”这一群体出现的时间较早，但把他们作为研究对象出现在学术领域还是近些年才出现的，多是作为一个社会问题而存在。近年来，学术界对“农民工随迁子女”这一群体的关注度在不断提高，相关研究也在不断增多。最先研究农民工随迁子女以社会学为主，这并不意外，毕竟这一研究对象的出现多是伴随着“城市化”和“农民工”等社会学问题出现的，而且多以各种社会负面新闻的曝光进入了大众的视野。随后越来越多的学者，从不同的理论视角、不同维度、不同领域、不同问题等对农民工随迁子女展开了相关研究。

从目前的学术研究进程看，对农民工随迁子女的研究进入了一个相对平稳的状态。首先，由于农民工随迁子女多为未成年人，他们处于受教育阶段，所以，从这一群体出现伊始，学者们就将研究重点放到了“教育”这一领域。其中包括学前教育、义务教育等。针对农民工随迁子女教育方面的研究一开始涉及教育制度、教育政策等大方向，后来慢慢深入到学校教育、家庭教育等相对小的领域中。在众多学者的研究影响下，农民工随迁子女教育制度不断得到完善，受教育权利也得到了进一步保障，但教育资源软硬实力方面还存在较大参差。当然，对这一群体教育方面的研究至今仍在延续。其次，在教育融入占重要地位的同时，有部分学者开始把关注点放到社区和社会融入上，其中包括对适应城市社会生活的研究、对社会融合的研究，开始关注研究对象切身需要，把教育、医疗等融入其中，将家庭、学校和社会联系在一起。自此，对农民工随迁子女的研究领域逐步扩展。此外，社会发展进程的加快，物质生活的逐渐满足，农民工随迁子女心理危机逐渐受到学者关注。开始研究农民工随迁子女的心理问题，具体包括对人际交往状况、社会心理适应能力、人文关怀等方面的研究，学者们试图将物质生活和精神文化联结在一起，从“单向”向“双向”迈进。最后，虽然学术界对农民工随迁子女相关问题的研究在逐渐增多，研究问题也在不断全面细化，研究领域也在不断扩展，但在基于社会工作角度针对农民工随迁子女社会融入的实务性研究相对较少，应重点从社会工作方面的研究加以突破。

（二）研究问题

本文的主要研究对象是农民工随迁子女，主要涉及农民工随迁子女社会融入问题。社会融入是伴随着西方“社会排斥”这一理论视角进入到国内各界研究学者的视野中的。通过对“社会融入”相关文献的梳理发现，一些学者认为社会融入这一概念最早是由涂尔干提出的。后来有学者提出社会融入是一个全球化背景下为了提高全体社会成员的福利，使人人能够平等、全面地参与经济、政治和社会生活，以最终实现社会团结的过程，也是人类发展所追求的结果和目标。[3]或者将社会融入称为社会融合，理解成是迁入人口在迁入地逐步接受与适应迁入地的社会文化，并以此构建良性的互动交往，最终相互认可，相互“渗透、交融、互惠、互补”。[4]此外还了解到流动儿童的社会融入是指流动儿童接受城市文化、进入城市原住民及其子女社交圈，并最终实现融入城市原住民子女的过程。[5]

农民工随迁子女社会融入是一个双向互动的过程，农民工随迁子女随外出务工农民工一起生活一般超过一年以上，在随父母迁入到工作地后，通过与外界的互动交往，更好地提升社会融入能力的过程。本文以农民工随迁子女社会融入为重点，通过整合现阶段的融入现状，发掘农民工随迁子女社会融入过程中存在的问题，从融入能力出发，从生活、社交、心理三个维度分析融入困境，进一步对每个维度进行具体的操作化，对产生这种困境进行原因分析，创新地站在社会工作者的角度，通过对社会工作者在服务过程中扮演的角色定位，提出合理的解决问题的对策，加快农民工随迁子女社会融入进程。

二、农民工随迁子女社会融入现状

随着农民工随迁子女这一群体数量的不断增多，他们在社会融入过程中面临的困难也越来越复杂，因此，众多学者尝试从不同学科、不同领域、不同视角来研究这一群体正在或者将要面临的问题，以试图找出合理的对策以解决他们社会融入的困境。笔者从国外、国内两个方面梳理农民工随迁子女社会融入的研究现状。

（一）国外研究方面

国外没有“农民工随迁子女”这一说法，有的只是“流动儿童”“移民儿童”，在相关研究中，有共同之处。在对国外流动儿童社会融入的相关研究中，多从教育、文化、心理三个融入维度入手，在研究美国流动儿童在社会融入面临各种问题，其中包括：种族偏见、法律地位差异、语言障碍、家境贫穷、心理压力等，为了解决此类问题，根据美国国家特点和状况，采取了包括社会支持网络、文化多元教育、心理健康服务等策略。[6]此外，在对加拿大流动儿童的社会融入问题进行探究，也是从这三个维度出发，基于家、校、社区多方合作的教育机制，促进流动儿童社会融入，对我国随迁子女城市社会融入研究提供很好的借鉴作用。[7]目前，国内学者对国外流动儿童社会融入方面的研究经验相对丰富，尝试从更多的国家和地区着手，依据当时当地的各种人文地理、风俗习惯、国家政策等进行研究，以期待探索出一条良好的发展路径，为国内的相关研究提供一定的借鉴，来推动国内随迁子女社会融入的发展。

（二）国内研究方面

农民工随迁子女的社会融入问题备受学术界的关注。

第一，已有一些研究围绕农民工随迁子女心理方面展开。他们所处的“半边缘化”状态，在城市社会中仍然充斥着对农民工随迁子女歧视与排斥，这在一定程度上不利于他们更好地融入社会。[4]社会歧视和排斥，使他们社会融入的理想较难实现。此外，农民工随迁子女城市融入的过程中遭到许多的社会偏见和歧视具体包括一些刻板印象和对他们的污名化等，在这种情况下应从多方面进行思考，从而实现农民工随迁子女与城市的良性融合。[8]随着现在生活节奏的加快，“速食文化”逐渐兴起，人们对心理方面的关注也在不断提升，心理状况良好将直接影响现实行为状况的发展，对随迁子女心理健康问题的发现和解决，在很大程度上能够影响他们社会融入的速度和程度，具有较高的研究价值。

第二，在教育方面，百年大计，教育为本，受教育权是每个受教育阶段的孩子都拥有的权利，每一个学龄阶段的孩子都应该受到公平、公正的对待。学者们对于教育融入方面较为重视，关于农民工随迁子女的教育方面的研究，相对较多。在教育融入的相关研究中重点包括教育政策、制度研究，教育问题、趋势研究等，重点强调教育问题是一个极为尖锐的问题，而农民工随迁子女的教育问题不仅是学校的问题更是一个尖锐的社会问题。从多个角度分析城市流动人口子女难以融入城市教育环境的原因，并从学校、社区、社会相对应提出了具体的对策。[9]

第三，在社会学方面，社会融入是一个社会学的概念，在研究随迁子女社会融入问题的过程中自然少不了社会学角度的相关研究。通过文献梳理发现：社会融入存在不同维度和方向。从社会学的角度干预流动儿童的社会融入，多从心理、行为、认同三个维度入手，运用开放性、事件性、阶段性和多元性四个策略，提升认识干预问题的能力和了解干预对象的深度。[10]此外针对国外流动儿童的社会融入还存在教育、文化、心理三个融入维度，从种族、政策、文化、语言、风俗、家境指标详细阐释等，促进流动儿童社会融入，对我国农民工随迁子女城市社会融入研究提供很好的借鉴作用。[6-7]与之不同还有基于现实的观察和理论的思考，从社会交往和社会认同两个维度测量，进一步分析流动儿童与城市社会间的关系，探索发现这一融合是受多元的、多重因素影响的动态过程。[7]在整理“社会融入”相关研究的过程中，发现社会融入不是一成不变的单维度概念，而是动态的、渐进式的、多维度的、互动的。其中的经济整合（integration）、文化接纳（acceptance）、行为适应（adaptation）、身份认同（identity）是社会融入的基本内涵。[11]这些研究，对于农民工随迁子女的社会融入研究具有重要的借鉴意义。

第四，在综合能力方面，学者的关注度也在不断增加。农民工随迁子女自身能力的提高及对于他们各项能力的关注和提升，是加快农民工随迁子女更好地融入社会的根本举措。针对随迁子女社会融入的能力建设研究中讲到农民工随迁子女的社会融入问题已发展到应对融入者能力本身进行关注的阶段。在融入社会的过程中应更多地关注随迁子女自身，强调随迁子女的可行性能力，包括健康、学习、社会交往、参与等方面的能力。自身能力的提高不仅可以帮助自己，也可以帮助周围的人，发挥自身的价值。[12]《城市的边缘人：进城农民工家庭及其子女问题研究》是史伯年的一本专门研究进城农民工家庭及其子女问题的专著，该著作第二篇是关于城市二代移民的职业期望与社会工作的回应的研究，这个研究呼吁全社会共同帮助这些城市二代移民真正融入城市社会生活，强调城市社会融入的重要性和必要性。[13]

关于农民随迁子女社会融入的研究越来越多，所涉及的领域、视角及学科也越来越广泛。本文笔者在借鉴前人研究经验的基础上，站在社会工作者的视角，探究农民工随迁子女在社会融入过程中遇到的各种问题，从研究对象自身出发，基于个人-家庭-学校-社区-社工五位一体的多方合作的机制，探究出解决问题的对策。

三、农民工随迁子女社会融入困境

农民工随迁子女在社会融入的过程中会遭遇到各种困境，包括生活、社交及心理方面，具体表现为生活融入能力不足，社会交往能力受限，心理融入能力不足。

（一）生活融入能力不足

生活融入是成功融入社会的物质根本。生活融入能力是指农民工随迁子女融入生活各方面的各项能力，包括融入周围的生活环境、物质条件、生活状况等方面。当周围的生活环境受到破坏，物质生活条件难以得到满足，农民工随迁子女的生活状况就会受到影响，各项基本需求没有得到满足，生活融入能力就会不足。良好的生活环境、充足的物质生活条件、健康的生活状态为农民工随迁子女更好地融入社会提供了坚实的物质基础。

（二）社会交往能力受限

社会交往是一种社会行为，是一个双向交流互动的过程，发生在人与人之间，是随迁子女成功融入社会的良好渠道。徐丽敏在《农民工随迁子女社会融入的能力建设——基于森“可行能力”视角》提到了社会交往能力的概念。她首先解释社会交往是指在一定历史条件下，人与人之间相互往来，进行物质和精神交流的社会活动。它是人的本质的内在要求，是一个“社会人”与他人之间相互影响的作用和机制。然后引出社会交往能力则是指能够察觉他人情绪意向，有效地理解他人和善于同他人交际的能力。[12]社会交往能力能够影响人与人之间的沟通、互动，社会交往能力的提高能够为农民工随迁子女融入社会提供良好的融入渠道。当农民工随迁子女的社会交往能力受到限制时，就会在一定程度上阻碍人与人之间的沟通和互动，影响社会融入的进程。

（三）心理融入能力不足

杨茂庆在关于研究各国流动融通社会融入的文章中常常谈及心理融入的概念。他强调心理融入是成功融入社会的基础，对主流社会的接受和认同关系流动儿童的心理健康和学业发展，要促进流动儿童的心理融入，还需要社会、学校和家庭共同努力，以营造一个安全的、接纳的、和谐的成长环境。心理融入是指流动儿童在与主体社会进行持续互动时，保持健康的心理状态，最终获得良好的归属感和生活满意度。心理融入能力即保持健康心理状态的能力，心理融入能力关系到农民工随迁子女心理健康发展，心理融入能力不足可能会导致一系列心理问题，从而阻碍农民工随迁子女社会融入，良好的心理融入有利于维持农民工随迁子女健康的心理状态，学校、家庭及社区都要为农民工随迁子女营造利于提升心理融入能力的良好氛围，促进其健康成长。

四、农民工随迁子女社会融入困境原因

“农民工随迁子女”这一群体本身就具有特殊性，他们所生活的环境变化及周围接触

的人、事、物是在发生变化的，加之“社会融入”本身也不是简单的融入过程，所以，对于社会工作者来说，在分析农民工随迁子女社会融入困境的成因时应该秉持社会工作的专业价值理念，运用专业的方法，全面系统地分析他们生活的场域以及接触到的群体，综合观察他们和同辈群体、他们的家庭、学校、社区多种情境下的交往状况，从政策大环境综合考量。

（一）城乡多重差异，同伴交往受阻

同辈群体之间的交往是农民工随迁子女成长道路上重要的过程，也是他们社会融入过程中的关键性因素。良性的同伴交往，不仅可以帮助农民工随迁子女更好地融入校园生活，更能提升他们城市适应的能力，从而加快社会融入的进程。反之，当他们之间的交往不足或者交往受到阻碍时，他们的社会适应能力就会受到影响，从而影响他们社会融入。由于农民工随迁子女本身处于“半边缘化”的状态，在同伴交往时会出现各种状况，最终导致农民工随迁子女同伴交往受阻。而导致这一问题的出现多是因为城乡之间的多重差异，具体包括：距离阻碍、心理隔阂和文化差异。

1. 距离阻碍，减少同伴交往机会

农民工随迁子女和同伴之间的距离阻碍，是导致同伴交往机会较少的根本因素。费孝通先生用“差序格局”这一概念来描述中国传统的人际关系，人际关系格局就像一颗石子丢到水里推出的层层波纹，每个人都是波纹的中心，与周围波纹的距离远近代表着关系的亲疏远近，其中还谈到血缘和地缘。[14]同辈群体之间的交往建立在地缘的基础之上，地理位置的远近，一定程度上决定着同伴交往机会的多少。在社区生活中，农民工群体本身在城市社会的工作和生活都存在特殊性，他们多生活在城乡结合地带或者所谓的“城中村”与城市儿童生活的社区距离较远，客观上拉远了农民工随迁子女和城市儿童之间的距离，减少了他们之间接触的机会；在学校生活中，农民工随迁子女由于户籍及家庭物质条件等各种因素的影响，他们多数在“农民工子弟学校”学习，他们的交往对象也局限在小型的社交圈子。同伴交往在现实的距离面前频频受阻。

2. 心理隔阂，缺乏自我身份认同

农民工随迁子女和同伴之间的心理隔阂，是导致农民工随迁子女缺乏自我身份认同的主要因素。长时间以来，我国以户籍制度等一系列制度来划分城市和农村，逐渐形成的“城里人”和“农村人”两大身份差异群体。农民工随迁子女跟随父母来到城市，他们也承袭着父母作为农民工的地位特征。“农村孩”“农民工子女”“外来户”这一系列称谓，不仅把他们和城里孩子区分开来，更是对他们心灵的一种伤害。这使他们在很大程度上感受到自己与城市社会格格不入，感觉自己受到排斥，处于城市的边缘地带。长久的污名化及自我否定，使他们缺乏对社会的归属感，对自己的身份认同也相对模糊，社会交往空间越来越小。

3. 文化差异，降低社会交往频率

农民工随迁子女和同伴之间的文化差异，是降低社会交往频率的重要因素。相对于迁入地来说，农民工随迁子女来自不同的地区，他们的语言、生活习惯和风俗都有很大的差

异。这种地区之间的差异，对他们的社会交往会产生很大的负面影响。第一，在语言方面，语言是人类最重要的交际工具，对于农民工随迁子女来说，要想更好地融入社会，不得不放弃自己的“方言”“母语”，向迁入地的主流语言靠拢，学会说并善于运用在生活中。但对于他们来说，长时间的语言习惯，在短时间内是很难改变的。语言存在差异，交往必定会受到影响；第二，在生活习惯方面，每个人的生活习惯在前期都已经基本形成并固定下来，伴随生活空间的改变，周围接触的事物也在发生变化，原来熟悉的各种饮食习惯、卫生习惯等，在新环境中必然会产生各种冲突；第三，在风俗上，很多农村地区会长久地保持他们当地的风俗，对于他们来说这是习俗更是一种精神寄托或者说是信仰，根据他们当地的不同文化特色、不同的地理环境，会有所不同。当他们迁入到城市社会时，这些冲突就会出现。这些文化差异，在很大程度上阻碍了同伴交往，降低了社会交往的频率。

（二）父母帮助匮乏，家庭支持不足

家庭是以婚姻、血缘或收养关系为纽带的基本社会单位，是每个人成长过程中最为重要的场所，家庭能够为子女提供物质帮助和精神支持等。家庭支持是农民工随迁子女社会融入的基础性因素。受父母或者家庭环境潜移默化的影响，儿童的价值观念和行为习惯等在这一影响下形成。农民工随迁子女在社会融入方面的困难与他们成长的家庭及父母都有密切关系。具体可以从家庭和父母两者来看。

1. 家庭方面：

家庭是一个场域性的概念，主要讲的是农民工随迁子女在这一场域中的所得与城市家庭的参差。主要可以从以下三点来阐释：

首先，坚实的物质生活条件是农民工随迁子女社会融入的基础。与城市家庭相比，农民工随迁子女的家庭物质条件明显不高。由于农民工本身多数从事低收入工作，加上城市消费水平的不断增高，他们的家庭很难在物质上给予子女与别人同等的支持，在一定程度上阻碍社会融入的进程；其次，良好的家庭环境是农民工随迁子女更好地融入社会的外在条件。由于农民工收入较低，只能住在环境相对较差的地方，加之他们本身工作时间较长，很少有时间陪伴自己的子女，家庭成员之间缺乏沟通，很难为农民工随迁子女营造良好的家庭氛围，家庭支持明显不足；最后，良好的家庭教育是农民工随迁子女融入社会的另一重要影响因素。家庭教育具体包括家庭教育环境、家庭教育资源等。家庭教育环境的营造在很大程度上取决于父母对子女受教育的观念。农民工家庭收入普遍偏低、学历水平也不高，很难为其子女营造良好的家庭教育环境。家庭教育资源依附于家庭的物质资源，物质资源匮乏，家庭教育资源也难以为继。

2. 父母方面：

俗话常说：“父母是孩子的第一任老师”，“养不教，父之过”由此可见父母对子女的影响很大。主要从以下两点阐释：

第一，父母沟通不畅，导致子女家庭意识淡薄。由于父母双方均在为家庭生计忙碌，很少有时间停下脚步去跟彼此沟通，这不利于子女身心健康的发展。相反，父母及时、有

效的沟通，能为农民工随迁女营造温馨、和谐的家庭氛围，使他们生活在一个快乐、幸福的家庭之中，这有利于他们家庭观念的养成和家庭意识的增强，可以获得来自家庭方面的精神支持，有利于社会融入；第二，父母期望不同，家庭教育观念冲突。有一些农民工随迁子女的家长终其一生都在为子女努力，他们对自己的子女抱有很高的期望，期望他们可以凭借好的学习成绩鱼跃龙门，改变他们以后的生活。但是当家长的这种高期望，子女们难以达到时，子女会出现各种消极情绪。比如，自信心明显不足，自我评价较低、自卑、抑郁等；而有一些农民工随迁子女的家长，教育意识不强，教育观念落后，对子女的学习没有任何要求，对子女听之任之持放任的态度，这也不利于子女成长发展，影响学业表现。

（三）教学质量参差，学校支持欠缺

学校是一个教授知识的地方，同时也是农民工随迁子女进行社会化的一个重要场域。学校教学质量和学校支持是影响农民工随迁子女社会融入的重要性因素。

因此，学校不仅要传授知识，重视智力发展，同时也要注意把德、体、美、劳全面兼顾，通过对农民工随迁子女的全面培养，使他们顺利完成社会化，成功融入社会。但是，在现阶段传统教育观念仍然根深蒂固，很多学校将教育的大部分精力和资源投入到传统课程的学习上去，许多老师的教学观念也比较传统，对农民工随迁子女融入社会产生不利影响。

第一，学校教学环境差，学生社会交往受限。由于户籍制度的限制，农民工随迁子女就学学校多为自办学校或者一些民办学校。相比于公办学校，其他两类学校都存在一些缺点。在教学环境上，自办学校的学校环境相对较差，许多教学设施明显不足，教学质量更是存在明显差异。民办学校环境略好，但学校软件、硬件设施也并不齐全。第二，学校师资力量不足，教师教学观念存在差异。在一些自办和民办学校中的教师，他们多数只关注学生的学习成绩，与农民工随迁子女的沟通也多只存在于课堂，这主要是受我国传统教育模式和教学观念的影响。在传统教学模式中，老师只是传授者，学生只是接受者，师生之间的沟通交流较少，这不利于师生之间建立和谐、融洽的关系，同时也限制了学生和同辈群体之间，学生和老师之间的交往，不利于农民工随迁子女的社会融入。

（四）社区功能不全，社区服务受限

社区是除了家庭、学校之外的另一个重要的社会化场所。人类的大多数行为活动是在社区这一场域进行的，社区的交往互动是人类建构关系网络的基础，社区融入也是社会融入的基础和开端。汪萍在对外来工随迁儿童社区融入问题探讨中强调：在社区中，流动儿童能够与城市儿童进行情感、学习、生活上的互动交流，对促进流动儿童社会化以及构建和谐的社区关系具有积极作用。无论是个人层面还是制度层面，社区是流动儿童融入城市的必经场域。[15] 社区功能齐全，社区服务全面，是农民工随迁子女社会融入的促进性因素。

第一，基础设施不齐全，社区环境受影响。农民工随迁子女受自身家庭条件的制约，他们多生活在相对老旧的社区中，而在这些社区中，多存在基础设施不健全，社区环境不良等状况。由于这些社区多处于城市的边缘地带，经济发展相对落后，对社区的关注和财

务投入力度不足，很难为农民工随迁子女提供一个良好的社区环境，在一定程度上降低他们对社区的归属感，社区融入很难实现从而影响社会融入进程。第二，社区功能不全，社区服务类型单一。与城市其他社区相比，农民工随迁子女居住的社区有许多功能是缺失的，比如专门针对农民工随迁子女的心理咨询师、图书阅览室等，在城市边缘的社区多数是不存在的。而且受传统社区观念的影响，社区工作人员在提供服务方面没有针对性，没有根据农民工随迁子女这一群体的特殊需求来开展服务，而是按照传统方式提供服务，而且提供服务的类型相对单一。社区功能不全，农民工随迁子女就无法享受多样的、同等的社区服务，致使社会融入进程缓慢。

五、结论

长久以来，农民工随迁子女作为社会特殊群体，备受各界学者关注。同时一系列特殊问题和需求的出现，也引发了政府各级人员的重视，国家出台一系列相关政策，加大对农民工及其随迁子女的关注力度。近年来，国家出台相关政策，都从宏观立场上切实为农民工及其随迁子女创造良好的融入条件，促使农民工随迁子女能够平等地享有社区服务以及教育资源，为农民工随迁子女社会融入提供了现实的政策保障。

作为一名社会工作者，通过对农民工随迁子女以上问题的分析，从社会工作者在开展服务的过程中所扮演的角色的角度，尝试构建一个以社会工作者为连接点，将农民工随迁子女个人、家庭、学校、社区相互连接，形成一个“个人 - 家庭 - 学校 - 社区 - 社工”五位一体的联动服务机制，针对解决农民工随迁子女系列问题提出相应对策，为农民工随迁子女提供一个“以点带面”的全方位的服务。

首先，从农民工随迁子女个人来说，坚持以农民工随迁子女的个人需求为导向，构建同辈群体支持网络。同伴之间的交往是帮助农民工随迁子女社会融入的关键性因素。社会工作者作为服务提供者，应根据服务对象的具体需求开展一系列服务，来帮助服务对象解决问题，提升服务对象能力，增加他们沟通、交往的机会，在正向的“群体压力”影响下，改善农民工随迁子女的系列状况，满足社会交往需求，形成一个双向互动的模式，构建起同辈群体支持网络，使他们积极转变心态观念，顺利进行社会融入。

其次，从农民工随迁子女家庭来说，努力协调农民工及其子女之间的关系，注重农民工随迁子女良好家庭环境的营造。农民工随迁子女进入城市后，家庭及父母是他们最坚实的依靠，家庭支持是社会融入的基础性因素。良好的家庭环境，会为农民工随迁子女社会融入提供坚实的基础。社会工作者作为关系协调者，应根据服务对象的家庭环境，了解服务对象正在或者将要面对的问题，从父母和子女两者之间的关系突破，开展家庭服务，帮助其家庭解决相关问题，为农民工随迁子女营造良好的家庭氛围，获得家庭支持。

再次，从农民工随迁子女学校来说，加强学校师生之间互动，保障农民工随迁子女平等受教育。学校是农民工随迁子女在城市社会生活的重要组成部分。社会工作者作为资源链接者，应站在学校的角度，根据学校的切实需求，向社会或者政府链接资源，争取完善学校基础设施。也可链接教育培训资源，为学校教师定期开展相关培训，增加教学技能，提升教学质量，同时教授师生之间沟通、相处之道，改善师生关系，为农民工随迁子女提供良好的学习氛围，拉近他们和老师及同学之间的关系，使他们更加平等地接受教育，更好地融入学校生活。

最后，从农民工随迁子女社区来说，帮助改善社区环境提供针对性服务，构建农民工随迁子女社区支持网络促进社区融入。社区是人们生活的共同体，是日常互动的主要场所。良好的社区环境有助于农民工随迁子女健康成长，促进其全面发展。因此，作为社会工作者，应充分了解农民工随迁子女当前所处社区的基本状况，根据具体问题采取合理措施，为社区链接相关社会资源，引导社区为农民工随迁子女定期开展特殊服务，解决随迁子女的交往融入困境，建立健全社区支持体系，推动社会融入进程。

参考文献：

[1] 国家统计局. 第七次全国人口普查主要数据情 [EB/OL]. http：//www. stats. gov. cn/tjsj/zxfb/202105/t20210510_ 1817176. html. 2021 -05 -11.

[2] 韩嘉玲，朱琳，刘月. 流动儿童蓝皮书：中国流动儿童发展报告（2019 -2020）[M]. 北京：社会科学文献出版社，2020.

[3] 徐丽敏. 农民工随迁子女社会融入中的教育困境及对策研究 [J]. 郑州大学学报（哲学社会版），2015（06）.

[4] 周皓. 流动人口社会融合的测量及理论思考 [J]. 人口研究，2012（3）.

[5] 邱兴. 论城市农转非新移民子女的社会融入问题 [J]. 四川教育学院学报，2008（03）.

[6] 杨茂庆，杨依博. 美国流动儿童社会融入问题与解决策略研究 [J]. 中国特殊教育，2015（11）.

[7] 杨茂庆，王远. 加拿大流动儿童城市社会融入问题与解决策略研究 [J]. 民族教育研究，2016（05）.

[8] 曹清燕，高燕婷. 农民工随迁子女城市融入的心理障碍及其克服 [J]. 广西青年干部学报，2017（03）.

[9] 陈丽丽. 流动人口子女融入城市教育环境的思考 [J]. 中南民族大学学报（人文社会科学版），2007（S1）.

[10] 秘舒. 流动儿童社会融入的社会学干预策略——基于天津市J社区的个案研究 [J]. 青年研究，2016（05）.

[11] 杨菊华. 从隔离、选择融入到融合：流动人口社会融入问题的理论思考 [J]. 人口研究，2009（01）.

[12] 徐丽敏. 农民工随迁子女社会融入的能力建设——基于森"可行能力"视角 [J]. 学术论坛，2015（05）.

[13] 史伯年等著. 城市的边缘人：进城农民工家庭及其子女问题研究 [M]. 北京：社会科学文献出版社，2005.

[14] 费孝通. 乡土中国 [M]. 上海：上海人民出版社，2019.

[15] 汪萍. 外来工随迁儿童社区融入问题探讨 [J]. 苏州大学学报（哲学社会科版），2011（06）.

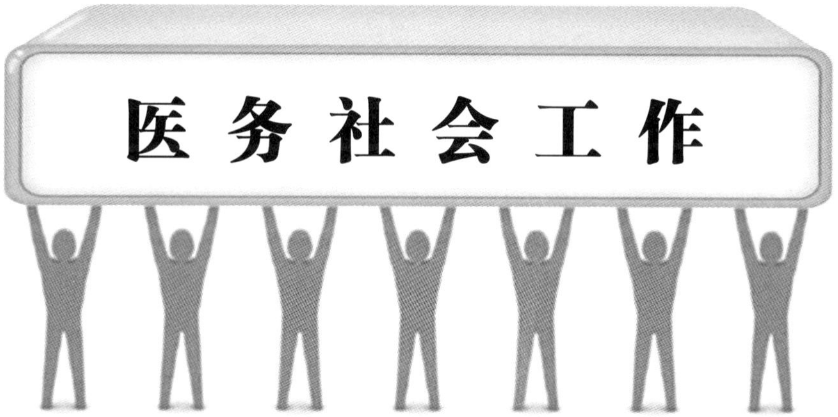
医务社会工作

优势视角下个案工作介入失独家庭精神困境研究

马丽娜　邬欣言*

摘　要： 计划生育政策有效控制了我国人口增长速度，减轻了环境与资源的承载压力，但是，随之产生的独生子女家庭却面临着一定的风险——可能因为唯一的子女发生意外或遭受疾病而离世从而成为失独家庭。作为多年来亟须关注的社会群体，政府针对失独家庭出台的政策和办法多是从经济、物质和保障基本生活方面给予扶助，而对失独家庭来说最为凸显的精神困境却无法得到弥补，这进一步加深了他们对社会的依赖程度。本文在优势视角的指导下，运用个案工作介入失独家庭的精神困境，在坚持"助人自助"的基本原则下，探寻能激发失独群体内在潜力的路径，复原其抗逆力，引导失独者学会与外部环境的互动，为自身赋权增能，最终走出困境，实现自助。

关键词： 优势视角；失独家庭；个案工作；精神困境

从1982年起，"计划生育"政策出台，作为国策并载入宪法后，无数中国家庭积极响应，越来越多的三口之家应运而生，这一国策自制订以来对我国人口及发展问题产生了不可小觑的重要作用，但在这一政策实施的三十多年中，逐渐出现了"失独"这一特殊的家庭形式。如果独生子女在成长的过程中因疾病或灾难过早地死亡，那么他们的父母也因失去唯一的孩子成为"失独父母"。据第六次人口普查数据及卫计委发布的《中国卫生统计年鉴》的公开数据显示，我国现有独生子女2.18亿，每年独生子女死亡的人数至少有7.6万人，也就表示我国每年会产生7.6万户失独家庭，社科院的研究显示，预计到2050年，我国失独家庭总数将超过1100万①。虽然自2016年以来国家放开二孩政策，但大多数已过年龄的失独家庭并不具备再生二孩的条件。

失独家庭在经历了丧子的大悲之后，还要面临心理创伤、身体疾病、日常生活、养老等精神及物质方面的困境。为了减轻失独家庭经济上的困难，国家和地方政府不断调整失独家庭的扶助标准；为了能够探索出更适合失独家庭生活和养老的路径，学者、专家们开

---

* 作者简介：马丽娜，陕西宝鸡人，2020届社会工作专业硕士；邬欣言，湖南桃江人，社会工作与社会学系讲师。

① 谢晓彤. 关于2020年度中国失独家庭社会保障问题的研究报告［EB/OL］.（2020-4-22）［2021-3-21］. http：//www.doc88.com/p-70029098441212.html

始围绕失独家庭开展一系列的研究，但对于失独家庭来说更需要的是精神上的慰藉帮助，物质和经济上的扶助只是暂时性的抚慰，他们缺乏情感上的依托，内心始终处于伤痛无法愈合的阶段，因此更需要社会各界的关注与支持。在社会的刻板印象中，失独家庭是弱势群体，甚至是边缘群体；在大多数的学术研究和讨论中，失独群体往往也被视为问题化、消极化的对象，政府的扶助政策往往也是将他们当作被动接受者来考虑。因此，失独者也容易将自己定位为需要接受外界扶助的弱势群体，使自身原有的潜力和能量逐渐弱化，有些失独者也因此将自己隔离为社会边缘群体。这种“问题化”的视角，在一定程度上忽视了失独者的内在性力量，也忽视了失独群体进一步的恢复与发展。失独群体以已有的社会阅历和经验是有可能克服突发事件带来的挑战，而其自身内在的潜力是可以帮助他们调整状态，适应环境改变。因此政府和社会各界应该以优势视角来看待失独家庭，以潜能和内在复原力作为提供帮助的源动力，信任并帮助其从挫折中走出来，重燃生活的希望，实现最终的生活目标。

一、优势视角理论的特点

优势视角是对病理观点的反思与批评，其一，病理观点会给案主贴上问题或病态的标签，这让案主自身将自己也划分为弱势群体，只是安于接受政府和社会的救助，而优势视角会立足于案主自身，发掘其内在优势，鼓励案主进行自我救助；其二，病理观点会对案主的问题进行简单归因，它会假设所有的障碍都是由疾病（问题）导致，忽略了周围环境对案主改变所能产生的影响，而优势视角认为个人与其周围环境是相互依存的关系，家庭、朋友、社区等都是个人可以用来改变的资源；其三，病理观点只关注案主目前的困难，只是缓解了暂时的“疼痛”，而优势视角抛开不足，重视其自身复原力，让解决问题的效果更加长久。

二、优势视角下失独家庭精神困境个案介入的方向

在优势视角的干预中，个案工作介入失独家庭的最终目的，是通过引导和帮助案主逐渐从困境中蜕变出新的自我，实现最终的复原，即整个介入过程是以最终复原为总体方向。

第一，引导案主摘掉“弱势”标签。赋权理念认为，探索人们内在的力量就必须推翻和抛弃歧视性的标签，为家庭、机构和社区资源的联系提供机会，让受害者远离自己的思维定式，并且相信人们的梦想。丧子的悲惨遭遇让失独群体容易产生自卑感和孤独感，周遭的同情让他们觉得自己被贴上了弱势、消极的标签，在悲观的心态中逐渐怀疑自己适应环境的能力，因此社会工作者在介入过程中，帮助失独家庭缓解内心的无力感，引导他们积极认识自身的潜能，重新定位自己，重新获得面对生活的信心。

第二，帮助案主挖掘自身优势。优势视角下应该启发和引导失独家庭发现自身的优势资源，并且灵活运用这些优势帮助他们走出困境，优势可大致分为两个层面，个人层面的优势资源是最便捷、最高效的，但却容易被身处困境中的案主忽视，如个人拥有的自尊、

特有品质、能力等都能促使他们达成目标，若得以挖掘，便会取得显著的成效；社会层面的优势资源则包括人际交往优势（亲友伙伴关系）、所处社区的优势及能够提供帮助与服务的社会优势资源，除此之外，案主个人所拥有的权利也是能够提供助力的优势。

第三，帮助案主重燃生活希望。优势视角相信富有希望的人更容易从困苦与受伤中恢复，而对失独家庭来说，丧失唯一的孩子恰恰带走了他们未来生活的希望，只有让他们重燃希望，才会促使他们为改变现状设定更多目标，并且愿意采取积极行动，社会工作者在介入时要认真寻找案主的希望，并且充分发挥希望带来的价值。

第四，提高案主抗逆力水平。失独家庭在失去子女后会产生一系列的不良情绪，还会面临疾病和养老的困境，这让他们觉得自己无法适应目前的生活，这些困难加剧了他们内心的脆弱、悲观和焦虑。社会工作者需要引导失独者正确认识面临的困境，发现自己适应和改变现有环境的主动性，摆脱自怨自艾的痛苦，重视起自己适应环境的能力，同时帮助他们抵抗不利环境，提高面对逆境时的勇气和信心，增强解决问题的能力。

在优势视角下个案介入失独家庭精神困境时，社会工作者首先应该了解和掌握失独家庭周围可利用的资源，鼓励并帮助当事人挖掘、探求更多可能性的条件，其次通过专业方法促进他们与外部环境的契合，引导他们学会融入环境，以及如何利用社区、社会中的资源解决问题，使失独者的个体优势与环境优势有效结合，在充分发挥主观能动性的基础上，最终走上复原自助之路。

三、优势视角下介入失独家庭精神困境个案分析

（一）案主基本情况

案主：Q 家庭 WJL 和老伴 CXQ。WJL（吴叔叔）65 岁，CXQ（曹阿姨）63 岁，两人都是国有企业退休人员。

失独时间：2 年。

家庭基本情况：WJL 和老伴 CXQ 住的小区离孙子小 T 的幼儿园比较近，所以退休之后，WJL 每天下午去幼儿园接孙子回家，CXQ 在家做饭等候，晚上儿子下班后再接小 T 回去。

WJL 唯一的儿子小 W 喜欢周末跟朋友出去钓鱼，2017 年，一次跟朋友约定好的夜钓，因为夜晚光线不好，前几天连续下雨地面湿滑，小 W 失足滑入水库发生意外去世，这给 WJL 一家带来巨大的打击。2017 年的下半年，孙子小 T 升入小学，小 T 的妈妈说学校太远也就不麻烦他们老两口接送了，但 WJL 心里明白儿媳害怕每次见到他们难受，所以之后只有放寒暑假的时候孙子会在 WJL 家多住段时间，平日也就偶尔和孙子打打电话通通视频。儿子去世，孙子也不经常回来，家中只剩下沉默和叹气，WJL 不学习毛笔字也不出去散步了，整天盯着电视新闻来回看，CXQ 不去锻炼也不和朋友出门了，每晚躺在床上默默流眼泪。CXQ 说："每到过年过节，心里的痛苦就快从胸口爆发出来了，我们两个老人都活得好好的，他还有那么小的孩子，怎么就突然走了……"

经济情况：WJL 和 CXQ 都是国企退休，有固定的退休金，B 市政府每人每月有 1100

元计生扶助金，足够两人日常生活开支。

身体情况：WJL 患有高血糖和高血压，平时服用降压药，CXQ 有颈椎病，定期按摩理疗，目前无其他重大疾病。

精神情况：两人无精神疾病，沟通交流正常，但儿子去世后郁郁寡欢，心理脆弱，精神状态消极，与之前的生活心态相差很大。

社交情况：周围居住的都是老邻居，邻里关系融洽，退休后 WJL 和邻居在市民活动中心学写毛笔字，CXQ 周末经常和朋友去公园听戏。孩子去世后，两人不喜欢出门，平日社交关系变淡。

（二）接案与预估

初次面谈时案主真实填写了 SCL－90 量表（症状自评量表），该测验可用于 16 岁以上人群，是当前使用最为广泛的精神障碍和心理疾病检查量表，案主测试结果如下：

表 1　案主（WJL）SCL－90 测试结果

统计因子	因子分	程度
躯体化	22	正常
强迫症状	23	轻度
人际关系敏感	27	轻到中度
抑郁	40	中度
焦虑	21	轻度
敌对	13	轻度
恐怖	13	正常
偏执	10	正常
精神病性	14	正常

表 2　案主（CXQ）SCL－90 测试结果

统计因子	因子分	程度
躯体化	23	正常
强迫症状	25	轻度
人际关系敏感	29	中度
抑郁	39	轻到中度
焦虑	23	轻度
敌对	11	正常
恐怖	13	正常
偏执	11	正常
精神病性	15	正常

案主 WJL 和 CXQ 的测试结果较为相似，两人的测试总分分别为 200 分和 203 分，精

神状况均较为明显，阳性项目数均超过 43 项，表明案主在某些方面呈有症状。其中，两人强迫症状因子均处于 20—30 分之间，均表现为轻度症状；案主 WJL 的人际关系敏感因子 27 分，表明人际关系较为敏感，案主 CXQ 的人际关系敏感因子得分高于 27 分，处于中度人际关系敏感；在抑郁因子得分中，案主 WJL 的症状程度略高于案主 CXQ 的症状程度；在焦虑因子得分中，两人均处于 20—30 分之间，表现为轻度症状；案主 WJL 的敌对因子分高于 12 分，表现为轻度症状，案主 CXQ 则无明显症状；两人躯体化因子分均小于 24 分，恐怖因子分均小于 14 分，偏执因子分均小于 12 分，精神病性因子分均小于 20 分，这些方面的症状表现均不明显。

由此可以看出，两人确实存在明显的精神困境，在人际关系敏感和抑郁方面有明显的症状，而其原有的亲近社交关系已中断，因此案主的精神困境亟待解决。

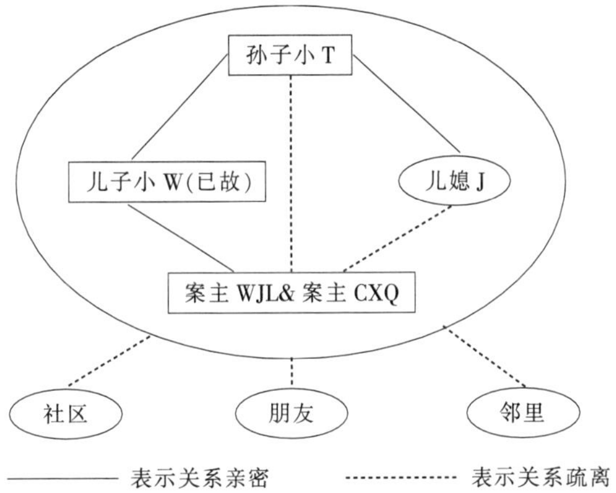

图 1 案主生态系统图

1. 困境预估

（1）案主情绪脆弱，对生活失去热情与信心。案主 WJL 性格沉稳，儿子去世后变得沉默寡言，案主 CXQ 是情绪比较外露的人，说到儿子容易激动，遇到问题会变得焦虑不安，两人对之前喜欢的事情提不起兴趣，抱有得过且过的心态。

（2）案主自我封闭，社交关系变淡。两人在失独后原有的社交基本中断，不喜欢出门，对参与社会活动较为排斥，与邻居、朋友的联络变少，目前的社交圈只有彼此二人，所能获得的外界社会支持有限。

（3）案主亲人关系疏离。孙子小 T 本来与案主两人关系亲近，儿子去世后，儿媳带着孙子转学，平日的见面次数变少，案主两人很想念孙子。

2. 优势预估

（1）个人优势

a. 认知。案主已经认识到儿子去世成为事实，期望摆脱痛苦，改变现状的意愿强烈。

b. 经济。案主家庭两人经济状况良好，有固定退休金和计生扶助金，满足生活必需开支和常用药品、按摩理疗的开支。

c. 人际社交。两人居住的是单位家属院，与老邻居关系融洽，因为退休后的爱好结识到不少朋友，社交稳定。

（2）环境优势

a. 亲情寄托。虽然儿子去世，但是案主疼爱的孙子还在，他们与孙子之前关系亲近，这也是他们寄托的期望所在。

b. 朋辈邻里与社区。案主的邻居和朋友很关心他们的生活动态，期望案主尽快摆脱困境，重塑信心，此外，居住的家属院大多都是老同事，大家也都很希望能够帮助两人恢复之前乐观的心态。

（三）确定服务目标

1. 总目标

社工以优势视角为起点，借由收集资料而同步分析案主的问题与需求，并结合实际情况预估案主优势，最后与案主共同决定介入的目标和计划。本次个案目的在于以释放不良情绪为路径，提高案主调节情绪的意识和能力；重建案主的社会支持网络，帮助他们重新融入社会环境；帮助案主链接社区资源，通过个人和环境优势相结合实现持续增能，达到“助人自助”。这一系列阶段目标最终促成以下总目标的实现：第一，案主正视负面情绪；第二，案主重燃生活希望；第三，案主增强抗逆力；第四，案主重新发现自我价值；第五，案主最终复原。

2. 阶段目标

第一、二阶段的介入是与服务对象建立关系；第三阶段介入以帮助案主正视负面情绪为主，并引导案主积极转变面对生活的态度；第四阶段介入以强化案主对生活重建的意愿，使其重燃生活希望为目标；第五、六阶段的介入，通过强化案主对自身潜能的积极认识，鼓励其主动解决现存问题，恢复往日的生活方式，并通过加入失独互助群体，促使案主由受助状态逐渐转变为互助状态，整个过程都以增强案主的抗逆力为目标；第七阶段介入以协助案主重新发现自我价值为目标。

（四）介入过程

1. 第一阶段介入：了解基本情况，建立信任关系

通过第一次见面，社工完善了案主的基本信息，并建立初步信任关系。面谈时案主两人情绪消极，社工采用同理心、倾听的专业技巧及时安慰案主情绪，在交谈时给予适时回应，与案主逐渐建立信任。现计划下一步深入了解案主需求，共同制定服务计划与目标。

2. 第二阶段介入：明确案主需求，共同制定目标

第二次面谈，感到与案主的关系熟悉了些，社工关心询问近日的生活状态，在看到餐桌上摆放的笔墨纸砚以及墙上挂的字画，社工用此话题与案主开始交谈。

案主因为丧子排斥与外界交往，社交关系中止，但周围的朋辈群体依旧关心他们，只是他们自身的敏感将支持网络排除在外，由此社工引导服务对象认识朋辈优势、社区优势，此外，社工也发现服务对象内心牵挂、思念孙子，这也是他们目前的亲情需求。

本次介入，社工深入了解服务对象需求，发现案主对于喜欢的事情还是比较愿意跟人

谈论，这一点可以作为之后引导他们参与社会生活的切入点，此外服务对象的社会支持网络还在，只是他们目前不愿主动面对朋友、邻居，在社工的引导下服务对象对自身优势有了初步认识，而服务对象对于孙子的情感寄托能够帮助他们逐渐产生新的希望。

3. 第三阶段介入：倾诉宣泄情绪，强化生活信心

在进行第三次介入前，社工提前打电话向服务对象说明了本次介入所需使用的哀伤治疗中的空椅技术，征得服务对象同意后进行运用。首先社工利用半结构式访谈引导服务对象讲述失独事实，运用倾听、共情让服务对象感受到社工有参与进来，增进彼此的信任，更好地帮助案主宣泄情绪；接着利用哀伤治疗中的空椅技术让案主与儿子实现对话，完成对儿子的哀悼，有益于服务对象释放不良情绪，实现对儿子情感的表达。

社工："接下来我们要按照之前讲过的空椅技术进行下面的内容，假定你们的儿子坐在对面的这张椅子上，你们有任何没来得及说的，想要表达的，都可以讲出来。"

（播放之前选好的令人平心静思的音乐）

CXQ："儿子啊……我……我真的很想你，我从来没有想过你会这么早离开我们，你那么喜欢吃我做的菜，以后我做给谁吃呢，妈妈真的后悔那天没有在电话上跟你说说话听听你的声音。你一直都很听话，不让我们操心，当时大学毕业你执意要回来工作，说离我们近，看到你后来结婚生子过得幸福，我和你爸为你开心，可我有时候在想你要是当时在外面工作成家立业是不是就没这次的事了，不管距离多远至少你还在……对了，小T现在上小学了，变得很乖，和你小时候一样，经常给我们打电话，现在还让你爸教他写毛笔字呢，你不用担心，我们会好好疼爱他的，看他长大成人……妈真的太想你了……"（曹阿姨诉说时情绪激动，中途有大声哭泣）

WJL："儿子……如果能有机会回到过去，爸可能会跟你多聊聊天，多聊聊你的爱好你喜欢的事情，多主动和你交谈，我是一个严肃的人，你平时让我多笑笑，看你慢慢长大性格外向活泼，我真的很庆幸你的性子没有随我……你在爸心里一直很优秀，可能我很严肃让你总是觉得自己还不够努力，怪爸爸没有经常表扬你。你说那天要是爸多叮嘱你几句让你注意安全，又或者让你别去了，可能你也不会出事，爸一辈子心里没什么过不去的事，但是现在你成了我心里最大的坎……你放心，爸会好好照顾你妈照顾好咱们一大家人，这样将来咱俩见面爸就能踏踏实实地抱抱你。"（吴叔叔在讲述过程中默默流眼泪）

（在宣泄结束时，社工引导两人听着音乐慢慢放松，直至趋于平和）

社工通过聆听发现案主对儿子的思念之深，同时对于儿子的意外，两人都有自我归因的意识。因此社工通过重新归因，让案主接受意外是无法控制的因素，引导案主逐渐换位思考，表达出儿子寄予他们好好生活的期望，案主情绪有所缓解，生活信心有所增强。

4. 第四阶段介入：获得情感慰藉，重燃生活希望

在之前几次介入中，服务对象会经常提起想念孙子这个话题，所以亲情寄托可以作为优势给予案主情感慰藉。在此次介入前，社工与其儿媳取得联系，并在访谈过程中主动表

示，希望能多和孙子回家陪伴案主。

本次介入，社工首先带领案主回忆过往人生，回想过去积极乐观的时刻。案主两人是在工作单位相识并结婚的，所以谈到工作时他们的共同话题很多，主动说了一些有趣的事，回忆到两人组成家庭共同育子时，他们的神情都变得很幸福，直到谈到儿子发生意外，两人都变得很落寞。

CXQ："今天说了这些，才感觉人这大半辈子都过来了，幸福的时间真的不经过，本来我们一家人和和美美的，唉……"

社工："今天听叔叔阿姨聊了这么多，感觉你们一直都挺乐观的，不管是在工作还是家庭，都有很多美好的事情，从你们的表情都能看出来，那些困难问题你们也都克服解决了，叔叔阿姨都是坚强的人。"

WJL："都是人在咬着牙坚持过，这世上发生的事情谁又能知道。"

社工："您的人生阅历比我们多，比我们更能正确看待事情，这段时间我也慢慢感觉到了您和阿姨的改变，你们过去那么积极乐观地生活，我相信你们一定可以渡过这次的难关，开始新的生活。"

在社工的鼓励和引导下，案主认识到自己曾经积极生活的状态，开始期待自己心态的转变。社工告知案主其儿媳和孙子会在周末回来看望他们，案主的情绪变得明显积极起来。

5. 第五阶段：恢复邻里联系，重建支持网络

本次介入前，社工向案主打了回访电话，案主很自然的聊起儿媳J带着孙子回家看望他们的事，说明社工与案主建立的信任关系更为牢固。

进入服务对象家中发现，茶几上放了很多水果，电视机旁边多了一束花，案主CXQ很开心地向社工讲是孙子送给他们的，花插在一个新的花瓶中，表现出案主对于这份礼物的珍惜。还向社工讲儿媳J来了帮他们做了什么事跟他们聊了些什么，这是案主第一次主动打开话题。接着社工引导案主思考自己前后状态的变化，在感悟变化的同时，引导案主认识自己的朋辈邻里优势。通过交流，社工明显感觉到案主WJL有解除封闭的意识，所以引导案主主动联系朋友，恢复支持网络。

在本次介入中，社工感觉到了案主情绪上有了明显变化，首先有了突破内心封闭的意识，主动与邻居打招呼，在社工的引导下让案主恢复以前的朋友联络；其次社工鼓励案主继续参与之前的兴趣活动，再挖掘一些新的爱好来充实生活。本次介入通过恢复案主与朋友、邻里的关系，重建支持网络，从而让案主逐渐恢复之前的生活方式。

6. 第六阶段介入：加入失独互助，实现相互扶持

通过询问案主恢复支持网络的感受，社工明显感觉到案主家庭氛围和生活状态的转变，并且对于融入社会生活有了信心。接着社工向案主介绍本市失独互助群体以及现有的失独家庭服务项目，鼓励他们融入集体活动。

WJL："之前听社区M讲过失独家庭的这些服务项目，我们那时候都不经常出门，也别说去参加那些活动了。"

CXQ：“今天听你介绍，原来也有像我们这样的家庭，你说他们经常参加活动，有时候还学习点东西做些有意义的事情，比我们强多了。”

社工：“他们刚开始也和你们一样经历着痛苦和难过，也是慢慢走出来的，所以您和叔叔也可以像他们参加些群体活动和兴趣班，多和其他叔叔阿姨交流，他们的积极心态也会感染你们。有这样的互助群体就是为了大家互相依靠，互帮互助，一起渡过难关的。”

CXQ：“大家会觉得都是同命人吧，那以后要有合适的活动我们也去参加。”

社工：“那我先把您和叔叔拉进微信群吧，群里会经常发一些有益身心健康的文章，平时互相讨论聊天，有活动也在群里通知，你们及时关注就行，没看到消息也没关系，有活动我们也会及时打电话通知的。”

“抱团取暖”是一种自发性的疗愈，以内部群体互动的方式给予失独者支持力量。本次介入首先通过询问案主重建社交网络的前后感受，让案主体会自己生活状态的转变，再通过介绍本市失独互助群体，鼓励案主参与互助实践，结识新朋友。

接下来的两次介入是邀请案主参与了两次失独群体活动，分别是花艺沙龙活动及失独家庭同游小镇活动。社工通过不断回访，及时了解和记录案主的情绪反应和精神状态。本阶段的介入是一个循序渐进的过程，对失独群体的陌生到熟悉，从参与群体活动到主动帮助失独老人，这个过程见证了案主心态的转变——由受助逐渐转变为互助。社工相信通过长期的互助实践，案主的归属感会逐渐增强，对于走出困境的信心也会越来越强烈。

7. 第七阶段介入：融入社区活动，提升自我价值

本次介入主要为了鼓励案主参与社区活动，所以介入前电话联系了社区工作者 M 来为案主介绍社区活动。首先案主告诉社工，这段时间有了孙子的陪伴，他们的情绪有了好转，认识了新朋友之后他们的生活也变得更充实了。接着由社区工作者主动邀请案主参与社区活动。

在社工与社区工作者 M 的鼓励下，案主 WJL 答应参与社区青少年书法兴趣课堂。第一次课堂是在 8 月 24 日，案主 WJL 穿戴整洁早早到达社区活动室，为各位孩子准备好纸张和笔墨，案主 CXQ 也带着孙子小 T 一起参加，案主 WJL 虽然紧张但是又很耐心地为孩子们讲解。这个过程让案主的自我价值感得到了提升，有过第一次的尝试，案主也愿意继续参与之后的课堂。活动结束后，社工告知案主即将结案，让案主在结案前有心理准备。

本次介入前案主对于近期生活的反馈表明案主已经在慢慢发生转变，并且对于转变抱有积极态度，社工利用案主的社区优势，通过社区工作者的主动邀请，鼓励案主参与社区活动，在整个参与过程中慢慢提升了案主的亲和力，体现了案主的自我价值感，也促使案主融入社区。结尾社工告知案主即将结案，让案主提前做好心理准备。

8. 第八阶段介入：控股服务成效，顺利结案评估

首先社工和案主 WJL 和 CXQ 共同回忆整个介入过程，然后引导两人从个人情绪、社交关系、亲人关系、生活方式四方面对自身进行评估，从而巩固服务效果。两人向社工反馈自己的情绪有了很大转变，不会总是沉浸在悲伤和痛苦中；有了新老朋友的

陪伴，获得了更多的鼓舞与支持；孙子和儿媳经常回家，感受到了更多情感慰藉；参与兴趣活动让生活变得充实，整体的反馈是两人的精神状态和生活状态都在逐步恢复，介入的同时两人的优势也得到了强化。在结束之前，社工向两人介绍了 B 市为失独家庭提供的志愿服务，也激励其持续以向上的心态去面对生活，案主两人对社工、社区工作者及志愿者表达了感谢，同时表示了不舍，对此社工告知频繁的介入将暂告一段落，后续还会跟进回访。

本次介入，社工与案主共同回忆整个服务过程，案主能够较为客观地评价自己的前后表现，也能对全部介入过程给出积极的反馈，说明本次服务已经取得明显成效。结合整个过程，社工认为案主两人主动改变的意愿十分强烈，也在利用自己的优势逐渐做出改变，而且基本具备解决问题的能力，虽然还没有像其他积极生活的失独老人一样，但已经有了主动尝试的意识和努力的行为，相信案主会在之后的改变中逐渐融入社会，重新找到生活的意义。

四、成效和反思

（一）优势视角下个案工作介入失独家庭精神困境的服务成效

社工个案介入后，服务对象的情绪认知、家庭关系及社交关系均发生明显转变，原定目标基本实现：

第一，服务对象能够正视并且学会释放悲伤情绪，能够正确看待失独事实，较为理性地对待日常生活问题；第二，案主重燃生活希望，在获得亲情支持后，对于生活重建的意愿增强；第三，案主对自身潜能有了积极认识，并且能够主动面对和解决现有困境，在社工的协助下逐渐恢复往日的生活方式，在加入失独互助群体后，案主的状态由受助转变为互助，由此整体的抗逆力得到显著提升；第四，在所参与的社区活动与失独互助集体活动中，案主获得社会尊重与支持，重新发现自我价值；第五，案主更加坚定了积极改变的信心，解决问题的实际能力有所提升，社会融入增加，个案介入结束后虽未实现最终复原目标，但是案主在原有的困境方面均有明显改变，原定目标基本实现，案主正在逐步复原，在后续的跟进服务中，社工也会持续关注，相信案主能够早日走出过往阴霾。

（二）优势视角下社会工作介入失独家庭精神困境的反思

1. 社会工作利用优势视角介入失独家庭精神困境的优点

与传统的病理观点相比，首先优势视角认为个体与环境是相互依赖、相互支持的关系，对于失独群体来说，不再是单纯等待救助的群体，而是拥有资源和潜能的群体，这些资源能够为解决困境提供多种帮助，病理观点针对单个问题直接给予帮助手段，“缺什么补什么”，注重提供具体的解决措施，而优势观点倾向引导个体如何利用自身资源解决困境，注重解决问题的方式方法，因此在个案介入时能够为服务对象提供处理不同情景问题的应对策略；其次，优势观点注重失独者的自身复原，强调人的优点、变化和发展潜能，通过增强失独家庭的重生意愿，让他们真正有效地参与其中，而不是像病理观点那样被动接受外部资源的输入，优势视角从救助转变为优势挖掘，促使失独群体实现自助；最后，优势视角肯定个人的复原力，通过对失独者自身抗逆力的塑造，再发挥社会支持的功能，实现持续的赋权增能，更能达到长远成效，案主自身的优势和所激发出来的潜能可以使效果更加长久，而不是像病理观点那样只解决短期困境，忽略了长期目标的实现。

2. 社会工作利用优势视角介入失独家庭精神困境的局限性

优势视角突破了传统理论模式，很好地弥补了病理观点的不足，以其激发案主潜能、实现自助的优点，成为现代社会工作理念新的关注点，但也需要社会工作者理性分析案主的各方面条件和处境，进一步确定是否适用优势观点。首先，优势观点的运用对社工的专业性要求较高，社会工作需要抛开传统问题视角的影响，理性分析失独者的精神状态，全面评估他们的资源与优势，并通过引导实现失独者的赋权增能，这就需要社会工作者具备心理学、精神病学、介入模式、资源评估等各方面综合技能，但现阶段社区工作者和一般的机构社工并不完全具备这些技能。其次，优势视角并不一定适用于全部失独家庭，有些失独者在丧子后陷入了更严重、更极端的心理困境，此时就需要采取危机介入模式或者医学方面的救助，大部分失独者可以通过个案分析具体情况再采取合理的介入手段。最后，社会工作者需要十分熟悉优势观点介入的过程模式和失独家庭丧子之后的心理变化过程，准确地将二者匹配起来，针对不同阶段进行不同侧重点的介入。

3. 优势视角模式不是社工诊断方式

社工习惯性地会对求助者或者服务接受者进行社工诊断，在面对失独群体时也会陷入定式思维的陷阱中，但优势视角旨在观察案主，掌握案主的优势，若受到诊断的影响，便容易先入为主，对案主的关键认识也可能发生改变，无法全面客观地了解失独者的能力。因此，优势视角模式不能遵从原有的社工诊断方式，而是以乐观、积极的心态看待失独群体，对失独者抱有较高的期望，并且认真对待他们的希望与价值，进而引导他们相信自己可以恢复，当案主相信自己的希望能够实现时，他们自身也会逐渐调整出最佳状态以作出回应。

参考文献：

[1] 高丽娟，吴振华. 我国“失独家庭”问题研究综述 [J]. 山东女子学院学报，2015 (03).

[2] 韩冰，熊亮. 失独家庭养老扶助模式存在的问题与改革路径 [J]. 湖南行政学院学报，2017 (05).

[3] 方曙光. 社会断裂与社会支持：失独老人社会关系的重建 [J]. 人口与发展，2013 (05).

[4] 肖云，杨光辉. 优势视角下失独老人的养老困境及相应对策 [J]. 人口与发展，2014 (01).

[5] 孟洁. 社会工作优势视角理论内涵探究 [J]. 华东理工大学学报（社会科学版），2019 (01).

[6] 张婷婷，张曙，虞骥，杜丽娜. 你并不理解我：失独者体验“感知被误解”的质性

研究［J］. 中国临床心理学杂志，2019（05）.
［7］冯慧青. 优势视角下失独老人精神慰藉的个案工作介入研究——以北京市通州区S老人为例［D］. 吉林：吉林中共吉林省委党校吉林省行政学院，2019.
［8］饶晶晶. 社会工作介入城市失独老人社区照顾研究——以西安市T街道为例［D］. 陕西师范大学，2019.
［9］Saleebey，D. 优势视角：社会工作实践的新模式［M］. 李亚文，杜立婕，译. 上海：华东理工大学出版社，2004.

解码情绪：社会工作介入学生情绪管理
——以J学校小组工作实务为例

朱眺月　王林丽*

摘　要：目前儿童在情绪管理中存在难以控制自己情绪、以不恰当的方式释放情绪、不会辨别情绪等问题。根据小学学校的学生的生理、心理特点以及成长和发展的需要，把对象定位在留守儿童和困境儿童较为集中的学校，以学校为平台，以小组活动为主，小组组员以老师推荐、社工评估筛选的方式形成同质性小组，服务过程以社工为主导、高校志愿者协助、校方配合的方式进行，帮助学生从认识情绪、接纳情绪到管理情绪，提升学生管理情绪的能力。分析总结能够得出社会工作在介入学生情绪管理方面的重要作用，对学校社会工作进入小学、提高学生情绪管理能力有着创新性的意义，同时能够完成学校社会工作的服务，成为社会工作站的服务领域之一，形成长效发展。

关键词：学校社会工作；情绪管理

一、研究背景

北京师范大学彭聃龄教授在《普通心理学》这本书里提到，情绪能够表现在人的行为上，当人们处在积极乐观的情绪时，易注意事物美好的一方面，其行为比较开放，愿意接纳外界事物，当人们处于消极情绪时，容易产生失望、悲观、放弃自己的想法，有时甚至产生攻击性行为[1]。美国著名心理学家菲利普·津巴多、理查德·格里格认为情绪使我们的生活多姿多彩，同时也影响着我们的生活及行为。当出现不好的情绪时，最好加以调节，不要让情绪给自己的生活及身体带来坏的影响[2]。情绪事关我们每一个人，我们每一天都在无数次地表达自己的情绪，因此学会管理情绪很重要。

情绪不仅对成年人很重要，对在校学生同样重要，2018 年 10 月 10 日世界精神卫生日，国家卫健委发布的数据显示：我国 17 岁以下的儿童青少年当中，约 3000 万人受到了各种情绪障碍和行为问题的困扰，必须采取综合措施予以干预。根据埃里克森的发展理论，在这个时期形成的行为模式会对之后的人生阶段产生重要的影响。因此，从社会工作

---

* 作者简介：朱眺月，云南红河人，2020 级社会工作专业硕士；王林丽，湖北襄阳人，社会工作与社会学系讲师。

预防和发展的角度培养学生情绪管理能力，通过引导的方式，帮助他们正确表达自己的情绪，对促进学生的健康发展有重要的意义。

我国越来越重视在校学生的心理健康，但是仅靠学校的力量并不足以解决所有的问题，而社会工作专业可以发挥自身的专业优势，进入学校，与学校展开合作，帮助学生解决问题，促进学生健康全面的发展，从这个角度出发，进行社会工作介入学生情绪管理能力的实务探讨很有必要。笔者通过实务案例入手，总结经验，以期为以后在这方面开展的小组工作活动提供一些实务性、启发性的经验和建议。

二、核心概念与理论基础

（一）核心概念

怎样界定“情绪管理”目前国内还没有统一的定义，根据文献检索和整理，从对概念界定的全面性和可操作性原则出发，本文中的“情绪管理”主要引用的是学者马向真、王章莹[3]的定义：个体情绪管理能力是一种心理特征，是使人顺利实现情绪和情感活动所需的心理条件，并且包含内容、对象、操作、产品四个维度。其中，内容维度包括所有正性和负性的具体情绪——快乐、悲伤、愤怒、惊奇、厌恶和恐惧等。对象维度包括个体自己的情绪、他人的情绪、自己与他人之间的情绪以及个体对物的情绪等。操作维度指用以操作正性和负性情绪的心理活动，主要包括对情绪的识别、理解、调控三方面。产品维度是操作情绪管理得到的结果或者效果，也是通过主观体验、外显行为和生理唤醒的改变得以体现。因此，本文中的情绪管理的概念可以概括为：学生能够以适当的方式处理和表达情绪，从而适应周围环境，满足自身身心发展的需要。

（二）理论基础

1. 情绪的认知理论

支持该理论的心理学家认为情绪产生于对刺激情境或对事物的评价，认为情绪的产生受到环境事件、生理状况和认知过程三种因素的影响，其中认知过程是决定情绪性质的关键因素[4]。从情绪的认知理论可知，单纯的刺激并不能引发情绪，只有经过人的认知评价才可以。情绪的认知理论对社会工作的启示在于：社会工作者可以通过改变对事件的认知的方式改善服务对象的情绪，并且切断其固有认知与情绪之间的联系，建立新的、正确的认知，从而提高服务对象的情绪管理能力。

2. 情绪智力理论

情绪智力，简称情商，这个概念是由美国耶鲁大学的萨罗威（Salovey）和新罕布什尔大学的玛伊尔（Mayer）提出的。它是指个体监控自己及他人的情绪和情感，并识别、利用这些信息指导自己的思想和行为的能力。我们认为，情绪智力是人们在学习、生活和工作中影响其成功与否的非认知性心理能力，包括情绪觉知能力、情绪评价能力、情绪适应能力、情绪调控能力和情绪表现能力五种因素，它们又分为若干次级因素成分[5]。情绪智力理论对社会工作的启示在于：社会工作者根据情绪智力理论，可以从以上五个方面对服务对象进行干预，提高服务对象的情绪智力水平，从而提高他们认识情绪、监控情绪、管理情绪的能力。

3．行为与学习理论

行为主义强调学习起源于对人与环境的互动的研究，个体通过与环境的互动，学习不同的行为模式。行为与学习理论关注的是个体成长与发展的行为指标，以及个体认知与人格的发展。学习是个体通过收集周围环境的信息，以形成对环境回应的过程，由于环境对个体的某些行为提供楷模，并且通过奖励或惩罚对某些行为予以肯定或否定，影响他们的行为，所以环境对个体的影响极大。模拟和模仿是学习行为的一部分。行为与学习理论对社会工作的启示在于：行为产生于个体与周围环境的互动，不适当的行为是对当前环境所做的不恰当反应，社会工作者的任务就是要帮助学生培养情绪管理能力，建立适当的行为模式和反应模式，达到适应环境的目的。

三、儿童情绪管理小组方案设计

（一）项目背景

1．学校背景

湘潭市J学校是湘潭市一所重点小学，分为两个校区，J校本部以及J校寄宿部。本项目在寄宿部开展。J学校寄宿部实行寄宿制，学生周一至周五寄宿在学校，周末回家。根据前期调研得知，寄宿部学生存在情绪管理、行为偏差、人际交往和自我成长等方面的困难，特别是学校四到六年级的学生，因此学校希望社会工作介入，改善学生存在的问题。

2．需求评估

（1）观察评估

根据社工前期与学校学生的接触与观察了解，学生在与他人相处或是面对问题的时候，不懂得如何调节和处理自己的情绪，他们通常会表现出两个极端，要么出现攻击行为，要么把情绪藏在心里，通过其他的方式释放出来。通过进一步了解得知，寄宿部多为留守儿童和困境儿童，他们的父母大多忙于自己的工作，疏于对他们的陪伴和教育，疏于对孩子情绪的观察，还有的家长教育孩子的方式简单粗暴，孩子做对了就奖励，做错了就进行粗暴的训话甚至体罚，这些因素都会导致孩子在情绪上产生压力。

（2）访谈评估

通过与学校负责老师的沟通，以及与学生的谈话，我们了解到该校四到六年级的学生存在的情绪问题主要有：情绪表达能力不足，如有的学生不知道怎么将生气、难过这些情绪表达出来，让别人知晓；情绪控制能力不足，有的学生表示，自己在生气或是与他人产生矛盾时，会出现打人或是生闷气的情况，这样反而使自己的情绪更糟糕；情绪表达的方式不正确，有的同学在遇到情绪问题的时候，不是通过倾诉而是通过一些不正确的方式释放，例如将冲突方的名字写在纸上，击打纸张。

（3）量表评估

石丹理和萧敏康设计的华人青少年正面发展量表中有情绪能力副量表，该副量表内在一致性信度系数为0.79，信效度较高，社工使用该量表对J学校寄宿部五到六年级学生进行评估分析。通过对学生的评估，可知学生中主要存在的问题有：不会恰当表达情绪、不会控制自己的情绪、不知道该怎样让别人了解自己的情绪等。通过量表，我们能知道学生存在的情绪管理的问题类型以及严重程度，有针对性地设计活动。

3. 小组准备工作

根据小组工作特征并结合校方意见，最终选择在学校音乐教室开展活动，并将时间确定在每周二的12：40－13：40。同时根据服务对象特征以及活动安排，本次共招募了X大学的志愿者协会的8名成员配合社工开展活动。

为了保证活动的顺利开展，提高活动成效，保证学生安全，同时获得校方和家长的支持与配合，社工还做好了风险预估、加强与校方和家长沟通并及时与指导老师沟通的准备。

（二）小组具体方案

1. 小组目的

此次小组活动将在湘潭市J小学开展，帮助在情绪管理方面有困难的学生，改善情绪问题，培养良好的情绪表达方式和行为模式。同时促进学校与学生家长的联系，改善师生关系，促进亲子关系，同时为儿童的健康成长创造一个良好的外部环境。

2. 小组目标

（1）帮助学生获得情绪管理的知识和技巧，并且协助他们在生活中运用这些技巧，提高学生情绪管理能力；

（2）纠正学生的行为偏差，帮助他们掌握正确的应对周围环境的态度和行为；

（3）在提高学生情绪管理能力的同时，提高学生解决问题的能力，以较强的心理韧性去面对学习和生活中的困难，促进目标学生全方位发展。

四、小组活动过程

（一）第一次活动：相互认识，建立关系

第一次活动目的主要是通过破冰游戏，相互认识，建立良好的专业关系。自我介绍环节，主讲人向J学校的同学介绍了社工和同行志愿者，介绍了社会工作者的职能以及本次活动的目的，并确立了小组活动过程中的规则，保证活动的顺利开展。小组成员的自我介绍通过“串名字”的游戏展开。最后用时最短以及准确率最高的小组获得了奖励。破冰游戏目的是帮助小组成员相互认识，增强成员对小组的认同感和归属感。

第二个游戏是“优缺点大爆炸”，要求小组成员在白纸上写下自己的优缺点，在写优

缺点的过程中，小组成员们会同身边的社工和志愿者们交流自己的想法和感受。这个环节给成员们提供了一个倾诉心事、释放压力的机会，同时也增进了社工与成员之间的感情，为后续的活动开展奠定了良好的基础。

游戏结束后，社工邀请同学上台分享了此次活动的感悟，有同学分享道："在游戏中我学到了团结合作的重要性，我很喜欢参与这样的活动，我希望以后能继续参加。"在与同学们建立了关系、成员之间有所了解的基础上，社工向同学介绍了小组活动的主题和目的，让同学们对活动有所了解，为之后活动的开展做好准备。

（二）第二次活动：建立契约，凝聚小组

这一节小组活动的目标主要是建立小组契约，强调纪律，简单了解情绪知识，促进小组成员正向的自我认知。首先社工带领小组成员共同制定契约，以课堂纪律为例说明，让成员们思考应遵守哪些规则，同时也向成员传递了一些社会工作的价值理念，比如在小组中要相互尊重、保守队员秘密等，之后成员们将制定好的契约贴在契约树上，社工与小组成员商定违反规则的惩罚措施，社工告诉小组成员，这就是以后开展活动时大家要遵守的规则，并且不遵守规则的成员一定会受到惩罚，这是你们共同商讨决定的规则，因此需要大家相互监督，共同遵守。成员表示会共同遵守小组规则，共同爱护自己的契约树。

在回应优缺点环节，社工告诉成员们缺点不是缺陷，而是每个人可以成长和进步的方面，我们都有提升自己、获得成长的潜能。设置这个环节主要是为了去"标签"，通过帮助他们直面自己的缺点，告诉他们缺点不是缺陷，而是可以通过自己的努力提高的部分，来增强他们的自信心和自尊心。

借此社工也引入了有关情绪的话题，告诉成员们，每个人都有能力去管理好自己的情绪，并让成员们简单分享了自己知道的情绪，以及自己在平时的生活和学习中，都会产生什么情绪，借此社工引入了此次小组活动的主题。

（三）第三次活动：情绪知多少

社工带领小组成员回顾了上一次活动中，由大家共同商讨出的需要大家遵守的契约，并强调了惩罚。在这个过程中，不遵守纪律的成员接受了惩罚，通过这个小插曲，也让同学们明白了纪律的重要性。

在这个环节里社工借助情绪卡片，帮助小组成员认识自己在不同情境下可能会产生的情绪反应，并向成员们讲了一个"钉钉子"的小故事，借钉子比喻我们的情绪，它在墙上留下的不可填补的洞，就是对自己和他人造成的伤害，以此告诉成员们，不良情绪和不恰当的发泄方式会伤害自己和别人，并且这样的伤害最终难以弥补，因此要通过正确的方式将情绪释放出来，并借此分享了一些正确释放情绪的小技巧，例如自我暗示法、自我激励法、回避法等。

最后，社工和志愿者与小组成员开展一对一的深度交流，加强双方之间的了解，加强彼此联系，通过这个环节，我们也有机会看到成员不同的一面，这样有助于服务者发现小组成员情绪问题背后的深层原因以及他们蕴含的潜能。

（四）第四次活动：与情绪为友

本次活动中，社工使用了情绪卡片作为辅助道具。在卡片的每一种情绪词汇下都配上了相应的表情图片，帮助小组成员更直观、更形象地理解相应情绪。活动在一个热身小游戏中展开，在社工的带领下，同学们轮流上前，根据卡片提示，做出相应的情绪表演，然后下面的同学来猜，猜对次数最多的同学获得了奖励。这个游戏的目的在于，让同学从旁观者的角度，去观察每种情绪的表现方式，让他们从客观的位置知道自己在该种情绪下如何反应。

社工给成员们观看了两部有关情绪的小视频，一部是《头脑特工队》的片段，另一部是有关情绪教育的视频。观看视频的目的在于帮助成员们通过更具体和形象的方式认识情绪，社工引导同学们说出自己观看视频的感受，同时回顾了上一次活动中，社工分享的情绪释放小技巧，通过几个模拟的场景，来“检验”同学们对于情绪释放技巧的掌握程度。在此环节结束以后，社工将情绪记录表分发给同学们，让同学们记录自己一周的心情变化以及自己是怎样反应的，以此来检测自己有没有将这些舒缓情绪的技巧应用在生活中。

（五）第五次活动：不踢“猫”，不当“猫”

此次活动同样以一个热身小游戏开始。社工用气球模拟一个人有不良情绪时的反应，首先社工每说一种不良情绪，就往气球里吹一口气，同时，也让成员们说出平时生活中，会让他们感觉到负面情绪的事情，然后同学们说一种释放情绪的方法，就放掉一口气，以此来强调用正确的方式释放情绪的重要性。

之后，社工让同学观看了情绪教育短片《踢猫效应》，社工解读了短片含义，并告诉小组成员，不良情绪如不经过正确的疏导，传递到他人身上，会伤害他人，最终伤害自己，同样的，当有人向自己宣泄不良情绪的时候，也应该告知对方采取正确的方式释放情绪，而不该去伤害别人。

最后，社工邀请成员来分享自己的情绪记录表，分享自己过去一周的心情变化，有的成员表示自己过去的一星期心情都比较好，也尽量改变自己过去发泄情绪的方式；而有的成员遇到了一些不顺心的事情，社工则引导同学去分析产生问题的原因，和成员一起寻找最优解。

（六）第六次活动：活动回顾，寄以祝福

回顾活动是小组工作中的重要环节，目的在于帮助小组成员看到一系列活动给他们带来的改变，最重要的是，要让小组成员在这一阶段的小组活动结束后，依然能维持成效，并且增强他们对自己的期待。在这次活动中，社工先带领小组成员回顾了过去 5 次活动，回忆社工教给同学们的情绪小技巧，并表示希望同学们不要忘记在小组活动中学到的知识，在平时生活中要多加以运用。最后，社工将准备的小礼物与离别祝福明信片交给同学们。

五、小组成效评估

社会工作是以理论为指导，通过科学的方法开展活动的专业，帮助服务对象解决问题，促进服务对象成长。社会工作过程强调科学性和有效性，因此社会工作在工作过程中要时刻评估，评估的目的在于及时掌握服务对象的情况，判断服务的有效性，并根据评估的结果，及时调整服务内容。社会工作的主要评估方法集中在两个方面：过程评估和结果评估。本文儿童情绪管理能力培养小组主要从这两方面进行评估。

（一）过程评估

1. 服务者自我评估

（1）社会工作者自我评估

社会工作者前期认真进行活动设计，按照计划认真开展活动，并且在每一次活动结束后，都进行活动复盘，总结优点与不足，为之后的活动提供参考。在开展活动时，认真扮演好指导者、协调者和观察者的角色，遵守社会工作的伦理守则，遵守小组规范，有问题及时解决，并及时与督导进行沟通。

（2）志愿者自我评估

参与此次小组活动的志愿者是第一次与社工合作开展服务，对志愿者来说，是探索也是挑战，在活动过程中，违反了社会工作的伦理守则，但是经过沟通与交流，志愿者了解了社会工作小组活动的模式与规则，与社工进行了很好的配合，出色地完成了辅助者的角色，也获得了服务对象的信赖，帮助活动顺利开展。

2. 组员改变评估

组员改变主要是通过社工的观察和记录进行评估。小组初期，成员相互认识建立关系的阶段，小组成员会有沉默、不配合等情况产生，但是在社工带领下，通过自我介绍、破冰游戏等方式，调动了组内气氛，提高了组员的参与度。小组成员能够遵守小组规则，安静下来配合社工开展活动。小组中期，团队内信任关系逐步加强，小组成员关系也更为亲密，他们更积极地参与小组活动，与社工的互动更加频繁和积极，有的组员甚至愿意向社工和志愿者吐露自己的心事，寻求安慰。小组后期，小组成员愿意更积极地表达自己。

（二）结果评估

1. 组员对活动满意度评估

通过活动反馈表，能够了解到小组成员对活动满意度达到了90%。小组成员表示很喜欢这里，在小组里，他们不仅能学到情绪控制的相关知识，还能和社工、志愿者诉说自己的心事，在分离的时候，小组成员希望社工能够一直在学校开展这样的活动。

2. 成员掌握情绪管理的知识和技巧

根据活动效果反馈表、专业情绪评估量表以及与小组成员的访谈交流，可以了解到，80%的活动参与者掌握了1—2种控制情绪的方法，产生负面情绪的次数有所减少，小组成员表示，通过小组活动，他们将学到的情绪管理的方法在生活中加以运用，控制自己的同时，也会告诉别人怎样通过正确的方式去舒缓情绪。

3．情绪管理能力提高

通过对小组成员进行前后测试，小组成员存在的不会恰当表达情绪、不会控制自己的情绪、不知道该怎样让别人了解自己的情绪等问题有所改善，情绪稳定程度提高。有小组成员也表示自己在尝试用社工教的方法释放情绪，慢慢摒弃过去不正确的方式。

六、社会工作介入儿童情绪管理的总结与反思

（一）儿童的思维模式对活动设计的影响

儿童心理学家皮亚杰提出认知发展理论，他将儿童和青少年的认知发展划分为四个阶段：感知运动阶段、前运算阶段、具体运算阶段和形式运算阶段。根据皮亚杰的划分，四年级的学生正好处于具体运算这个阶段，具体运算期的特点是，处于这个运算期的儿童已经具备了一定的抽象和逻辑思维的能力，但是儿童这时进行的运算仍需具体事物的支持，对那些不存在的事物或从没发生过的事情还不能进行思考。在实际小组活动中，小组成员对于过于抽象或是高度概括的活动内容接受度不高，过多的“说教式”服务不能引起小组成员的兴趣，反而会降低他们的注意力，因此，在设计小组的活动时，社会工作者尽可能使用比较具象或是生动的方式帮助小组成员理解相关的知识。

因此，在开展儿童社会工作的时候，社会工作者要特别注意儿童的身心发展特点，做好观察和评估，根据评估结果及时调整活动内容，这样才能提高服务质量。

（二）小组活动给儿童提供了示范和学习模式

不同于家庭和课堂，情绪管理小组由年龄相仿、兴趣相投的同辈群体组成，相对于家庭和课堂里“被教育”“不平等”的角色，学生在这样的小组里有更多的自由和空间去表达自己，同时，受到社会工作者的引导以及同辈群体的影响，小组成员不适当的行为会被弱化，需要学习的行为会受到强化，最终掌握管理情绪的能力。

1．示范

示范包含两种，一种是社会工作者的示范作用，另一种是小组成员的示范作用。社会工作者的示范作用在于，用具体的方式去讲解一些小组规则或游戏规则，或者是通过示范的方式，如展示图片、讲故事的方式为儿童提供示范对象，帮助小组成员掌握管理情绪的知识。

小组成员的示范作用在于为同辈群体提供可供模仿的对象，在小组活动过程中，社会工作者可以通过赞赏成员的某些行为，告诉其他成员哪些行为是正确的、可以学习的，从而让小组成员审视自己的行为，改变自己的行为，学习榜样行为。

2．学习

不同于课堂上的学习，小组里的学习更强调相互学习、共同进步，强调小组成员之间

的互动。小组为成员提供了一个分享的平台，鼓励小组成员在小组里积极分享，通过聆听他人的经历、同伴间相互学习以及来自同伴的反馈，小组成员可以从同伴那里获得更多不一样的情绪管理知识，并且帮助小组成员在实际中运用。同时，社会工作者是和小组成员共同成长的，社会工作者以平等的姿态，帮助小组成员解决困难、促进成长，告诉成员“这个问题我们一起克服和解决”，这种方式也给了小组成员学习和成长的动力，让他们知道在解决问题的道路上，自己并不是孤身一人的。

（三）建立学校社会工作站的探索

学校社会工作是专业工作者遵循社会工作的价值观念，动用社会工作的专业知识和方法，为学校全体学生，特别是处境困难的学生提供适应当今与未来生活能力的专业性服务活动[6]6-8。

以J学校的小组工作为例，校方向社会工作者寻求合作，解决学生非学业方面的问题，在双方共同商议、充分讨论的基础上，校方予以社会工作者积极的支持与配合，同时，社工也接受校方的监督，保证小组活动得以顺利开展。沟通是贯穿整个服务过程的，不仅要和校方负责人充分沟通，而且要和学生班主任、学生家长进行沟通，这个沟通不仅是向他们解释小组活动方案，寻求配合，也是一种了解学生近况、收集意见和建议的重要途径。在这个例子中，如果学校建立了学校社会工作站，校方能够更及时地与驻校社工联系，商讨介入方案，并且驻校社工能够通过观察、访谈的方式，主动发现需要帮助的学生，予以帮助，在开展活动期间，能够收集到老师以及周围同学的及时反馈，从而完善方案设计，提供更高质量的服务，在活动结束后能进行及时跟进，巩固服务成效，持续关注服务对象的情况。

参考文献：

[1] 彭聃龄. 普通心理学 [M]. 北京：北京师范大学出版社，2001.
[2] 菲利普·津巴多，理查德·格里格. 心理学与生活 [M]. 北京：人民邮电出版社，2005.
[3] 马向真，王章莹. 论情绪管理的概念界定 [J]. 东南大学学报（哲学社会科学版），2012（04）.
[4] 罗峥，郭德俊. 当代情绪发展理论述评 [J]. 心理科学，2002（03）.
[5] 徐小燕，张进辅. 情绪智力理论的发展综述 [J]. 西南师范大学学报（人文社会科学版），2002（06）.
[6] 许莉娅. 学校社会工作 [M]. 北京：高等教育出版社，2009.

医务社工核心能力培养模式探索

——以 C 机构为例

王林丽　李检阅*

摘　要： 医患关系紧张和医疗改革的推进给我国处于起步阶段的医务社会工作提供了发展的机遇，同时与高精尖团队的跨专业团队协作，对医务社工的能力也提出了更高的要求，明确医务社工的核心能力架构并加强对社工的培养显得尤其重要。本文采用问卷调查和焦点小组，建构出医务社工核心能力的三个层次十个指标，并围绕核心能力的培养需求，打造出“四阶五专”的培养模式，并以教育培训、个人提高、导师辅导和行动学习等多元方式相结合的方式确保培养目标的实现。

关键词： 本土医务社会工作；核心能力；培养模式；四阶五专

社会工作专业在中国承担着使传统社会福利合理化以及提供更有效的解决途径的使命①。习近平总书记指出，“要发挥社会工作的专业优势，支持广大社工、义工和志愿者开展心理疏导、情绪支持、保障支持等服务”。自社会工作在中国创立以来，医务社会工作就是其中至关重要且又浓墨重彩的部分。近年，随着医患关系的紧张和医疗体制改革的大幅度推进，医务社会工作的发展获得了极大的关注。2012 年，中央十九个部委联合出台《社会工作专业人才队伍建设中长期规划（2011—2020 年）》，明确了医务社会工作者是“卫生专业紧缺人才”，发展医务社工成为国家人才发展的战略规划。2017 年底数据显示，有 9 所医学院校开办医务社会工作专业。

2021 年 9 月国家卫生健康委和国家中医药管理局联合印发《公立医院高质量发展促进行动（2021—2025 年）》文件中提出，推动公立医院“以疾病为中心”向“以健康为中心”的转变，建立患者综合服务中心（窗口），推进健康管理、健康教育、疾病预防、预约诊疗、门诊和住院等一体化服务，形成公立医院医防融合服务新模式。建立健全医务社工和志愿者等医疗服务领域十项制度，医疗服务指标持续改善。做好医患沟通，完善医疗纠纷预防和处理机制。医务社会工作发展已迈上一个新台阶[1]。

---

* 作者简介：王林丽，湖北襄阳人，社会工作与社会学系讲师；李检阅，广东深圳人，2021 届社会工作专业硕士。

① 2007 年深圳《1 +7 文件》一院一社工配置试点岗位，2012 年中央十九个部委联合出台《社会工作专业人才队伍建设中长期规划（2011—2020 年）》，2021 年 9 月国家卫生健康委和国家中医药管理局联合印发《公立医院高质量发展促进行动（2021—2025 年）》，医务社工从启动进入到一个新台阶。

但是，医务社会工作发展的另外一个面向，即医务社会工作的本土经验积累以及医务社会工作者的服务能力培养，却远未达到理想状态。目前在医务社会工作者的培养上，采取以高校社会工作教育及实习阶段的培养为主、继续教育为补充的方式，此种培养方式在系统性、科学性和操作性上都有所缺失，导致在医疗环境下开展实务工作的过程中，出现社会工作者无法胜任工作的状况，社工的流失率也非常高，影响到专业服务的稳定性。同时在研究层面，对医务社会工作者在“角色扮演”“功能发挥”“任务完成”等主题的研究讨论上不够深入；且研究者多为高校老师，其研究主要围绕教学模式的探讨，缺乏基于实务实践者的视角。同时由于国情不同和文化习惯不同，西方的某些专业理念会和本土的风俗习惯产生冲突，西方的做法很难完全在本土照搬照用[2]。构建本土医务社会工作者核心能力培养模式很有必要。本文采用个案研究的方式，重点回应两个问题，一是本土医务社会工作者应具备的核心能力是什么；二是基于此核心能力体系，以什么样的模式开展人才培养，以适应医务社会工作发展的需要。

一、医务社工核心能力框架构建

核心能力即为专业胜任力，虽然各地医务社工随着发展的不同阶段有着不同的能力要求，但是医务社工的核心能力却是最为基础且至关重要的内容，是医务社会工作服务专业性的保障，因此对核心能力的科学性确认是医务社工人才培养绕不开的主题。结合医务社会工作成长需要，在梳理国内外文献中的医务社工胜任力框架的基础上，运用问卷调查和焦点小组法，对医务社工团队开展调研，从专业性和重要程度两个维度上对核心能力的指标体系进行甄选，并将结果向专家函询，通过专家和医务社工团队共同探索医务社工核心能力架构。

（一）研究对象与研究方法

1. 研究对象

C机构所在城市是2007年全国第一批社会工作试点城市，C机构以医务领域为重点发展领域，扎根医务领域十多年，是本市甚至全国无论从医务社工团队人数、还是扎根医务领域服务经验均是引领和模范机构，有165人医务社工团队，覆盖26家医院75个社区社康中心，也作为本市医务领域标准撰写统筹单位，撰写本市《医务社会工作服务指南》地方标准，行业共识为C机构扎根发展医务领域，是医务社工领域的领头羊。选择其作为研究对象具有典型性和代表性。

2. 研究方法

（1）文献法

通过查阅C机构提供的内部资料，了解C机构使命与目标、C机构服务提供标准与要求、医务服务的工作模式和内容。

（2）问卷法

本文采用整群抽样的方式，以C机构所有社工为样本，采用在线问卷的方法收集调查对象对医务社工专业性的了解和态度。最终有143人填写了在线问卷，产出143份有效问卷。该问卷由4大部分组成：第一部分是背景资料，包括调查对象的个人基本信息、持证和督导资格、工作岗位和年限等；第二部分包括两个主观题，其一是对医务社工专业性的看法，主要通过要求调查对象逐个填写出其认为医务社工领域最能体现专业性的五个方面，来了解对医务社工专业性的普遍认知；其二是对医务社工工作内容的看法，通过要求调查对象填写出三句他们介绍自己工作内容时可能会说的介绍语，来了解调查对象对自身工作内容的认知；第三部分由一个里克特量表组成，包含从文献中提炼出的27项医务社工专业核心能力，用来测量调查对象对这27项胜任力的重要性的看法；第四部分由一个量表组成，同情疲劳量表，这个量表将用于分析参与者对专业性的认知是否与他们在工作中产生的同情疲劳有关。

（3）焦点小组访谈法

为了进一步了解调查对象的工作内容和他们对专业性的看法，补充解释问卷调查中发现的现象，问卷调查结束后的两周之内，组织C机构25位参与者，分别参加了两场线上的焦点小组访谈。由于研究发生在新冠疫情期间，无法举行面对面的焦点小组，采用在线工具，邀请参与者同时在线，开展小组视频访谈。每个小组持续90分钟左右。在线访谈过程被录制保存，用于之后的文字转录。

（二）医务社工核心能力框架构建

对C机构医务社工核心能力框架的建构，兼具专家、学者和一线实务社工的视角，经历两个阶段，第一阶段，由专家和学者筛选出核心能力的关键指标，根据关键指标体系设计问卷；第二阶段，采用问卷法和焦点小组的方法，对C机构一线社工开展调研，进一步确认本土医务社工的核心能力的框架。

第一阶段，邀请本领域中富有经验的实务工作者和学者，成立医务社工核心能力研究小组，在梳理国内外相关文献、政策和医务社工团队岗位职责的基础上，以焦点小组的方式初步讨论筛选出医务社工所需具备的核心能力指标，整理汇总出医务社工可能需要具备的27项核心能力指标，设计问卷，分别面向医务社工团队和专家团队函询。

在问卷中提供的27项专业胜任力中，参与者认为所有胜任力都是重要的，重要性平均值均大于4（1为非常不重要，5为非常重要）。27项胜任力中重要性平均值大于4.5且排名前15的选项如表1所示：

表1 重要性排名前15的胜任力

关键词	具体胜任力	平均数	重要性（排名）
有效沟通	能熟练运用同理心、积极聆听等技巧与案主进行有效沟通	4.69	1
自主学习	自主参与培训学习，提升自身专业知识和技能，以配合工作的发展需要	4.68	2
专业方法	了解并能灵活运用社会工作个案、小组和社区工作的原则、方法和技巧	4.65	3

续表

关键词	具体胜任力	平均数	重要性（排名）
专业伦理	有伦理意识，遵守伦理守则，能够识别伦理困境并灵活地应对	4.64	4
个案评估	掌握从生理、心理、社会和医疗等多角度对案主进行评估的方法	4.61	5
人文理念	关注人类的福祉，尊重人的价值，尊重多元文化，贯彻以案主为中心的服务理念	4.57	6
个案管理	运用个案管理的方法和技巧，针对案主的不同需求和目标提供个性化的健康管理和干预方案	4.57	7
专业反思	保持对自身观念、感受与价值体系的觉察，并能在与案主互动的过程中进行识别和反思	4.54	8
医护合作	主动与医护人员沟通，联合医护人员为患者提供服务；与医护人员保持良好的互动，加强跨专业团队的合作	4.54	9
专业角色	能明确职业角色并保持职业界限	4.53	10
医疗知识	熟悉医疗系统与政策，掌握基本的医疗与健康知识	4.53	11
政策咨询	熟知法律条款和社会政策，为案主提供信息咨询，如经济援助、工伤补偿、就业政策等	4.52	12
医患沟通	增进医患沟通，为医护人员及案主提供情绪支持，通过合理合法的途径解决医患矛盾	4.51	13
行为测评与干预	了解如何使用专业工具对案主的行为进行观察、测量、鉴定、干预、评估	4.50	14
专业督导	遵循机构对专业督导的要求和安排，通过个体或团体督导提升专业技能，减低工作压力，促进自我反思和专业成长	4.50	15

为了进一步了解参与者的工作内容和他们对专业性的看法，补充解释问卷调查中发现的现象，召集25位参与者（专家、督导、主管、一线及在不同岗位类别）进行焦点小组访谈。通过调查问卷和焦点小组的方法收集调查对象对医务社工核心能力的了解和态度。

这15项胜任力中，除了行为测评与干预，其他都被参与者评选为最为常用的胜任力（至少20人选择了该胜任力为最常用胜任力）。另外，“熟知工作记录等文书的撰写规范和要求，按机构要求提交和保管各类文书”和“积极自主开展有助于身心健康的活动，做好压力和情绪管理，保持个人生活与工作的界限”，也被参与者评选为最为常用的胜任力。共有6项专业胜任力被参与者评选为较重要、较常用，但同时又较为缺乏，分别是：自主学习、政策咨询、专业方法、个案管理、医疗知识、案主评估。焦点小组的数据内容主要用于描述参与者对医务社工专业性的理解，并对出现频率较高的5项专业性进行了详细解释。

通过对医务社工人才队伍问卷调查、焦点小组所收集数据进行分析，再次咨询专家意见，梳理出C机构医务社工核心能力的架构及10项能力清单，并为如何使用和完善核心能力架构等方面提供具体的建议。参考核心能力的洋葱模型[3]，该模型将个体核心能力由内到外概括为层层包裹的结构，最核心的是理念，然后向外依次展开社会角色、知识、技能等。外层更易于培养和评价，内层相对难以评价和习得。据此，10项核心能力可如下图所示（图1）：

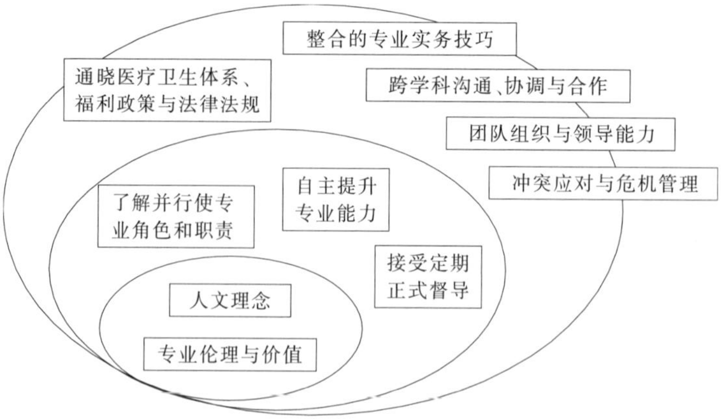

图1 医务社工核心能力洋葱模型

在该洋葱模型中，最里层的部分包含两个核心能力：人文理念；专业伦理与价值。中间层包含三个核心能力：了解并行使专业角色和职责；自主提升专业能力；接受定期正式督导。在表2中列出的重要核心能力中，与这三项相对应的有4项：自主学习、专业反思、专业角色、专业督导。最外层包含五个核心能力：通晓医疗卫生体系、福利政策与法律法规；整合的专业实务技巧；跨学科沟通、协调与合作；团队组织与领导能力；冲突应对与危机管理。在列出的重要核心能力中，与这三项相对应的有9项：有效沟通、专业方法、个案评估、个案管理、医护合作、医疗知识、政策咨询、医患沟通、行为测评与干预。医务社会工作10项核心能力描述如表2所示。

表2 医务社会工作10项核心能力描述

序号	核心能力名称	定义	补充说明
1	人文理念	关注人类福祉，尊重生命价值，尊重多元文化，贯彻“以案主为中心”的服务理念	多元文化包括但不限于年龄、性别、性取向、婚恋状况、民族、籍贯、户籍、国籍、学历、职业和语言等
2	专业伦理与价值	高度认同社会工作价值观，有伦理意识，遵守伦理守则，能够识别伦理困境并灵活应对	了解《C市社会工作者守则》《社会工作者职业道德指引》《C市社会工作伦理指南》等伦理规范
3	通晓医疗卫生体系、福利政策与法律法规	了解我国现行的医疗福利法和医疗保健体系等，熟悉与医务相关的法律法规	了解《中华人民共和国基本医疗卫生与健康促进法》等；社保政策：养老、失业、医疗、工伤和生育；水滴筹等筹款平台相关规定。为案主提供信息咨询和资源转接，如经济援助、工伤补偿、就业政策等
4	了解并行使专业角色和职责	了解医务社工的角色和职责并保持职业界限；了解并履行所在机构的工作要求	明白工作岗位的职责。职业界限：与病患保持应有的距离，不与其建立朋友或以上的私人关系；不收病患赠予的贵重礼物；避免与工作无关的私人接触；结案后不主动联系等

续表

序号	核心能力名称	定义	补充说明
5	整合的专业实务技巧	综合运用现有的科学理论和技能，为有需要的群体提供有效的专业服务	包括熟知专业理论和科学知识，包括医务知识，利用可行的、有效的专业技巧，对有需要的个人、群体和社区提供需求/问题评估、干预/介入、效果评估/测量等服务
6	冲突应对与危机管理	处理发生在医护群体、病患群体，以及医患之间各类冲突和危机的能力	除了冲突和危机发生后的及时干预，也包括冲突和危机发生前的教育和预防
7	跨学科沟通、协调与合作	理解并参与多学科的团队合作模式，加强跨专业团队的沟通与合作	其他学科如医学、护理学、营养学、心理学、公共卫生和公关管理等；跨专业团队包括但不限于医生、护士、心理咨询师以及驻点的领导和其他同事
8	团队组织与领导能力	包括带领团队、管理志愿者、组织社区活动等方面的能力	志愿者管理包括志愿者的招募、甄选、培训、分配、协调、稳固和团队建设
9	接受定期正式督导	通过个体或团体督导提升专业技能、解决工作困惑、缓解工作压力，促进自我反思和专业成长	理解和认同督导的意义；积极完成督导任务；督导过程中主动参与、互动讨论；按时完成督导布置的口头和书面作业，及时预习和复习
10	自主提升专业能力	在实践中识别和反思专业知识与技能的运用，根据自身需求，积极参与专业学习活动	专业学习活动形式多种多样，包括但不限于阅读书籍、专业杂志和公众号等，并积极投稿、参与讲座、会议、网课和工作坊等专业交流

三、医务社工核心能力的培养模式

（一）核心能力培养模式

机构根据人才队伍结构构成、结合岗位服务需求，以教育培训（Training）、个人提高（self－Arise）、导师辅导（Coaching）、行动学习（Task assignment）相结合的方式，将机构人才划分为入门阶、初阶、中阶及高阶等四个阶段分类进行差异化分类分阶培养，在“四阶培养”中以“人文理念”和“伦理价值观”为培养重点、其他为辅助的培养内容；对应机构发展规划及重点工作领域，培养专业型社工人才，开展项目创新营、项目经理营、实务技能营、宣传达人营、专业研究营等五大专项能力培训，“五专培养”中以“了解并行使专业角色和职责”“自主提升专业能力”“接受定期正式督导”为主要形式，其他为辅助的培养内容；针对标准体系和素质保障方面的培养中，以“政策法规”“整合技巧”“协调合作”“组织领导”“冲突危机”为常态化，熟悉并掌握相应内容。

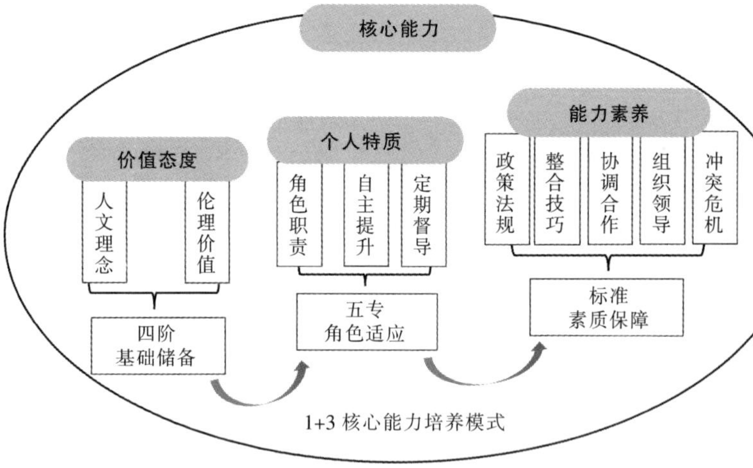

图 2 "1+3"核心能力四阶五专模式

1. 四阶培养

（1）入门阶：新员工启导。对机构入职三个月以内的新员工，通过入职启导 + 岗位培训 + 带教计划 + 暖心咖啡馆 + 任务实践 + 考核验收，加强新员工的人文理念、伦理价值、工作态度、团队归属、专业知识等，提升新入职员工在实务中对人文理念和伦理价值、机构行政管理流程、岗位环境熟悉度等方面的学习认知，具体内容及方式如下（见表 3）：

表 3　入门阶培养内容及方式

序号	形式	内容及任务	培养方法	培训时长	跟进负责人
1	入职启导	具体内容：服务岗位概况贯宣（专业伦理价值、医院人文理念、岗位性质、服务时限、服务内容、服务对象、工作流程、工作环境、工作团队、利益相关方、岗位工作及纪律要求等） 体系建设任务：各团队负责人根据岗位工作性质整理本岗位入职启导基础手册	讲授、现场参观、文献学习	入职一周内 16 学时	人事/团队负责人
2	新员工线上课程	具体内容：机构文化、医院人文、社会工作伦理价值观、机构行政管理基本流程（PDF）、社会工作三大手法通用模式的学习及培训 体系建设任务：整理、制作、整合线上线下课程资料包：如机构宣传片、医院官网、社会工作伦理价值观（微课）、行政管理基本流程（PDF）、财务报销基本流程（PDF）、社会工作三手法通用模式（微课）	员工启导手册、新员工启导资料包、钉钉网络微课学习	入职两周内 16 学时	领域人才培养组跟进及收集答卷
3	带教计划	具体内容：根据岗位实际情况，由团队负责人选派老员工一对一进行结对，开展机构融入、专业服务、机构管理等方面的朋辈督导 体系建设任务：带教工作指引	老带新师徒督导形式，完成试用期任务清单，通过试用期考核	入职三月内岗位带教	团队负责人、朋辈督导

续表

序号	形式	内容及任务	培养方法	培训时长	跟进负责人
4	暖心咖啡馆	具体内容：定期开展新员工茶话会，贯宣机构文化，体现机构人文关怀，加强新员工的团队归属感 体系建设任务：茶话会流程指引	暖心咖啡馆	入职三个月内2次	同工委员会
5	新员工任务实践	具体内容：团队负责人根据任务清单模板确定新员工任务，新员工根据任务清单以实践逐步提升能力 体系建设任务：试用期任务清单（工作与人待定）	任务实践	入职三个月岗位梳理	团队负责人
6	考核和评估	具体内容：团队负责人根据新员工考试结果、日常表现、任务完成清单等对新员工进行综合考核和评价。 体系建设任务：题库建设、新员工考评表	考试、评估	入职三个月内	团队负责人

（2）初阶：领域社工通用能力培养。对一线医务社工，以线上课程＋面授课程＋督导支持＋读书会/分享会形式，通过社会工作三大工作手法实务技能、专项领域服务政策及工作流程培训，提高通用知识及实务技能方面的学习及能力，同时根据医务领域核心能力要求开展面授课程，结合地域区域送课程到区域服务点，具体内容及方式如下（见表4）：

表4 初阶培养内容及方式

序号	形式	内容及任务	培养方法	培训时长	跟进负责人
1	线上课程	具体内容：强化医务社工专业伦理价值观和医院人文理念任务 体系建设任务：相关视频课程准备	采取知识点讲解，案例分享，现场实操及考核的方式	4学时	领域人才培养组
2	基础知识板块—线上课程	自主学习内容：根据领域服务特点专项领域服务政策及工作流程；任务：完成专项服务政工作流程课程 体系建设任务：课程清单制定以及课程大纲、课件审核	知识点讲解，案例分享，现场实操及互动	4学时	领域人才培养组
3	实务技能板块—线上课程	自主学习内容：根据服务领域特点，参加领域专项实务技能培训 体系建设任务：课程清单制定以及课程大纲、课件审核	知识点讲解，案例分享，现场实操及互动	4学时	领域人才培养组
4	督导支持	具体内容：督导人员通过示范、现场督导、个别督导、团体督导、朋辈督导等方式促进团队成员能力的提升 体系建设任务：督导工作任务清单	示范、个别督导、团体督导、朋辈督导	每月一次	督导
5	团队读书会/分享会	具体内容：督导定期组织读书会/分享会的形式促进团队成员的自我学习和知识分享 体系建设任务：督导工作任务清单	分享及互动	定期举行	督导

（3）中阶：梯队人才技能提升培训。针对中层及梯队人才团队，以提升中层团队、团队梯队人员新管理人员启导＋管理人员网络课程＋中层及梯队人才训练营＋带教计划＋管理人员任务实践考核和评估的形式，通过团队行政管理技能、团队专业管理技能的培训，提升专业技能及团队管理的能力，具体内容及方式如下（见表5）：

表5　中阶培养内容及方式

序号	形式	内容及任务	培养方法	培训时长	跟进负责人
1	新管理人员启导	具体内容：管理人员伦理价值观和机构人文理念角色与职责定位、管理方法、团队任务、团队支持等 体系建设任务：新晋管理人员指南	讲授、现场参观、文献学习	8学时	人事
2	线上课程—管理人员网络课程	具体内容：管理人员登录钉钉网络课堂，学习各类管理知识 体系建设任务：钉钉网络课程	线上课程 8学时	8学时	人事
3	面授课程—中层及梯队人才训练营	具体内容：提升团队行政管理及专业管理技能开展线上＋线下培训课程16学时 体系建设任务：课程清单制定以及课程大纲、课件审核	线下培训课程 16学时	4学时	领域人才培养组
4	带教计划	具体内容：根据岗位实际情况，由督导一对一进行结对，开展机构管理、团队管理等方面的朋辈督导 体系建设任务：带教工作指引	老带新师徒督导形式，完成试用期任务清单，通过试用期考核	入职三月内	团队负责人
5	管理人员任务实践	具体内容：督导根据任务清单模板确定管理人员任务，管理人员根据任务清单以实践逐步提升能力 体系建设任务：管理人员任务清单（工作与人待定）	任务实践	一年内	领域人才培养组
6	考核和评估	具体内容：督导根据管理人员考试结果、日常表现、任务完成清单等对管理人员进行综合考核和评价 体系建设任务：题库建设、管理人员考评表	考试、评估	一年内	团队负责人

（4）高阶：高级管理人员提升培训，针对机构高级管理人员，以线上/线下专题课程＋自我学习＋行动学习＋分享会等形式，通过督导能力、机构战略能力、领导力、机构管理等培养，提升高级管理人员的督导、战略、领导力。具体内容及方式如下（见表6）：

表6 高阶培养内容及方式

序号	形式	内容及任务	培养方法	培训时长	跟进负责人
1	新督导启导	具体内容：督导人员专业伦理价值观和医院人文理念、团队情况、工作重点等 体系建设任务：督导工作清单	讲授、现场参观、文献学习	4学时	人事
2	面授课程—督导训练营	具体内容：开展督导专题能力培训 体系建设任务：课程清单制定以及课程大纲、课件审核	线下培训 课程16学时	8学时	人事
3	督导支持	具体内容：通过示范、现场督导、个别督导、团体督导、朋辈督导等方式促进团队成员能力的提升	示范、个别督导、团体督导、朋辈督导	每月一次	领域
4	行动学习小组	具体内容：将督导根据各自兴趣，分为不同行动小组，通过行动研究的方式，促进督导成果的深化 体系建设任务：管理人员任务清单（工作与人待定）	任务实践	一年内	领域
5	督导分享会	具体内容：定期组织对特定主题的讨论，以促进大家的自我学习以及相互交流 体系建设任务：主题清单	分享会	一年内	领域

2. 五专技能人才的培训

（1）项目创新营：结合个人特质及角色定位，对有兴趣参与的社工，通过面授课程＋行动学习＋定期督导＋专项大赛的形式，提升专项人才项目设计和创新能力，具体内容及方式如下（见表7）：

表7 项目创新营培养内容及方式

序号	形式	内容及任务	培养方法	培训时长	跟进负责人
1	项目创新营	具体内容：引入外部优秀讲师，开展项目创新及优化课程，提升培训人员在项目创投及开发方面的能力 体系建设任务：课程清单制定以及课程大纲、课件审核	知识点讲解，案例分享，现场模拟及项目实操	4学时	项目部
2	导师指导	具体内容：导师根据分组情况分别运用私董会以及个别指导结合的方式优化项目	私董会、个别指导	4学时	项目部
3	项目大赛	具体内容：通过项目大赛的方式，提供平台给社工，以提升项目整体的设计、路演成效	项目路演	4学时	项目部

（2）项目经理营：结合个人特质及角色定位，针对项目经理，以面授课程＋导师指导＋定期督导＋行动学习形式，提升项目经理的项目管理及执行能力。具体内容及方式如

下（见表8）：

表8 项目经理营培养内容及方式

序号	形式	内容及任务	培养方法	培训时长	跟进负责人
1	项目经理营	具体内容：培养项目经理人在项目进度、执行、财务、成效管理方面的能力，具备独自带领项目工作的能力 体系建设任务：课程清单制定以及课程大纲、课件审核	知识点讲解、案例分享、现场模拟及项目实操	8学时	项目部
2	导师指导	具体内容：导师根据分组情况分别示范以及用个别指导的方式指导项目经理培养对象	示范、个别指导	4学时	项目部
3	行动学习	具体内容：项目经理人通过实战来提升项目管理能力	实战+分享会	一年	项目部

（3）实务训练营：结合个人特质及角色定位，针对感兴趣的社工，以面授课程+观摩学习+定期督导+行动学习形式，提升前线社工的具体实务手法的运用能力，具体内容及方式如下（见表9）：

表9 实务训练营培养内容及方式

序号	形式	内容及任务	培养方法	培训时长	跟进负责人
1	实务训练营（三个主题）	具体内容：发挥督导专业实务特长，培养一批实务技能运用社工骨干，专项实务技能训练 体系建设任务：实务主题确认、课程清单制定以及课程大纲、课件审核	工作坊	8学时	领域人才培养组
2	导师示范	具体内容：以导师负责带领服务，社工担任助教的方式，促进社工在观察中反思手法的运用	示范、观察	4学时	负责督导
3	行动学习	具体内容：社工需要将所学手法用于服务中，导师协助指导，促进社工的专业服务产出（如项目研发、文章、实践反思、案例等）	实战+分享会+成果产出	一年	负责督导

（4）宣传达人营：结合个人特质及角色定位，针对感兴趣的社工及行政人员，以面授课程+定期督导+行动学习的形式，提升前线社工或行政辅助人员的宣传推广能力，具体内容及方式如下（见表10）：

表10 宣传达人营培养内容及方式

序号	形式	内容及任务	培养方法	培训时长	跟进负责人
1	宣传达人营	具体内容：开展新媒体网络平台宣传渠道及工具的学习及运用，提升宣传影响力 体系建设任务：课程清单制定以及课程大纲、课件审核	线上/线下课程	8学时	品宣部
2	行动学习	具体内容：参与人员需要将宣传方法用于服务中，通过定期督导形式，结合机构活动（各类大赛、主题活动等），促进宣传成果质量的提升（如抖音作品、海报、微电影、视频制作等）	实战+成果产出	一年	品宣部

（5）专业研究营：结合个人特质及角色定位，针对感兴趣参与的社工，以面授课程+行动学习+定期督导+系列大赛的形式，提升前线社工的服务研究能力，具体内容及方式如下（见表11）：

表11 专业研究营培养内容及方式

序号	形式	内容及任务	培养方法	培训时长	跟进负责人
1	专业研究营	具体内容：深化社工服务专业性，提炼总结服务经验，开展案例撰写、专业文章写作指导等工作，提升机构专业服务整体水平 体系建设任务：课程清单制定以及课程大纲、课件审核	线上/线下课程	4学时	领域研究组
2	行动学习	具体内容：形成专业文章、课题研究、案例、书籍等工作组，社工可参与不同工作组以实践提升能力	行动小组、成果展示	一年	领域研究组
3	导师指导	具体内容：导师根据分组情况分别运用私董会以及个别指导结合的方式优化项目	私董会、个别指导	4学时	督导
4	案例大赛	具体内容：通过案例大赛的方式，提供平台给社工，以提升对服务的提炼和反思能力	项目路演	2学时	领域人才培养组

（二）监测评估

为确保和检验核心能力培养模式的成效，C机构建立了相应的监测机制，通过过程监控不断对培训内容和方式进行调整。通过成效评估，科学检测培养成效。

1. 过程监测

（1）常规监测

常规及专项工作安排，100%常规工作执行定岗定人定责，例会汇报，按季度检视各项工作的执行情况，组织部门专员及其他相关人员参与管理会议，检讨该项工作的完成情况，90%按专项工作安排执行，并听取各位参会人员的建议，制定改进计划，10%经过提醒按计划执行，且未按时执行的原因多为负责人或团队重要成员异动。

（2）胜任力评估

根据参加者填写的《胜任力评估表》，前后测对比（加粗为前测，非加粗为后测），总共回收评估表格 126 份。统计结果如下（见表 12）：

表 12　胜任力评估表前后测结果

培养能力类别	1 分	2 分	3 分	4 分	我不知道
人文理念、伦理价值			**58%**	92%	
角色职责			**58%**	75%	
自主提升、定期督导		**46%**		75%	
政策法规		**65%**	54%		
整合性技巧			**50%**	58%	
协调合作、组织领导		**42%**		54%	
冲突危机		**58%**	58%		

从上表前后测的对比中可以看出：

① 每个测评项目在标准课完成后都提高了至少一个分值。其中，参加者对自主提升、定期督导和协调合作、组织领导通过培养提高了两个分值。参加者对其他核心能力方面均有提升至少一个分值。

② 前测中出现了 27 人次“我不知道”，在后测中则完全没有出现了。说明参加者经过培养的部分内容填补了空白。

③ 根据带教时参加者的现场反应，以下几点被反复提及：

课程非常实用；

课程练习中用到的例子非常贴合实际工作；

对过往知道，或者听说过的概念有了切实的体会，例如同理心、积极聆听、回应技巧。

2. 成效评估

（1）培养满意度评估

通过发放培养意见反馈表，95% 以上的参与人员对培训的评价为满意或非常满意，93% 的参与人员对培养模式提升团队综合素质水平打分为 90 分以上。

（2）人才培养目标达成分析

通过评估队伍建设情况，领域共带教 59 名新社工，带教率 100%，95% 以上的新社工经过培养带教可以在 3 个月内独立开展大部分工作；选拔并培养储备外派督导 6 名，100% 参与了学习打卡、个人成长计划，执行率达到 90% 以上；新晋升 5 名管理人员；领域开展自办培训 24 场，总学时 98，234 人次，平均满意度为 97. 1%；梳理领域标准共计 18 份，其中通识标准 4 份，项目工作手册 6 份，病科标准 8 份，其中查房标准进行了领域宣讲、试用、正式使用；领域新开发 25 门课程，其中线上课程 9 个，线下课程 16 个；标准课培养讲师 7 名，个案标准课转训 20 余次。持证情况由 66% 到 77%，增长 11 个点。人才培养目标达成。

（3）人才培养产出及成果分析

通过搜集人才培养的成果产出，评估人才培养的知识转化情况有发表文章 9 篇，媒体报道9篇，获奖39个，达成人才成果目标。

3. 核心能力评价与考核

核心能力的概念从诞生之初，就与工作的绩效考核是挂钩的。通过评判员工是否掌握核心能力，可以得知其是否能高效地完成工作，满足工作要求和机构期待。因此，核心能力的评价与考核也是在使用核心能力架构中不可或缺的一个内容。胜任力评价与考核从以下几个方面开展：

（1）工作状况

核心能力的考核重点是员工是否能高效地完成工作。因此，机构对于员工的工作指标和绩效考核可以成为核心能力考核的重要方面。内容包括员工是否完成机构的培训、是否达到服务指标、服务成效如何、服务对象的满意度如何等。

（2）督导/主任反馈

督导或者主任可以根据员工的工作表现和报告进行评估。这种方法的优势在于它速度快，但缺点是其结果仅代表少数个人的观点。督导/主任反馈可以发生在定期的督导会面中，也可以作为年底工作回顾中的一项内容。

（3）自我评估

自我评估是一种重要的反思工具，它使个人能够根据一些具体行为指标或工作成果的能力列表对自己的工作情况进行评估。这种方法的优点是速度快，数据的收集或分析不需要花费太多时间和人力。缺点是结果不一定特别准确，因为该数据仅仅反映了某一个人的观点；样本量小，过于主观。自我评估的方式包括撰写书面个人总结、进行口头工作汇报等。

四、结语与思考

在医务社会工作还处于初级发展阶段的时代，专业上的发展根本上是人员的稳定和人才的培养。本文在对C机构医务社工团队10项核心能力模型建构的基础上，探索人才培养模式，此模式精准培养医务社工胜任力，储备和发展领域战略所需人才，人才培养模式对领域发展的未来非常重要。

（一）培养模式的推广性

1. 医务社工领域的适用性

本培养模式适用于C机构以外的医务社工团队，特别是对医务领域新入职社工，可以依托核心能力指标知道做些什么或者参加哪些培养让自己快速成长，具备胜任岗位的工作能力，也可以向合作的医务团队解释说明自己工作职责内容，医务核心能力培养模式可以指导社工的实践，快速有效地掌握核心能力，以向其他专业人员解释说明其专业性，提高专业认可度和团队合作性。同时，对机构和医疗单位来说，核心能力也是其考核指标，可更好地监测其岗位胜任力情况。因此，对C机构以外的医务社工团队培养有重要的借鉴意义。

2. 其他领域的借鉴适用性

本培养模式是依托核心能力进行建构的，培养模式中的“价值态度”是人文理念和价值伦理，与其他领域具有相通性，“个人特质”是角色职责、自主提升专业能力、定期接受督导，其不同是领域间的服务对象特点不同，但可以按照这个框架梳理相应领域的角色和职责、自主能力方向以及督导经验等，“能力素养”是政策法规、整合技巧、协调合作、组织领导、冲突危机，其中“政策法规”是以本领域重点内容和关键信息为指导，其他四项在本领域流程的基础上，是可以借鉴使用的。因此，本培养模式对其他领域也有一定的借鉴适用性。

（二）培养模式实施保障条件

核心能力的掌握需要进行长期的培养和训练。在确定核心能力架构之后，可在机构内利用各种方式进行教育和培养。除此之外，还需要将核心能力的培养融入入职与在岗培训、工作手册和规范、考核和督导等各个方面。核心能力培养模式的有效实施，需要在一定前提的基础保障条件下进行。

（三）未来期望及更新

期望在总结和反思的过程和结果的基础上，未来研究可对此做进一步的修正和补充。核心能力架构需要及时查漏补缺，争取每年复查，力求与时俱进。形式包括开展经验总结会和分享会，或定期更新政策解读和资源网络等，详见如下（见表 13）：

表 13　核心能力培养、考核与更新

核心能力	培养模式	考核	更新
1. 人文理念	案例分析和讨论	自我反思	持续更新
2. 专业伦理与价值	资料研读 案例分析和讨论	自我反思	持续更新
3. 通晓医疗卫生体系、福利政策与法律法规	科普讲座 政策法规手册 社区资源手册	服务成效	持续更新
4. 了解并行使专业角色和职责	入职手册 入职培训	督导反馈	持续更新
5. 整合的专业实务技巧	标准课	服务成效	持续更新
6. 冲突应对与危机管理	标准课 案例分析和讨论	服务成效	继续教育 经验总结/分享
7. 跨学科沟通、协调与合作	向医护等科普社工工作 向社工科普医护工作 案例分析和讨论	服务成效 督导反馈 自我反思	经验总结/分享
8. 团队组织与领导能力	标准课 讲座	自我反思 服务成效	持续更新

续表

核心能力	培养模式	考核	更新
9. 接受定期正式督导	个体督导与小组督导	督导反馈 自我反思	持续更新
10. 自主提升专业能力	阅读书籍、杂志、文章 听讲座 上网课 与同事和同行讨论	自我反思	持续更新

参考文献：

[1] 唐宁. 中国社会工作持证者的专业性调查［J］. 社会与公益，2018（05）.

[2] 张一奇，马凤芝，范斌. 建立我国医务社会工作行业标准的现实基础和行业需求［J］. 中国社会工作，2019（36）.

[3] 董云芳. 社会工作专业人才职业胜任力模型分析［J］. 华东理工大学学报（社会科学版），2011（05）.

[4] 王卫平，肖慧欣. 医务社会工作专业教学课程设置探讨［J］. 福建医科大学学报（社会科学版），2012（01）.

[5] 刘斌志，符秋宝. 论医务社会工作者的核心能力及培育策略［J］. 重庆工商大学学报（社会科学版），2018（05）.

[6] 李敏，范艳存，乔婷婷，甘晓芳，王磊. 医务社会工作专业人才岗位核心能力模型初探［J］. 内蒙古师范大学学报（教育科学版），2018（08）.

医务社工项目落地过程中多元主体的博弈关系研究

张苗玲　梁舒悦*

摘　要："搭心桥 点亮光"项目是在T市卫健委的出资下设立的当地第一个医务社工项目，是江苏省发展医务社会工作的一个重要组成部分，旨在促进医患关系良性发展，改善医疗服务环境，提升患者就医体验。本文以博弈论视角研究医务社会工作，分析医务社工项目在科室落地和运营过程中的互动博弈，进而提出对应的行动策略：① 建立"约束"机制或者"契约"；② 扮演多重服务角色；③ 适当"妥协"；④ 保持"独立"。医务社工采取众多策略，与医护人员和患者及其家属逐渐增进了解，拉近距离，进而建立充满信任的专业关系，从而推进项目的执行。

关键词：医务社会工作；博弈论；合作博弈；实体关系

一、研究背景

医务社会工作发展到今天已经有100多年的历史。在英国、美国等发达国家，医务社会工作者已成为现代健康照顾体系中不可缺少的重要部分。目前，江苏省的医务社会工作发展尚处于初级阶段。2009年，张家港市第一人民医院设立社工部，江苏省开始走上医务社会工作的探索之路。

T市是江苏省县级市，"搭心桥 点亮光"娄城医患关系正向促进试点项目是T市卫健委出资的该市第一个医务社工项目，由Y社工服务研究中心执行，旨在促进医患关系的正向建设，从而促进其和谐发展，最终造福多方。笔者于2018年3月至2018年8月在Y社工机构进行专业实习，负责"搭心桥 点亮光"娄城医患关系正向促进试点项目在D医院的落地和运营。在实习期间，笔者与医院、科室、病人及家属等多方接触，对医务社会工作者如何介入医院有较深的感受。本文通过多种方法去了解与这些研究对象相关的信息，分析他们的互动和博弈，梳理行动策略和可能导致的行动结果，以及对象做出选择和行动之时背后的心理活动和利益等内容。

---

* 作者简介：张苗玲，安徽安庆人，2019届社会工作专业硕士研究生；梁舒悦，湖南株洲人，2021级社会工作专业硕士研究生。

二、医院场域中多元主体的博弈互动图景

“搭心桥 点亮光”娄城医患关系正向促进试点项目包含专业服务（医务个案工作、医务小组工作）和常规服务（手工活动、节日活动、病友生日会、科室影院和医务社工宣传周等）。医院场域内，医务社工要开展以上活动，必然与医护人员、患者及其家属接触频繁，他们之间会产生持续的互动，每次的互动都是一个博弈过程。

（一）医务社工与医护人员的博弈互动图景

在某种程度上，医务社工进入科室，与医护人员之间的“斗争”可视为一种“囚徒困境”。在这个过程中，他们做出的行为就是他们的行动，他们的想法就是他们的策略。而最终，不管他们合作与否，所产生的后果就是博弈的结果，也就是收益函数。这些要素构成了一个完整的博弈。“囚徒困境”下，每个参与者都寻求利益最大化。但是项目周期较长，拥有完整的过程，因此这是一个重复的囚徒困境。医务社工和医护人员并非完全对立的两个主体，他们的利益包含竞争和合作的因素，有互补的部分，他们之间的博弈属于非零和博弈。因为在重复的博弈中，每个行动者（医务社工、医护人员）都可以根据上次博弈的后果选择下一次的行动策略，因此，多次博弈后，双方可能慢慢“妥协”，不断趋向合作。

分析医务社工与医护人员博弈模型的基本条件。首先，该博弈互动图景有两个参与主体：A 和 B，其中 A 为医务社工，B 为医护人员；针对致力于患者身心健康或医护人员的减压排忧等素质拓展活动时，每个参与主体可以有两种选择策略：合作和不合作（合作即双方配合，共同参与到服务之中，不合作即拒绝参与，不配合等）。而博弈结局又被称为支付函数或者收益函数，每一个参与主体都会得到各自的“得失”，其收益是所有参与者各自选择策略的共同作用的结果。[1]在本研究中，为了表达清晰，假设没有其他影响因素，每一次博弈会产生不同的收益 P_1，医务社工的收益为 $P(a)$，医护人员的收益为 $P(b)$，其公式为：

$$P_1 = P(a) + P(b)$$

医务社工与医护人员采取不同的策略，会得到不同的收益。

① 假设医务社工采取不合作策略，撇开医护人员独立开展服务，医护人员也采取不合作策略，不参与或者阻拦医务社工的服务，只对疾病本身负责，在这种情况下，医务社工可得到收益 $P(a)=8$，医护人员得到收益 $P(b)=8$。

② 医务社工采取不合作策略，不与医护人员沟通，也不寻求帮助，而医护人员采取合作策略，主动参与和帮助医务社工开展服务，在这种情况下，医务社工可得到收益 $P(a)=5$，医护人员可得到收益 $P(b)=15$。

③ 医务社工采取合作策略，主动与医护人员沟通，寻求他们的帮助，而医护人员采取不合作策略，不参与或者阻拦医务社工的服务，只对疾病本身负责，在这种情况下，医务社工可得到收益 $P(a)=15$，医护人员得到收益 $P(b)=5$。

④ 医务社工采取合作策略，医护人员也采取合作策略，主动参与和帮助医务社

工开展服务，在这种情况下，医务社工可得到收益 $P(a)=10$，医护人员得到收益 $P(b)=10$。

医务社工与医护人员的博弈分析如下：表1表示静态博弈下A和B的收益函数，A_1 与 A_2 是A的两种可能策略，而 B_1 与 B_2 是B的两种可能策略，图1中每一个格子表示对于A、B的一个策略组合的收益函数组合，每格中第一个数字表示A的收益函数，第二个数字表示B的收益函数，由此可知：

当B选择合作策略时，A若选择不合作策略，A可得15因为 $15>10$；B选择不合作策略，A肯定选择不合作策略（因为 $8>5$）。因此，不合作策略就是A的占优策略。同理可知B参与者的占优策略也是不合作策略。由此可以得出，双方博弈的结果是在这一对策略组合下达到所谓的占优策略均衡。但是医务社工和医护人员这种在理性不合作中追求自身利益最大化，却导致了对整个项目而言最坏的结果，陷入一次性博弈的困境。

在一次性博弈中，博弈的双方往往存在侥幸心理，只为自己谋求利益。在重复的博弈行为中，医务社工和医护人员可以从上次博弈结果中权衡利弊，预测对方可能采取的行动策略，他们也需要在反复的、多次的交锋中建立各自的专业形象和权威。在后续的多次博弈里，在为患者及家属提供服务的过程中，医务社工发现如果没有医护人员的配合和帮助，自己以外来人员的身份较难获得患者及其家属的信任，几乎不可能得到医院系统内的与患者相关的权威资料。而医护人员在后续的疾病治疗和护理中，发现医务社工更擅长处理一些非生理或病理的问题，而这些问题的妥善解决，能为他们减轻压力，为医院提高声誉。因为不是零和博弈，在经过多次博弈后，以上主体会分析每次博弈的结果，从而权衡得失与利弊。这时基于种种考量，医务社工和医护人员往往都会采取“妥协”的策略，在互相试探中逐步走向合作，实现他们共同利益的最大化和“共赢”结果，从而走出一次性博弈的困境，迈向崭新的良好局面。

表1　A和B的博弈支付函数

		A	
		不合作(A_1)	合作(A_2)
B	不合作(B_1)	8，8	15，5
	合作(B_2)	5，15	10，10

（二）医务社工与患者及家属的博弈互动图景

医务社工与患者及其家属之间的“拉锯”也可视为一种“囚徒困境”。医务社工和患者及其家属同样不是完全对立的两个主体，他们的利益也包含竞争和合作的因素，他们之间的博弈同样可以视为非零和博弈。在重复的博弈中，每个行动者（医务社工、患者及其家属）都可以根据上次博弈的后果选择下一次的行动策略，双方同样可能慢慢“妥协”，不断趋向合作。

医务社工与患者及其家属博弈模型的基本条件与上文分析类似，除了参与主体之一有所变化。此处两个参与主体：A和C，其中A为医务社工，C为患者及其家属。

医务社工与患者及其家属博弈模型的基本条件。首先也是两个参与主体：A 和 C，其中 A 为医务社工，C 为患者及其家属；其次，每个参与主体可以选择两种行动策略：合作策略和不合作策略；而博弈结局是每一个参与主体都会得到各自的收益函数，其收益函数是所有参与者各自选择策略的共同作用的结果。此处与上文类似，再次假设没有其他影响因素，每一次博弈会产生不同的收益 P_2，医务社工的收益为 $P(a)$，患者及其家属的收益为 $P(c)$，其公式为：

$$P_2 = P(a) + P(c)$$

医务社工与患者及其家属采取不同的策略，会得到不同的收益。

① 假设医务社工采取不合作策略，拒绝为患者及其家属提供服务，或者不顾实际情况，强行“逼迫”患者及其家属参与活动，患者及其家属也采取不合作策略，不参与或者排斥医务社工的服务，在这种情况下，医务社工可得到收益 $P(a)=8$，患者及其家属得到收益 $P(c)=8$。

② 医务社工采取不合作策略，拒绝为患者及其家属提供服务，或者不顾实际情况，强行“逼迫”患者及其家属参与活动，而患者及其家属采取合作策略，渴望得到适宜的专业服务，在这种情况下，医务社工可得到收益 $P(a)=5$，患者及其家属得到收益 $P(c)=15$。

③ 医务社工采取合作策略，主动与患者及其家属沟通，提供合适的服务，而患者及其家属采取不合作策略，不参与或者阻拦医务社工的服务，在这种情况下，医务社工可得到收益 $P(a)=15$，患者及其家属得到收益 $P(c)=5$。

④ 医务社工采取合作策略，患者及其家属也采取合作策略，双方沟通畅通、良性互动，医务社工为患者及其家属提供合适的专业服务，患者及其家属渴望医务社工的介入和帮助，在这种情况下，医务社工可得到收益 $P(a)=10$，患者及其家属得到收益 $P(c)=10$。

医务社工与患者及其家属的博弈分析如下：表 2 表示静态博弈下 A 与 C 的收益函数，A_1 和 A_2 是 A 的两种可能行动策略，而 C_1 和 C_2 是 C 的两种可能行动策略，表 2 中每一个格子表示对于 A、C 的一个行动策略组合的收益函数，每格中第一个数表示 A 的收益函数，第二个数表示 C 的收益函数，由此可知：

当 C 选择合作策略时，A 若选择不合作策略，A 可得 15 因为 $15>10$；C 选择不合作策略，A 肯定选择不合作策略（因为 $8>5$）。因此，不合作策略就是 A 的占优策略。同理可知 C 参与者的占优策略也是不合作策略。由此可以得出，双方博弈的结果是在这一对策略组合下达到所谓的占优策略均衡。但是医务社工和患者及其家属这种在理性不合作中追求自身利益最大化却导致了整个项目而言最坏的结果，陷入一次性博弈的困境。

在一次性博弈中，博弈双方往往存在侥幸心理，只为自己谋求利益。在重复的博弈行为中，医务社工与患者及其家属都可以从上次博弈结果中权衡利弊，预测对方可能采取的行动策略，他们也需要在反复的、多次的交锋中保持各自的“地位”。

在后续的博弈中，在为患者及其家属提供服务的过程中，医务社工发现如果他们大多数排斥或者不配合，自己很难接近他们，无法提供服务，这可能导致无法完成任务量等负面后果。而一些态度不佳的患者及其家属发现医务社工为其他病友提供了良好服务，帮其他人解决了某些困难，某些患者获得了实实在在的“好处”。而这些“好处”刚好是这些患者也需要的，或者想要得到的，他们的态度可能发生转变，也希望得到医务社工的帮助。这些改变可能是缓慢的、充满试探的，也可能是直截了当的。因此，医务社工和患者及其家属会采取“妥协”策略，在互相试探中逐步走向合作，实现共同利益的最大化和“共赢”的结果。

表 2　A 和 C 的博弈支付函数

		A	
		不合作(A_1)	合作(A_2)
C	不合作(C_1)	8，8	15，5
	合作(C_2)	5，15	10，10

（三）多元主体的博弈结果分析

由于存在多方的利益“扯皮”，项目经常陷入困境。医务社工、医护人员、患者及其家属，这些主体之间存在着较多的利益差别，他们的利益诉求并不完全相同。假设每个参与对象都是理性的，都会为了自己的利益最大化而采取策略。医务社工要推进项目落地，把项目完成；医护人员要治疗患者，维护权威地位；患者及其家属想治好疾病，拒绝没有显著经济利益的事情。

在单次的博弈中，很难取得理想的效果——对整体而言最大的收益。各方都存有侥幸心理，只为自己谋求最大利益，因而使整个项目陷入困境。在重复的博弈行为中，医务社工、医护人员、患者及其家属都可以从上次博弈结果中权衡利弊，预测对方可能采取的行动策略，他们也需要在反复的、多次的交锋中试探对方的底线，保持各自的“话语权”。

前文对医务社工、医护人员、患者及其家属的博弈策略和结果进行了较为详细的分析，故此处不过多叙述。

（1）医务社工采取不合作策略：① 医护人员采取合作策略，项目难以开展；② 医护人员采取不合作策略，项目无法开展。

（2）医务社工采取合作策略：① 医护人员采取合作策略，项目顺利开展；② 医护人员采取不合作策略，项目难以开展。

（3）医务社工采取不合作策略：① 患者及其家属采取合作策略，项目难以开展；② 患者及其家属采取不合作策略，项目无法开展。

（4）医务社工采取合作策略：① 患者及其家属采取合作策略，项目顺利开展；② 患者及其家属采取不合作策略，项目难以开展。

由此可以看出，只有当各方趋向合作时，项目方可顺利进行，合作对整个项目而言才是最好的策略。一旦一方不合作，甚至多方不合作，该项目便会陷入困境，难以落地和运营。

三、构建促进医务社工介入医院场域的策略模式

医务社工项目要达成令人满意的成果，是需要多方共同努力的。如何协调医务社工与医护人员之间的关系，医务社工与患者及其家属之间的关系，使之有利于项目的良性运行，是值得深究的问题。

（一）医务社工与医护人员互动策略模式

1. 双方合作前可建立有效的“契约”

据调查，仅有不到一半的医护人员听说过医务社工，有三分之一的医护人员认为没必要引进医务社工和不清楚是否有必要引进医务社工。由于对医务社工缺乏了解，且医务社工来自外部劳务派遣，科室医护人员一开始不容易接受医务社工的存在，甚至怀疑其存在的合理性。因此，为达成高效合作，顺利实施该试点项目，双方应推动建立有效的“契约”机制，促进对话，加深了解，从而推进工作的进度。有约束力的“契约”，对解决“囚徒困境”有较好的作用。

推动“契约”机制的建立，首先要做到的一点就是“搞定”科室负责人，也就是科室主任，组织者能起到关键作用。科室主任除了担任医疗角色外，也要承担一定的行政角色。他需要统筹和安排所在的科室内方方面面的内容，其中也包括降低医疗风险、提升医疗名望。因此，“搞定”科室负责人，使其认可医务社工项目和医务社工的存在，是建立“约束”机制的前提。其次，考虑到现实因素——该项目是外部小型试点项目、医务社工的外来身份、医护人员缺乏认同等，医务社工需付出更多努力。可做以下探索：尝试进入该科室每周一早上的晨会，尽力融入科室，再力图与大家对话和交流，从而推动“契约”机制的建立；签订协议，由该科室和 Y 机构共同开展医务社工服务；在必要时，该科室为医务社工的工作提供合适的帮助和支持；确定该科室与医务社工的主要“接头人”，负责沟通和协调各项事宜，并及时做好反馈；定期开展多方会谈，听取各方意见和建议，共同做好医务社工服务，从而为患者及其家属提供帮助和便利等。

2. 医务社工可扮演“行政性角色”

我国目前的医务社工部应该设置主管岗位、行政岗位、社会工作者岗位和督导岗位。其中行政岗位要负责医务社工部的行政工作，保障医务社工部日常工作的正常运行。[2]40 结合当前的实际情况，医务社工需要身兼多职，自然也需要承担项目内甚至是院内的行政角色，以保证该项目的顺利落地和运营。适度接受“行政任务”，扮演“行政性角色”，是医务社工在重复的博弈后采取合作策略的表现之一。

“医务社会工作者＋医院志愿者”的服务形式逐渐成为我国目前医务社会工作服务模式。[2]141 医院领导对此略有了解，因此欲让医务社工协助管理和培训院内本就存在的志愿者队伍。本案例中，院领导希望医务社工承担志愿者管理工作。医务社工擅长志愿者管理，做这份工作确实有优势，因而可承担这部分行政性事务。承担部分行政事务，对 Y 机构和医务社工都是有利的。D 医院与 Y 机构和医务社工的联系变得紧密，有利于医务

社工项目的顺利开展，甚至于取得其他更大的进步。

3. 医务社工可视情况适当“妥协”

医务社工要消除医护人员的“疏离感”，与之拉近距离，如此才能顺利开展各项工作。科室内事务繁多，医护人员也有向医务社工寻求帮助的时刻。Y机构管理层认为，在可承受范围之内，应当向该科室内医护人员“示好”拉近关系，这对今后开展服务有益，且能更好地推动医务社会工作服务的专业化和深入化。

该项目运营过程中末期，D医院各科室正好需要打造科室特色项目。原本该项目隶属于卫健委，由Y社工机构运作，落地于该院血液肿瘤科。由于需要打造科室特色项目，该科室内相关负责人将本项目内容糅合整理，做出新的“舒缓之家”计划书，由该科室和Y机构合作共同执行。Y机构对于这种情况选择了“妥协”，只能被动接受。除此之外，日常工作中，医务社工也经常需要帮助该科室拍活动照片、写简讯、整理材料等；办活动的小礼品，也会给接触较多的医护人员多留一份……从长远来看，医务社工的种种“妥协”，确实取得了较好的效果，在一次次的接触中，彼此之间距离一点点地拉近。不少医护人员愿意主动询问关于医务社会工作的相关内容，给患者和家属介绍医务社工，甚至有人表达出强烈的学习医务社工相关知识的意愿，总体朝着较好的方向发展。

当博弈次数较少时，其结果与一次性博弈类似。经过长期的多次博弈后，双方根据之前的结果选择接下来的策略。合作的形成，往往依赖于无限次重复博弈才能达到。“妥协”也是博弈的一种状态，双方在相互试探的过程中逐渐摸清各自底线，再根据情况选择博弈策略。以小“牺牲”换取大“利益”，是可以被接受的行为。在可接受的范围内，Y机构和医务社工会适度“妥协”，以求医务社工试点项目的顺利运营。

4. 医务社工应保持“专业独立性”

医务社会工作者与医护人员的区别在于，医学最主要是关于病理、生理学方面的知识，重视事实和结果，受到社会高度的专业肯定，在对患者角色和权利上，医生通常扮演决定者的角色，医师的专业规范重在自治、自律和自我依赖。护士的主要职责是患者的临床护理，工作范围主要局限于临床患者的医学护理。社会工作的知识体系注重价值，强调“关系”、支持、问题解决、团体动力及系统分析，接受专业间差异，愿意协调配合是团队的必要条件。[2]4-5

结合医护人员在日常工作中的一些工作内容，例如开导患者、链接经济援助、发起患者团体等，他们在某种程度上算得上是非专业的医务社会工作者。医务社会工作者和非专业医务社会工作者的区别在于，非专业的医务社会工作者是指在我国医疗卫生服务领域中实际从事社会工作的服务人员，他们与医务社会工作者服务的对象和工作的助人性质是相同的，但他们没有接受过专业的社会工作相关训练，主要利用社会行政的方法去解决问题，与他们不同的是，医务社会工作者则是运用个案、小组和社区工作的专业方法为案主进行服务，解决生理之外的其他问题。[2]4

医务社工项目在落地和运行过程中，结合当时当地的现实情况，难免有“妥协”或者调整，然而这种“妥协”应当适度，切不可将“专业”全部丢失。采取合作策略，是为了实现双方“共赢”，取得相似的主导利益。若一方一味“妥协”，这种合作是不稳定、不长久的，难以维持。

（二）医务社工与患者及家属互动策略模式

1. 医务社工开展活动尽情“刷脸”

前期调研报告显示，参与调查的患者对医务社工的服务内容很不了解的占46.67%，有36.67%的人不了解，了解一般的人有16.67%。以上数据说明，有五分之四以上的患者对医务社会工作缺乏了解，即患者对医务社会工作的知晓度很低。初期进入病房，绝大部分患者及家属在了解了医务社工身份后，会有怀疑、排斥等不信任的表现，拒绝进一步的交流。

某些家属刚开始认为社工是推销者，拒绝配合。经过社工一阵子尽情“刷脸”后，增加了了解或者逐渐了解了社工能带来的益处，就愿意配合工作。也有将医务社工等同于义工的，甚至请求“义工”帮忙陪床，照顾患者。

患者及家属由于缺乏对医务社工的了解，或排斥或误解，加之医务社工的身份不如医生、护士般权威，病房探访服务可能陷入进退两难的尴尬境地。此外，医务社工作为陌生人进入到医院场域，对患者及其家属的情况知之甚少。因此，加深双方了解、交换信息、建立信任显得尤为重要。医务社工需要设法多走近患者及家属的圈子，借助病房探访、手工活动、科室影院等多样化活动，往患者及家属跟前凑、多“刷脸”，积极宣传医务社会工作的相关内容，从而加深彼此之间的了解，拉近双方距离，从而建立起信任感。

2. 双方合作前达成有效的“契约”

此处的“契约”，便是社会工作领域中的服务协议。服务协议是社会工作者与受助者经过讨论协商达成的、满足受助者需要和解决问题的工作方案，是社会工作者和受助者为解决问题而共同工作投入努力的承诺。[3]185有约束力的“契约”（服务协议）至少应具备以下特点：① 由双方共同制定；② 内容被双方共同接受；③“奖罚”分明；④ 被双方严格执行。

在“搭心桥 点亮光”项目中，医务社工虽然开展了专业服务个案和小组活动，但是也因为实务经验不足和现实情况复杂等原因，在制定规范的计划和签订协议方面有不足和滞后，或者制定好了计划、签订了协议却未能被双方遵守，以上不够专业的行为影响到了实际服务的效果，这对整个项目是不利的。因此，医务社工在工作中，应当带领患者及家属共同参与到规范化的工作过程之中来，双方协商并制定服务计划、签订服务协议，并解释清楚如此做的重要性，从而较为严格地遵守所制定的工作计划。

3. 医务社工扮演多重的服务角色

调研报告显示，患者及家属希望在医院获得的社工服务有：心理疏导占40%；疾病相关知识占30%；义工陪伴占33.33%；提供康复服务占30%；医患关系协调占10%；协助熟悉医疗体系，适应医院环境占6.67%；提供经济支持（经济困难患者）占16.67%。愿意接受医务社会工作服务的人占83.33%，有16.67%的人持观望态度。由此可知，医务社工承载了患者及家属较多的角色期待。

社会角色是指与人们的某种社会地位、身份相一致的整套权利、义务的规范与行为模式，它是人们对具有特定身份人的行为期望，它构成社会群体或组织的基础。[4]107 它指出了处于某一社会位置上的人应当如何做，反映了处于该地位的人的责任、权利、义务等，是社会对于处于一定社会位置的人的行为的期待。随着社会工作的发展和它在社会中作用的发挥，社会工作者也拥有了多重角色，反映了社会对社会工作者的行为期待。一般而言，社会工作者的角色可分为直接服务角色、间接服务角色和合并服务角色。直接服务角色包括支持者、指导者、治疗者或辅导者、照顾者。间接服务角色包括行政者、研究者、咨询者。合并服务角色包括促进者、经纪人、调解者、管理与协调者、倡导者、增权者、教育者。[3]89-192

4. 医务社工应保持“服务专业性”

在实际博弈中，往往会面对诸多复杂状况，医务社工只可灵活应对。患者及家属偶尔会提出一些要求，在不妨碍专业性的前提下，可适当满足。若超出能力范围，或者伤害院方、机构的利益，则应当拒绝。医务社会工作归根到底是一门处于医疗机构、医护人员、患者及家属等多方群体之间的专业服务，要与多方力量进行博弈，需要考虑多方的需求，遵循对各方的伦理守则。

医务社会工作者的伦理守则，既包括以社会工作专业知识、技巧和诚挚的态度为患者及家属服务，也强调与医疗团队其他专业人员配合，共同为患者及其家属提供专业帮助。社会工作伦理属于职业伦理，其伦理守则是社会工作专业本身对从事社会工作的个人所提出的行为标准和道德理想，集中反映了社会工作专业的价值，[2] 是社会工作服务专业性的保障之一。

本文作者担任医务社工时是在校研究生，缺乏实际的医务社会工作领域服务经验。在实际工作中，会遇到诸多难以处理的情况，影响工作进度和效果。因此，机构应当支持主要工作人员，尤其是医务社工，加强职业培训，学习先进经验，提升实务能力，以应对工作中的挑战。医务社工自身，也应当不断学习，多与同行进行交流对话，不断提升专业能力，如此方能更好地完成专业服务。

四、结论与反思

综上，医务社工、医护人员、患者及其家属都是不同性质的主体，他们之间的互动关系需要在医院场域内具体呈现和分析。医护人员和患者及其家属可以采取合作策略，也可以采取不合作策略，而医务社工无论是面对医护人员，还是面对患者及其家属，都只能采取合作的行动策略。

关系是指人与人之间，人与事物之间，或者事物与事物之间的一种相互联系。关系是一种抽象的联系，不可触摸，也无法被看见，却真实存在。而这里的实体概念，则带有怀特海认为的“现实实有”的含义。在怀特海的整个哲学思想之内，实体观可以被断定为是其最重要的内容。从古至今，几乎每一个哲学家都无法回避形而上学的问题，他们必须以各自的方式去处理实体以及相关的问题。怀特海在著作中对“永恒客体”和“现实实有”进行了深刻的探讨。前者代表了纯粹抽象的、普遍性存在，而后者代表了最后的终极存在。[5]各种实体之间其实不能简单视为存在着形而上学上的差异，而是经由实体的经验活动，任何实体之间都可能产生某种关联性，每个实体都可能成为其他实体及其经验活动的一个关系项。本研究欲使用实体关系这一术语刻画医院场域内医务社工与医护人员、医务社工与患者及其家属之间的关系的动态演变过程。在具体的情境中展现的互动关系，从本质上进行分析和判断，方可以称之为“实体关系”。

基于某种考虑，本研究将医院场域内的医务社工和医护人员的关系，医务社工和患者及其家属的关系概括为一种“合作博弈的实体关系”。合作博弈强调参与者从自己的利益出发选择行动策略，但所选择的行动的结果能使双方或者多方的利益有所增加，达到“双赢”或者“多赢”局面；或者使其中一方的利益得到增加，而他方利益并不受损，因而使整体的利益增加。合作博弈往往采取“妥协”的合作策略，强调双方或者多方集体理性，双方或者多方为共同利益考虑，从而产生了“合作剩余”。[6]

无论是医务社工与医护人员的博弈，还是医务社工与患者及其家属的博弈，都是处于医院场域内无限次重复的动态互动关系，这些主体长期进行着重复博弈。他们都是理性的人，每时每刻都可以根据上次博弈的结果中权衡利弊，从而调整策略。为了达到共同目标，非合作博弈经过多次重复博弈，仍然可以回到合作博弈，双方或多方互相“妥协”，以求能够达成互利共赢的局面。从这个角度分析，在医院场域内这些多元主体之间是相互依存的伴随关系，这种关系在互动场域中不断被重复博弈所建构，这个过程是动态的。

为了医护人员的利益，为了患者及其家属的利益，为了寻求医患关系的正向建设，医护人员、患者及其家属、医务社会工作者等多元主体在医院场域内产生力量博弈，调整各自的行动策略，随机应变，在相互“妥协”的动态博弈过程中寻求合作的可能性，力求整体利益能够最大化。正是这种良性互动的博弈过程，极大地促成了“搭心桥 点亮光”娄城医患关系正向促进试点项目的可喜结果，不仅促进了医患和谐，为医护人员、患者及其家属排忧解难，同时还促成了该市第一个医务社工站的建立。

本项目是江苏省医务社会工作实践的一次探索，也是当前我国医务社会工作蓬勃发展的一个缩影。目前，我国正处于医患矛盾频发时期，新闻媒体上时常可见恶性伤医事件，甚至出现了职业“医闹”公司和团队。不良医患环境亟须医务社会工作者的介入，促进医患关系正向建设。无论是上海模式（全编制模式）和深圳模式（全外服模式），只要契合当地的实际情况，都可以用来促进医患和谐，改进医疗环境，提升就医体验。

本研究中，医务社工作为外部人员，以第三方的身份进入医院之中开展服务，克服诸多困难，最终得以将项目完成。在这个过程中，涉及院方管理层、科室医护人员、患者和家属、社工机构和医务社工等多元主体，时时处于多方主体力量博弈之中，因此可以看出，在现有的医院体制之下发展医务社会工作存在诸多困难。除去发达地区发展较为成熟，其他地区一般都处于摸索阶段，任重而道远。本文是对此次医务社工项目探索的一次总结，期望此次实践能对其他医院引进医务社工项目提供参考。

参考文献：

[1] 周恩毅，刘洋．基于博弈论视角的政府与社会组织关系分析［J］．商业时代（原名《商业经济研究》），2012（14）．

[2] 王卫平，郑立羽. 医务社会工作 [M]. 西安：西安交通大学出版社，2015.
[3] 王思斌. 社会工作导论（第二版）[M]. 北京：高等教育出版社，2013.
[4] 郑航生. 社会学概论新修 [M]. 北京：中国人民大学出版社，2003.
[5] 王成兵，刘同辉. 略论怀特海的实体观 [J]. 江汉论坛，2009（03）.
[6] 方劲. 合作博弈：乡村贫困治理中政府与社会组织的互动关系——基于社会互构论的阐释 [J]. 华中农业大学学报（社会科学版），2018（03）.

重性精神障碍患者社区康复的社会工作介入研究

——以深圳市Y区为例

李雅倩　许　敏*

摘　要：本文以Y区重性精神障碍患者社区康复的社会工作介入实务为基础，通过分析精神卫生社工介入精神障碍患者社区康复的微观系统、中观系统及宏观系统在心理干预、个案管理、疑似患者跟进及送诊、社区随访、救治救助、健康宣教、应急处置、社会融入等介入路径中的角色定位和服务内容，阐述社会工作者介入的路径及发挥的优势，以及目前模式下社工介入存在的问题和困境，尝试提出更有利于精神卫生社工服务的发展方向。

关键词：精神障碍；精神卫生社工；社区精神康复

自21世纪以来，我国精神健康问题逐渐进入大众视野，精神障碍患者的社区康复逐步成为精神卫生工作的重中之重，多部门联合参与推动精神卫生事业的发展，创新精神障碍社区康复服务，引入社会力量和多样化专业服务更好地满足精神障碍患者的康复需求成为必然趋势。对精神障碍患者社区康复的社会工作介入服务改善问题、总结经验，对更好地为精神障碍患者服务具有重要的现实意义；此外，对社会工作服务社区精神康复中使用方法和理论进行积累和总结，对于拓宽社会工作实务领域和精神卫生社会工作发展具有重要的理论意义。

一、相关概念界定

（一）严重精神障碍

严重精神障碍是指精神疾病症状严重，导致患者社会适应等功能严重损害、对自身健康状况或者客观现实不能完整认识，或者不能处理自身事务的精神障碍[1]。严重精神障碍一定程度上等同于重性精神病，主要包含精神分裂症、双相情感障碍、分裂情感性障碍、偏执性精神病、癫痫所致精神障碍、精神发育迟滞伴发精神障碍等六类重性精神疾病。

---

* 作者简介：李雅倩，河南周口人，2020届社会工作专业硕士研究生；许敏，湖南吉首人，2021级社会工作专业硕士研究生。

（二）社区精神康复

世界卫生组织（WHO）早在 1981 年就提出了建立以社区为基础的康复方针。精神疾病的社区康复是 20 世纪国外精神疾病患者“去住院化”运动后发展起来的，精神病患者回归社区进行康复治疗的方式充分保障了精神病患者的人权和自由权；社区精神康复指的是在社区内由精神科医生、护士、心理咨询师及社会工作者等专业人才团队通过借助社区内一切可利用资源进行一系列有目的、有组织的计划活动，协助精神病患者及家庭进行康复的活动。

（三）精神卫生社工

《中华人民共和国精神卫生法》总则第十一条中指出：“国家鼓励和支持开展精神卫生专门人才的培养，维护精神卫生工作人员的合法权益，加强精神卫生专业队伍建设。”2015 年深圳市卫健委、深圳市民政局等六个部门联合印发《深圳市精神卫生综合管理试点工作方案》指出：“通过政府购买服务方式，引入和培育社会工作者参与精神卫生工作，力争到 2017 年底，全市 10% 以上社区配置社会工作者参与精神卫生服务。”在此方案中首次提出了要大力引入社会工作者参与精神卫生服务。从精神卫生社工的产生缘由和服务对象来看，目前精神卫生社工主要是指在精神卫生领域从事社工服务，服务对象主要包括精神分裂症患者、分裂情感性障碍、偏执性精神病、双相情感障碍、癫痫所致精神障碍、精神发育迟滞伴发精神障碍六类严重精神障碍患者以及符合《中华人民共和国精神卫生法》第三十条第二款第二项的精神障碍患者的社会工作者。

二、精神障碍患者社区康复的社工介入路径

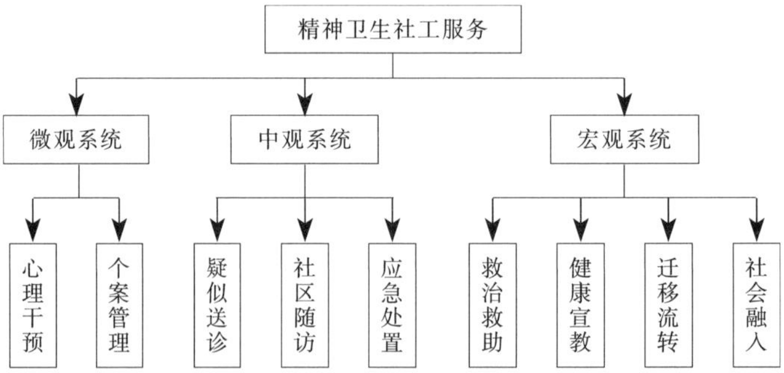

图 1　社工介入路径图

（一）微观系统介入路径

1. 心理干预

社工对严重精神障碍患者的心理干预贯穿整个服务提供过程。可分为常规心理干预和危机心理干预两个方面，常规心理干预主要体现在日常提升服务对象对精神疾病的认知

度，让案主学会从心理上接纳精神疾病，从行为上正确对待精神疾病，甚至成为自己的疗愈师。当然，心理干预不只是包括服务对象本人，服务对象的家属和主要照顾者也是社工需要进行心理干预的对象，长期的照顾和压力严重影响着案主家属的身心健康，对服务对象及家属的情绪疏导都不容小觑。危机心理干预则需要社工及时发挥“吹哨人”的作用，在服务中及时发现服务对象的情绪波动和行为异常，警惕疾病复发征兆，协助处理第一现场，稳定服务对象情绪避免其采取极端行为，协助及时进行就诊复诊。

2. 个案管理

个案管理是精神卫生社工对重性精神疾病患者介入康复最重要的方法之一。朴英子对 147 位服药的严重精神障碍患者进行个案管理研究对比发现，采取个案管理后患者的服药依从性提高，病情复发住院患者数有所减少甚至就业数量也有所增加[2]。深圳市 2011 年引入主动式社区康复治疗模式（ACT），主动式社区治疗项目的服务对象一般病情严重，病程较长，患者存在严重的功能损害，传统的门诊服务和精神康复效果不佳或者患者反复住院，对精神卫生服务的需求较高。ACT 个案有严格的入组筛选标准，对患者的年龄、疾病类型、病情、病程都有要求；一般可以从新出院的患者、危险性评估 3 级以上、阴性症状为主的三类患者中筛选符合的患者提供 24 小时、365 天的全方位、多层次的个性化个案服务。作为一种协调多元服务的实务策略，其模式应根据患者的不同类型和不同需求而有所转变，如支持性治疗、提升社交及社会功能、资源联结等。

（二）中观系统介入路径

1. 疑似患者跟进及送诊

社区场景是精神疾病患者发现的第一现场，早期的精神疾病检出和诊断是患者更好康复以及预防肇事肇祸现象发生的关键一步。这是重性精神疾病患者进入精神卫生服务系统的“入口”，其中精神卫生社工主要承担着资源链接者、关系协调者及倡导者等角色。以社区工作站为中心，残联专干、社区网格员、社康医生等人员发现疑似的精神病人时，会将情况反映给精神卫生社工并填写“疑似严重精神障碍患者线索调查表”，社工需要对情况进行复核，进一步了解疑似患者的姓名、年龄、户籍地址等基本情况；并及时将表格反馈给区级精防机构。区级精防机构若检索到患者档案则继续跟进患者情况，确定患者在本地长期居住生活后，与当地精防机构联系，及时将患者档案迁入并提供服务。若疑似患者未在任何专科门诊及医院确诊，则遵循以下情况进行跟进：

情况一：精卫社工需要与疑似患者及家属进行沟通，介绍精神疾病相关知识，劝其主动去精神科或精神专科医院就诊，并做好其他协调工作。

情况二：疑似患者家属不愿意出钱为患者诊断及治疗、或家属无力承担治疗费用、或找不到疑似患者家属（三无流浪人员）的情况，精卫社工需要反馈给区级精防机构患者情况。经专业医生评估疑似患者精神状况，若危险性评估为高风险，则由居住地派出所民警（出具相应证明材料），为患者开通绿色通道强制送往专科医院进行诊断治疗，对符合住院条件的服务对象，社工协助办理住院手续，住院治疗费用由民政或残联等相关部门承担。

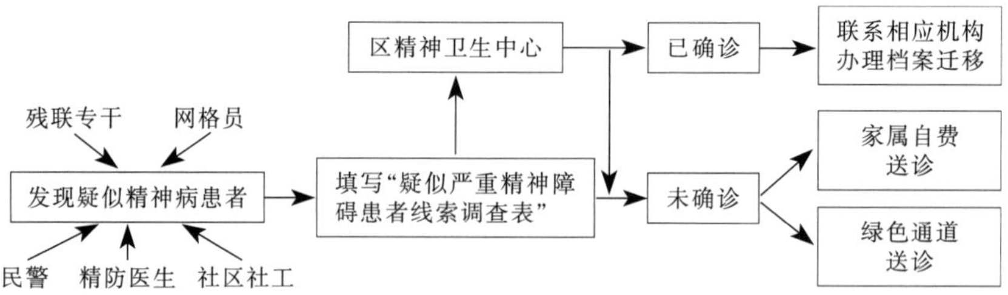

图2 疑似精神病患者送诊流程图

2. 社区随访

精神卫生社工对康复者的社区随访，主要分为电话随访和面访两种。随访可利用特殊节日等契机进行，以保护患者隐私、不打扰患者正常工作和生活为前提，应注意随访频率不可过密，频率过高会对患者产生压力，降低患者的自控感，不利于服务关系的稳定和进行。

一是电话随访。初次电访时社工可以先准备一段自我介绍，明确介绍自己的身份，注意措辞、态度温和、与服务对象或者家属形成初步印象，有利于进一步建立专业关系。电话随访时注意向对方传达有用的资讯（福利政策、监护补助等），注意时间控制，避免交谈离题，在交谈过程中了解患者目前病情及康复情况、日常生活和社交能力等；在通话结束前，可尝试预约下次随访时间或面访时间及地点。日常电话随访则注重对服务对象的近期睡眠、服药规律性、情绪波动、生活事件方面进行重点了解，进而维持良好的专业关系。

二是面访。面访需注重面访前的准备、面访地点的选择、安全性等。在预约面访之后，精神卫生社工应先了解患者的基本病情和家庭情况，适当准备一些患者可能感兴趣的话题，有利于进一步建立专业关系并收集服务开展所需信息。其次，为保持患者情绪稳定以及适应性等问题，会选择患者比较熟悉及放松的场景进行面访，有患者的家属在场，避免患者产生紧张和尴尬的情绪；若是在公共场所安排面访，应尽量选择安静、能够较好保护患者隐私的地方（社康中心、精神卫生接待室等）。最后，针对病情不稳定患者的面访，特别是出现命令性幻听的患者，社会工作者除了准备一般材料外，出于自身安全考虑，可携带一些便携的防身工具；若是上门访视，社工需提前了解患者的住处以及路线，面访尽量保证至少两人同行，与患者及其家属交谈时应坐在接近出口的地方，注意观察患者的情绪变化和言行举止。

3. 应急处置

应急处置是包括对有伤害自身、危害他人安全的行为或危险的疑似或确诊精神障碍患者，病情复发、急性或严重精神障碍患者的现场处置和医疗处置[3]37。精神卫生社工在应急处置第一现场中主要起协助专业医生和民警的作用，承担着资源链接者、协调者等角色，精神卫生社工在应急处置时尽量第一时间赶到现场，在保证安全的前提下，尽可能稳定患者或家属的情绪，与家属沟通共同做好送患者就诊的准备工作。此外，精神卫生社工作为患者病症情况的“吹哨人”，在社区访视和疑似患者跟进时，当出现疑似精神障碍患者自伤自杀或危害公共安全或当觉察康复者的病情出现波动时，应及时将情况与家属沟通，必要时联合家属及社区“五位一体”成员进行送诊治疗，根据服务对象具体症状表现，也可联系精神科医生进行上门评估诊断，对患者及时进行相应处置。

（三）宏观系统介入路径

1. 救治救助

严重精神障碍患者在社区康复过程中面临着获取救助信息难、渠道少等问题，特别是像深圳这样流动人口较多的城市，非户籍人口对当地的救助政策和救助渠道，以及相关救助的申请手续和程序更是知之甚少。由于病情的影响，服务对象可能存在严重的社交障碍、自知力缺乏等情况，在面对生活中很多事件时处于一种被动、逃避、无力的状态；患者的家庭因疾病长期承担着昂贵的治疗和服药费用、丧失家庭劳动力及心理压力等困难，社会工作者在救治救助中发挥着很大的作用，针对严重精神障碍患者，救治救助可分为门诊救助、住院救治、其他福利补助等，作为资源链接者，社工需要熟悉相关救助政策及内容，以便在患者需要时提供相关信息并协助其进行申请办理；此外，精神卫生社工在患者社区康复过程中担任的最重要的一种角色就是陪伴者；在患者无力解决面临的难题时，社会工作者需要协助甚至代替患者去与相关部门协商沟通，为患者争取公平的待遇，帮助严重精神障碍患者及其家庭传递政策信息并申请救助，更重要的是社会工作者需要通过政策的帮扶引导患者及其家庭树立积极的康复态度和信心，成为其更好生活的动力源泉而不只是成为解患者燃眉之急的“救命稻草”。

2. 健康宣教

精神卫生社工在进行健康教育及宣传时，主要分为两类：一是对一般公众的精神健康知识进行普及，二是对患有精神疾病的患者及其家属进行相关疾病管理、用药指导、健康教育等。Y区精神卫生中心每年定期开展精神健康进学校、精神健康进社区、精神健康进企业、精神健康进机关单位等心理健康讲座或宣传活动，通过社工周、世界精神卫生日这种特殊时间节点也可向社会公众普及精神健康知识。

精神卫生社工对严重精神障碍患者及家属开展针对性疾病管理、健康指导等宣教活动。一是学会接纳。精神疾病患者（或其家属）常见的情况便是否认曾去精神病院或精神科看过病；初次发病的患者更易觉得自己只是状态不好而不是精神疾病，在状态转好后自行停药，更不愿去医院复诊；进而影响最佳治疗效果。精神卫生社工在保护患者隐私的前提下，向患者及家属传递精神健康知识，学会接纳疾病本身，化被动的逃避为主动配合。二是提升病悉感。协助患者提升对自身疾病的感知能力，了解哪些是疾病症状的表现，从而自我察觉身体状况以及病情变化，并及时与医生沟通交流。三是做好患者情绪管理和健康指导。情绪变化与患者的生活变动息息相关，情绪波动严重影响患者的病情，情绪的难以调节恰恰是患者难以适应生活的直接表现，所以当服务对象情绪突然波动时，社工要及时引导服务对象疏导负面情绪，并深究引起负面情绪的生活事件，协助服务对象处理；还可通过协助服务对象改变处理事件的行为，进而改变其认知，通过成功经验树立信心，预防病情复发。

3. 迁移流转

患者的迁移流转主要包括患者档案的迁出和迁入两种情况。及时做好服务对象档案的迁移也是对服务对象权益的保障，社会工作者主要担任着行政管理者等角色。由于服务对象根据自己的常住地址享受当地的精神卫生福利政策，精神卫生社工在社区随访过程中得知患者搬离时，可和患者或其家属、“五位一体关爱帮扶小组”成员核实患者是否不再回本区居住，若核实后则需上报区精防机构，联系目前患者所在地区相关精防机构，做好患者档案信息的迁出。迁入患者档案时存在两种情况，一种是上述疑似精神障碍患者档案的迁入，当在全国检索中搜到患者的档案时，街道精神卫生社工负责对患者进行跟进访视，了解患者是否常住，区精神卫生社工负责与当地精防机构联系，及时办理患者档案迁入，区级三级管理机制发挥联动作用，为患者提供社区康复服务。第二种情况则是由区精神卫生中心先在“患者信息管理系统”上收到转入的严重精神障碍患者的信息档案时，区精神卫生中心社工要根据患者情况通知相应街道的负责精防社工核实患者信息和住址，确定患者是否在本区居住，由区精神卫生社工做好档案迁入。

4. 社会融入

无论是双相情感障碍还是精神分裂症等重性精神疾病，伴随着病程的迁延和复发，服务对象的社会功能都会遭受不同程度的损害，性格可能发生改变，社会交往减少，甚至变得孤僻、封闭；在社区康复中社会工作者尤其要注意提升服务对象的社会交际功能和社会融入。一是可采用SWOT分析协助案主制定服务目标，在社会工作者与服务对象制定增强社会融入类康复计划时要注意针对不同类型的案主制定相适宜的目标，有的案主长期闭门不出，不愿意接触陌生人，社工在与其建立稳定的关系后，通过日常随访的形式鼓励和帮助服务对象走出家门，学会独立乘坐交通工具能来到新的环境随访或者参加活动对这类案主来说就是非常有挑战性的目标。二是开展不同类型的群体活动，如非暴力沟通、园艺治疗小组等，通过此类型的活动可协助提升服务对象的交流能力，拓宽人际关系，甚至可以帮助服务对象学会观察和体验生活，形成新的兴趣爱好。三是协助服务对象完成职业康复。针对病程较久甚至已经脱离工作的服务对象，社会工作者可通过协助服务对象改变自身形象、学习面谈技巧、筛选合适的岗位制作并投递简历、分析岗位工资构成、上班及休息时间、社保等情况帮助服务对象重新迈入职业生涯。

三、Y区精神卫生社工服务中的优势

（一）社区精神康复理念：一致性

Y区精神卫生工作重心主要针对患者的社区康复过程，通过政府购买服务的形式引入专业社会组织参与其中，为社区精神障碍患者提供专业服务。社会工作中的复元理论恰恰最能说明严重精神障碍患者社区康复的重要性和意义，社会工作中的案主自决权、接纳、相信案主能够通过学习发掘潜力并发生改变的理念与严重精神障碍患者社区康复的理念不谋而合，这正成为社会工作者介入精神疾病患者康复过程的必然因素。社会工作者通过专业手段介入精神障碍患者的预防、治疗和康复三级网络中，通过个案管理的手法为患者量身制定个体康复服务计划，联合多学科团队的资源，将非系统化的公共卫生服务资源整合在个案康复计划中；通过小组的形式建立起患者及其家属的相互支持网络，在小组情境中分享各自的困境和经验方法，缓解组员的心理和精神压力，形成支持性系统，增强成员治疗及康复的信心；通过社区活动的手法，让患者及其家属加强与社会的联系，亦可通过正确的宣教活动增加社区成员对精神疾病的正确认知，提高成员的社区融合程度；这种现代医学精神疾病社区康复的理念与社会工作专业原则和实践手法的一致性，能够更好更全面地为患者提供服务。

（二）多部门联合分工：前瞻性

2014 年 Y 区建立区级精神卫生工作联席会议制度，负责研究和审议区精神卫生工作的政策、规划、方案；协调解决精神卫生工作中的问题，督促、指导、评估有关精神卫生工作开展情况等。2015 年区联席会议启动精神卫生综合管理试点工作，各街道以综治、卫生、公安、民政等部门为名成立了综合管理小组，明确职责，建立多部门联动机制。在社区层面，社区综治专干、社区民政/残联专干、社区民警、社康精防医生以及患者家属共同组成了社区“五位一体”关爱帮扶小组，为辖区内严重精神障碍患者提供日常随访、用药指导、应急处置及咨询救助等服务。综上所述，Y 区形成重性精神障碍患者社区管理的三级管理机制。各部门在职责范围内各司其职，同时又发挥好联动协同作用，为严重精神障碍患者社区康复服务建立起三级防治网络，共同推进精神障碍社区康复服务体系建设。

（三）社工 + “五位一体”服务：创新性

Y 区自 2016 年开始引入精神卫生社工参与精神障碍患者的社区康复服务管理过程，为全区的精神障碍患者提供建档、日常访视、个案管理、宣传教育、链接资源等服务。为方便疑似、新发建档、不稳定、新发高风险、迁移以及失访等严重精神障碍患者的信息及时更新和交流，Y 区卫生部门、公安、社区工作站以及街道办事处成立了精防专用公共邮箱，对不同类型患者信息进行定期交换更新，保持多方部门数据一致性及准确性。在日常排查中，社区综治专干、民政（残联）专干、民警、网格员等人发现有疑似精神疾病患者时及时告知精神卫生社工跟进，社工与精防医生及时劝服或转诊疑似患者进行就诊；在纳管患者社区随访时，社工可与社区“五位一体”小组成员共同随访，评估患者病情稳定情况；与民警共同随访高风险患者、关爱帮扶小组成员进行半年度联合随访等。患者有其他需求时，可询问精防医生或精神卫生社工，进行个案管理的严重精神障碍患者与社工一起制定康复计划，根据个人实际情况灵活约定随访时间，针对住院患者的出院回归到社区，目前 Y 区正在探索试行社工协助接出院服务，实现患者医院 - 社区康复一体化。

（四）社工薪酬管理体系：系统性

为吸引优秀专业社会工作者，Y 区民政局 2018 年出台了一系列政策，更在全国率先推行社会工作者职业分级体系和对应的职级薪酬管理制度，根据社会工作者的学历、职业水平以及专业资历经验等，将社会工作者划分为 4 个层级和 9 个职级，并设置了完善的职业分级细则和晋级标准，有利于社会工作者定级和晋级，根据不同的职级定位不同的薪酬，实现社会工作者薪酬体系专业化和透明化。2020 年，深圳市为健全社会工作者职业体系和薪酬体系，出台《关于提升社会工作服务水平的若干措施》等规范性文件，并研究制定《深圳市社工行业信用信息管理办法》和《深圳社会工作从业人员职级认定及薪酬规范行业指引》，更进一步规范全市社工行业薪酬体系。2021年，社工服务逐步实行全市统一的社工薪酬认定及晋升标准，其中精神卫生领域作为社工服务的特殊领域，社工薪资待遇较其他一般领域更优，更有利于精神卫生领域留住优秀的社会工作人才。

四、Y区精神卫生社工服务中的问题

（一）服务对象："无需求"

社区严重精神障碍患者这一人群对社会工作专业价值提出了挑战，社工服务一般秉承着服务对象的自愿和提出需求的原则，由于重性精神疾病患者存在无自知力以及自知力不全的现象，在为严重精神障碍患者社区康复提供服务时可能面临着服务对象改变意愿低甚至无改变意愿的困境，他们由于长期遭受疾病的反复困扰，或长期服用精神科药物，使其思维和行为方式发生了改变，可能已经出现社会功能倒退，精神意识低落、情感淡漠等现象，所以主动寻求帮助的意愿也较低，他们说自己没有需求，不需要改变和帮助；他们对外界提供的帮助采取拒绝排斥的态度，主动放弃很多社会救治资源和社区康复治疗的机会。但是，作为精神卫生社工需要不断问自己：他们真的没有需求吗？康复者因精神疾病导致的幻觉、妄想等精神病性症状可以通过精神科药物进行改善和控制，但是其自身的心理和思维问题不是靠药物所能解决的，这些"未呐喊的需求"才是精神卫生社工存在的必要性，精神卫生社工需要自己主动去寻找服务对象可能存在的需求，但是社会工作者也应注意服务对象的需求和问题不是社工自己认为的问题，需要以患者及其家属的意愿为导向，不断去反复验证、调整，提供正确的康复服务。

（二）外部环境：弱支持

外部环境的弱支持主要体现在两个方面，一是工作多方领导、社工处境两难。目前社会工作服务多采用政府购买服务的方式，由社工机构作为第三方进行人才管理。Y区精神卫生社工服务2018年开始分别由区民政局和区卫健局购买，社工机构派遣驻点在区疾控中心（精神卫生科）和各街道办事处负责辖区内精神卫生工作。开展工作时多方领导造成社工自我掌控感降低、工作被动性增加，专职精神卫生社工其实并不能完全投入精神卫生服务，部分社工有被用人单位安排在别的岗位服务或者承担部门其他方面的工作，出现行政化问题，造成"专职不专"问题。二是心理支持渠道薄弱，需专业督导定期开展自我关怀。社工为严重精神障碍患者提供服务过程中易出现突发问题，如患者突然发病需要应急处置、患者失踪或者离家出走、患者出现自伤或自杀行为；社工需与综治、公安、残联等各部门之间进行沟通协调合作，长此以往，精神卫生社工在应对可能发生的突发状况时，更易产生无助和紧张、焦虑等情绪。此外，社工也易因服务对象病情的反复产生挫败感和无力感，从而陷入自我怀疑和工作倦怠。社区精神卫生康复服务是一项投入多、成效低的工作，社会工作者长期的情感投入，需要做好自我关怀，只有社会工作者的情感饱满、稳定，才能更好地提供服务。

（三）工作职责：模糊化

Y区共有13名精神卫生社工参与社区精神康复管理，社工服务模式及社工岗位职责均在摸索中建立，精卫社工与精防医生在工作中职责划分不明，具体事务难以落实责任人。目前Y区共有兼职社康精防医生5名，负责社康辖区内严重精神障碍患者的社区管理，平均每名精防医生要负责100多位患者，提供日常访视、用药指导、体检通知、应急处置、病情评估、信息交换等工作，任务量很大。精神卫生社工到岗后联合负责患者的日常随访、病情评估等工作，进而演变成精神卫生社工负责日常电话随访或者上门访视，将患者情况反馈给精防医生，精防医生再填写随访记录表完成工作，精神卫生社工与精防医生之间的职责划分不明确，导致出现“上下级”关系。精卫社工与精防医生之间的角色定位，不利于精神卫生工作的长期开展。

（四）家庭服务：碎片化

当前针对严重精神障碍患者社区康复的精神卫生社工服务主要是围绕患者本人开展服务，在进入患者家庭后发现有需求的并不只是患者而是整个家庭，严重精神障碍患者的不幸，无形中揭露着背后有个内部成员沟通不良、极大需要关心和帮助的家庭，因此应提倡以家庭为整体的社工介入服务模式。Y区严重精神障碍患者很多与父母、配偶或者子女生活在一起，但严重精神障碍患者社区康复服务中较注重家属对患者的病症管理和服药督促工作，较少针对患者家属开展一些情绪疏导和支持类活动，持续通过同伴支持小组、讲座、活动等形式，加强严重精神障碍患者这一群体家属之间的沟通交流，可提升家庭整体应对环境和压力的阀值。此外，在家属服务中还有一类被严重忽视的群体——精神病患的子女，他们可能面临着得不到父母该有的关爱还要承担着照料者的角色，这一群体有着较高产生精神疾病的风险，需要社会特别关注和预防疾病产生。在今后的服务中还应更系统化患者家属的介入服务，患者的成年家属、患者的子女等不同群体针对性服务等。

五、精神障碍患者社区康复的社工介入服务方向

（一）优化精神卫生系统设计，健全社区康复服务体系

目前，全国各省市建立了严重精神障碍患者的信息管理系统，但是各省市之间的系统存在“各自为政”问题，这种现象导致不同地区之间严重精神障碍患者的信息流转和档案迁移存在无法对接问题，各省市精防机构之间严重精神障碍患者管理信息长期沟通不畅，不利于严重精神障碍患者及时实施“属地管理”以及摸清患者底数，避免肇事肇祸现象发生。要做好严重精神障碍患者的全国性数据库管理，必须优化各省信息防治系统，避免因系统问题产生“重档”“空档”等现象。其次，应研究设立系统信息档案的退出机制。目前，患者信息档案一经建立便不可退出系统管理，庞大的信息档案中是否存在着一些诊断错误的患者档案，针对非精神障碍患者信息档案设置合适的复核流程，对不符合纳

入管理的患者信息档案及时进行退出才是完备的系统管理。

另一方面，健全社区康复服务体系。社区针对精神障碍患者的康复场所主要面向户籍患者，非户籍患者的康复资源较少，这就意味着精神障碍患者面临着精神康复设施短缺和资源利用不充分现象。一些康复机构的服务对象涵盖面较窄，不能满足不同层次严重精神障碍患者社区康复的需求。2021 年，深圳市依托党群服务中心普遍设立安心学院（驿站），配备专职人员从事心理健康服务。这一举措有利于实现全方位覆盖的社区心理健康服务，进一步完善以精神科医生、护士、心理咨询师、社会工作者等多学科人员为中心的精神卫生服务队伍。

（二）提升服务队伍专业能力，坚定精卫社工专业自信

精神疾病相较于其他躯体疾病更具复杂性和困难性，虽然当前很多精神障碍患者通过门诊和住院治疗，患者的精神病性症状有所缓解，但是未明显改善其社会功能[4]。社区精神卫生整体工作开展中存在“重管理”和“轻服务”的现象。各部门工作人员的工作角度和出发点不同，对社区严重精神障碍患者的服务方式也不尽相同；社区健康服务中心的精防医生数量短缺只能兼职精神卫生工作，社区“五位一体”关爱帮扶小组其他成员对精神疾病的了解和掌握不足，因此需要精神专科医疗机构及精神科医师对基层精神卫生防治人员进行定期培训，提升社区精神康复专业人员队伍的精神疾病防治、康复知识储备和运用能力。

社会工作者需要提供多样化及综合化的服务，但要有一定的范围和明确界限，当患者在康复中遇到问题时先要判断问题的性质，精神疾病和药物调整方面的问题交由精神科医生负责，患者出现的情绪、社交、病症管理等问题由精神卫生社工去介入；当然，在实际生活中问题往往是复杂的，需要整个团队去协调合作；明确工作职责，更有利于社工角色定位，才能实现服务的有效聚焦。精神卫生社工应坚定专业服务自信，社会工作者不是置身于患者生活之外的技术指导专家，而是在患者日常生活场景“朋友式”的陪伴者，以患者及其家属的意愿为基础，以需求和问题解决为导向，着重协助患者解决社区康复生活中的困难和问题，提升患者的生活能力和社交能力，促进患者生活改善，提高生存质量。

（三）关注患者家属精神健康，扩展病患家庭心理弹性

社会工作者服务严重精神障碍患者社区康复务必以家庭为整体进行干预和介入，基于家庭的优势、家庭成员的互动沟通等方式扩展家庭心理弹性。社会工作者的服务不能脱离具体的日常生活，应秉承着“复元”的理念，不局限于关注患者的病症变化，复元的本质是个社会性过程，即使在精神疾病的持续影响下，社工仍应协助患者提升更好地生活的能力，这种介入不只是需要患者的配合，更需要患者家属的理解和配合，家庭是影响患者后期康复最直接的日常场景，家属往往需要配合医生进行患者的病症和服药管理，患者的顺利康复直接受照顾者及家庭环境的影响。良好的家庭支持环境对患者后期康复和保持健康至关重要；但是严重精神障碍患者家庭往往面临着家庭成员之间沟通不良、患者心理支持性较弱等问题，因此精神卫生社工需要以患者的家庭为中心进行介入，通过协助患者解决生活中的微小问题，不断提升解决问题的能力并巩固患者取得的成果，让患者及其家属

增强自信心和抗逆力，挖掘整个家庭的潜在优势。

（四）提高健康教育宣传力度，创新服务成效评估体系

当前，公众对精神疾病患者的态度多是“回避”“敬而远之”；消除公众对精神疾病的畏惧心理和误解才能让更多人真正认识精神疾病。对社会大众的精神疾病及心理健康相关知识科普，除常见的大型宣传活动发放宣传折页、游戏体验等方式外，可针对不同人群开展针对性宣传教育，如青少年群体、企业员工、患者的家属群体等；其次，精神健康知识科普还需紧随新媒体的步伐，将科普推文与短视频形式两条线同步推进，提升公众对精神疾病的整体认知水平。

精神卫生社工服务成效评估更需具有创新性和独特性。精神卫生社工的服务成效相较于其他领域社工服务而言存在服务质量更难衡量的特点，社工的服务质量更难真实地被测量，在目前社工服务中普遍采用第三方形式统一的评估体系来衡量社工服务的质量，未根据不同领域的社工服务进行更精细化区分，若要提高精神卫生服务质量，强化社工服务的深度发展必须精细化和区别化评估体系，有学者便提出了针对以复元理念为基础的精神卫生社工服务的参与式评估法，通过在“结构－过程－结果”模型下形成以服务对象健康改善状况为导向的具体评估模式来衡量社会服务的质量[5]。今后，精神卫生社工服务成效的可视化必然需要更精准的服务评估体系。

参考文献：

[1] 中华人民共和国国家卫生健康委员会．严重精神障碍管理治疗工作规范（2018 年版）[J]．中国实用乡村医生杂志，2018（07）．

[2] 朴英子．严重精神障碍患者服药管理效果评估 [J]．世界最新医学信息文摘，2019（52）．

[3] 深圳市精神卫生中心．深圳市严重精神障碍患者社区管理工作手册 [M]．2019．

[4] 吴铎，么改琦．我国精神疾病患者社区康复工作发展的现状和应对策略 [J]．解放军预防医学杂志．2019（11）．

[5] 杨锃，郑宏．社会服务评估研究——以基于复元理念的精神康复服务参与式评估为例 [J]．华东理工大学学报（社会科学版），2018（04）．

儿童与家庭社会工作

社会工作介入困境儿童的行动研究

——以 X 市困境儿童社会工作服务项目为例

林 艳 刘小红*

摘 要： 民政部从 2006 年到 2019 年联合各部门多次出台关爱困境儿童服务工作的指导意见，其中，国家十分支持社会工作者作为专业力量为困境儿童提供服务。为了更加深入地研究社会工作介入困境儿童服务的成效，本文采用最具有社会工作性格的研究范式——行动研究，在服务实践中研究，用研究提升服务成效。一方面，在社会支持理论的指导下从正式支持、非正式支持和对支持的利用度三个方面制作调研问卷，调查困境儿童的困境情况。另一方面，从提高支持利用度的服务路径、弥补非正式支持的服务路径和增强正式支持的服务路径为困境儿童提供专业的社会工作服务。最后，探索出细化困境的等级和类型、系统链接资源和搭建支持平台这三条适用性强的困境儿童社会工作服务路径。

关键词： 困境儿童；社会工作；行动研究

一、行动背景：社会工作介入困境儿童开展行动研究的意义

儿童的生理属性和社会属性都处于相对弱势的地位，需要家庭的关爱、社会的支持和国家的培养，困境儿童因为其处于困境状态中则需要更多的关注与支持。根据第六次人口普查数据，我国除了 57 万孤儿，全国有 61 万在事实上无人抚养的儿童，加上其他类型的困境儿童，民政部估算全国有数百万困境儿童。① 庞大的基数和层出不穷的关于困境儿童的恶性事件都告诉国家和社会需要更多地关注、并采取有效的办法解决或缓解困境儿童的困境情况，在众多困境儿童服务项目中，困境儿童社会工作服务项目因其专业性从中脱颖而出。在专业社会工作理论的指导下，社会工作者能够在前期摸底调研确定困境、在专业社会工作服务中缓解或解决困境儿童困境、在服务结束后预防新困境的产生，从而支持困境儿童的进一步发展。

目前我国学者更多关注政策方面对困境儿童的帮扶，希望通过“上层建筑”来带动“基础服务”的开展，但是这样的推动并不能解决困境儿童目前面对的紧急困境。同时，

---

* 作者简介：林艳，湖南宁乡人，社会工作与社会学系讲师；刘小红，广东河源人，2020 届社会工作专业硕士。

① 中华人民共和国民政部. 中国困境儿童达数百万 61 万名儿童无人抚养 [EB/OL]. 2018 - 3 - 11.

困境儿童数量庞大，需要更多的社会工作者介入服务，有些落后地区不仅困境儿童数量众多，还缺乏专业的社会工作服务，为此，本文以行动研究为研究范式对X市困境儿童社会工作服务项目开展研究，在实践中研究社会工作介入困境儿童兼具有效性和普适性的服务路径，并在服务中不断总结和升华服务路径。

二、行动计划：社会支持理论视角下困境儿童的困境问题分析

（一）对已有的支持利用度低

通过调研发现，困境儿童因为年龄还小，还没有形成利用支持资源去帮助自己摆脱困境的意识，困境儿童的监护人也没有去主动争取可以帮助困境儿童的各类支持力量的意识，这导致了困境儿童长期处于困境状态中不能得到改善。

一方面表现在经济资助申请量小。在受访的283名困境儿童中，60%的困境儿童对可以申请的资助茫然不知；有20%的困境儿童监护人表示知道相关符合条件的补助政策，但是因为觉得太麻烦了而错过了申请的机会；有20%的困境儿童监护人羞于去申请相关补助。另一方面体现在教育资源利用率低。在283名困境儿童中，有36名困境儿童因为身体原因、未到年龄上学和家庭贫困没办法继续升学而没有入学外，其余的247名困境儿童都在学校学习。但是，在这247名在校困境儿童中，有149名困境儿童的成绩在全班平均成绩线以下，并且有不少困境儿童的成绩处于班级成绩垫底的位置；有81名困境儿童的成绩在全班平均成绩线上徘徊，成绩没有很大的提升；有17名困境儿童的成绩位于全班平均成绩线以上。

（二）非正式支持缺位

相对于主要是基于物资支持的正式支持，非正式支持对困境儿童的性格养成和精神世界的满足尤为重要，非正式支持包括了血缘关系、亲缘关系、地缘关系和私人关系的支持。非正式支持在困境儿童的成长过程中都不可缺位，没有了非正式支持，困境儿童难以独立养成健康的人格。经过调研发现，283名困境儿童的非正式支持处于缺位的状态。

就血缘关系而言，儿童最亲近的人就是自己的父母，因为家庭经济原因，一些父母双方监护的困境儿童因为父母需要外出工作，所以其受到父母监护的时间也非常少。这些儿童白天在学校学习，晚上临近休息了父母才工作完回到家中，等自己洗漱完毕休息了，父母也未必能够陪伴其入眠和他们分享一天的事情。对于隔代监护的困境儿童情况更严峻，他们或者半年一年才能够见自己的父母一面，或者父母因为各种原因走失，这一辈子都无法再次见到自己的父母，对他们而言已经没有亲子关系这个概念了。还有一些父母一方监护的困境儿童，他们的父亲或者母亲是在他们身边的，但是因为疾病原因没办法履行监护义务，对于这部分困境儿童而言，与其父亲或者母亲的交流都有障碍，更做不到培养更加亲密的亲子关系了。

困境儿童的血缘亲戚也忙于自家的生计，不能给予困境儿童更多的支持，甚至会因为嫌弃困境儿童而失去联系；在地缘关系方面，困境儿童因为性格内向没有主动和邻里及社

区其他成员保持良好的联系，现今的邻里关系也日渐疏远，导致困境儿童没有得到邻里或者社区其他成员的帮助和支持；在地缘关系支持方面，困境儿童的社区融入程度不尽如人意。因为家庭经济问题或者自身身体或者性格原因，困境儿童极少去利用社区公共图书室和社区公共活动室等社区的公共资源。

（三）正式支持力量弱

正式支持力量包括了政府支持、社会企业支持、社区组织支持。困境儿童年纪尚小，不能独立生活，他们的家庭也无法提供良好的成长条件，因此更需要借助第三方力量来摆脱困境。而在调研中发现，困境儿童虽有国家保障救助的支持，但救助力度薄弱，无法完全摆脱困境。为了弥补国家政策保障的不足，政府也出台了相关政策鼓励社会力量参与对困境家庭的帮扶，社会企业通过爱心捐赠等社会救助能够帮助企业减税。但是社会企业支持的名额是有限的，并且条件苛刻、申请程序麻烦，所以并没有很多的爱心企业会开展爱心救助活动，同时有救助方向单一且力量不足的问题。据统计，困境儿童享受的社会支持主要是企业的爱心支持，金额一般不高，其主要用途是帮助困境儿童上学。

三、实施行动：社会工作介入困境儿童服务的路径

（一）提高困境儿童对已有支持的利用度

困境儿童社会工作的主要服务对象是困境儿童，社会工作者在开展专业服务时须把困境儿童自身的困境当成最重要的服务内容。个案工作的开展能有针对性地深入了解困境儿童个人，从困境儿童本身入手，提高困境儿童对自己已有支持资源的利用，化被动为主动，积极解决困境问题。同时开展同质性小组工作能通过小组成员的力量支持困境儿童主动解决困境问题。

通过个案工作支持困境儿童实现增能。针对困境儿童因为自身能力不足而导致困境的情况，社会工作者可以选取最具有针对性的个案工作，培养困境儿童主动利用支持资源的能力。社工可以根据困境儿童的困境问题评估，将其困境问题转化为十四个类别的主要需求：生活经济援助、医疗救助、生活照顾、亲子教育、学业辅导、心理辅导、偏差行为矫正、特殊教育、监护看管、医疗鉴定、人际交往辅导、户口问题、安全问题和监护人就业需求。针对十位一级困境儿童的困境问题，社会工作者按“由急到缓”的服务原则开展一系列的专业服务，帮助其缓解或者解决困境问题。在解决困境问题过程中，社会工作者关注案主提高解决困境问题的积极性和主动性，支持困境儿童培养解决困境的能力。这里，社会工作者应该更加突出支持者的角色。社会工作者从社会支持理论视角出发，充分了解每一位案主的支持情况，通过梳理案主在血缘支持、亲缘支持、私人支持、学校支持、地缘支持和社区支持等各方面的现有支持资源和潜在支持资源，社会工作者通过该个案工作服务和案主进行积极沟通，循序渐进地培养案主利用这些资源的能力，其中语言表达能力尤为重要。社会工作者会针对案主的不同支持需求和不同的支持资源开展个案服

务，帮助案主实现增能而主动去运用支持资源，帮助自己解决困境，主动迎接困境的挑战，在挑战中实现成长。

通过小组工作支持困境儿童主动成长。小组工作中小组成员的同质性能够让小组成员得到更深刻的认同和支持，为此，通过小组工作支持困境儿童在小组中主动成长，在小组中培养建立私人关系支持和社区关系支持会更加自然，让困境儿童在潜移默化中主动成长。与个案工作不同，小组工作更加强调培养案主主动解决问题的能力，而不是个人主动解决问题意识的培养。为了提高服务效率，社会工作者可以将同质性小组服务作为工作的主要方向。面对缺乏自信心，没有勇气在大众面前表达自己的情感和意见的困境儿童，社会工作者可以组建“走上演讲台”自信心提升支持小组。社会工作者在其中扮演支持者的角色，鼓励困境儿童表达自己的心声，提高自己的自信心，要敢于表现自己。有些困境儿童因为缺乏家长教育或者受到家长行为的影响，导致非常暴躁易怒的脾气和消极敏感的情绪，总会让困境儿童失去同龄玩伴，社会工作者为此可以组建“做情绪的小主人”情绪管理支持小组。除了支持性小组，社会工作者还可以组建成长小组，旨在为组员提供一个认识、扩大、改变自己与他人交往中的思想、感受和行为。社会工作者为所有的困境儿童组建“人际关系拓展成长小组”，希望为困境儿童提供平台，帮助他们在人际关系拓展中得到成长。困境儿童在困境家庭中成长，常处于困境的情景中，需要培养困境儿童的抗逆力去应对困境问题。对此，社会工作者可以组建“困境儿童抗逆力主题成长小组”。

（二）弥补非正式支持的服务路径

经过问卷调研和深度访谈，笔者了解到 283 名困境儿童的社区支持系统和社会支持系统薄弱。因为搭建困境儿童与社区支持资源和志愿者支持资源之间的联系有助于社会工作者结束服务后社区资源和志愿者能够支持困境儿童的成长，所以社会工作者除了关注困境儿童本体的困境问题的服务外，还重视帮助困境儿童链接各方支持系统。

首先，可以通过社区工作帮助困境儿童寻求社区支持。社区工作人员和社区居民常常会遗忘社区内存在困境儿童这个需要支持的群体。为了改变这一现状，社会工作者可以开展以困境儿童主动融入社区为目标的社区活动。通过这项社区活动让社区工作人员和社区成员更加深入了解困境儿童，并且看到困境儿童的可塑性。

其次，在邻里层面，社会工作者开展邻里结对一对一帮扶活动，通过联系愿意帮助困境儿童的邻里来建立他们之间的关系，让这些邻居参与到社区对困境儿童的服务中去，通过地缘优势帮助困境儿童，在处于困境状态的时候能够提供更加直接和及时的帮助，也能及时告知社区关于困境儿童的相关情况，以便社区能够及时为困境儿童提供帮扶。地缘支持是最及时和便捷的支持，包括为困境儿童提供的暂时监管、帮助困境儿童进行课业辅导、帮助忙于生计的困境儿童监护人接送困境儿童上下学，这些都是地缘关系能够提供的支持。社会工作者也在积极开发困境儿童的社区支持和地缘支持，通过建立这些支持资源与困境儿童之间的良好关系，帮助困境儿童缓解某些困境问题。

最后，培育稳定志愿者队伍提供社会支持。为了给困境儿童在社会上的发展提供重要且稳定的支持力量，项目组成员在项目筹备周期就制定了志愿者培育计划。相较于其他项目志愿者队伍人员的庞杂，针对困境儿童这个特殊的服务群体，社会工作者制定的志愿者培育计划的主旨是稳定，因为稳定的志愿者队伍才能帮助社会工作者为困境儿童的服务提供延续性的服务，而在校学生和党员群体成为社会工作者为困境儿童培育志愿者队伍的首要选择。一方面可以组建在校生志愿者队伍。社会工作者将283名困境儿童的居住地点和学校进行了详细的划分后发现，有部分困境儿童的居住地和学校临近几所高校，有重点大学、普通大学和职业院校，这些潜在、高素质的志愿者资源急需要社会工作者开发利用。社会工作者应该和高校的相关志愿者组织联系，并建立长期的合作关系，并给予每一位志愿者一个志愿编号，同时编写了《志愿者管理制度》和《志愿者培训手册》。另一方面可以链接党员志愿者队伍。根据中央组织部最新党内统计数据显示，截至目前，中国共产党党员总数为8779.3万名，比上年净增110.7万名，增幅为1.3%。党的基层组织436.0万个，比上年增加5.6万个，增幅为1.3%。数据表明，中央关于新形势下党员队伍建设和基层党组织建设的部署要求得到贯彻落实，党的生机与活力不断增强。在数量上，中国共产党党员已经突破九千万，庞大的党员数量能够满足困境儿童需要的志愿者的数量。①

（三）增强正式支持的服务路径

困境儿童的困境问题的解决并不能一蹴而就，只关注当下社会工作者能够提供的服务是不够的。社会工作者们除了运用支持者、倡导者、教育者和资源链接者的角色开展三大社会工作服务，还需要关注困境儿童的未来发展。

X市紧跟中央政府的决定和政策要求为X市困境儿童的关爱的保护工作制定了《湖南省人民政府关于加强困境儿童保障工作的实施意见》（湘政发〔2016〕26号）和《湖南省人民政府关于加强农村留守儿童关爱保护工作的实施意见》（湘政发〔2016〕17号）两个文件，对推动X市困境儿童的保障和保护工作的开展起到重要的作用。但是项目组成员在详细研究这两个文件发现，《意见》中对于困境儿童的定义并不符合当下统计下X市困境儿童困境类型的构成。为此社会工作者对X市283名困境儿童的困境类型进行分类和总结，并将调研结果写成报告提交给X市政府的社会工作司，建议他们和政府其他部门进行深入的讨论，进而明确《意见》中对困境儿童的定义和分类，明晰困境儿童的定义能够提高政策的贯彻落实速度和效率。另外，在走访中发现很多满足申请相关社会保障救助条件的困境儿童根本不知道有救助补助政策的存在，所以建议相关部门在发布各项困境儿童救助补助政策的时候要提高政策的宣传力度，要求最基层的社区组织能够落实到每一位满足政策保障条件的社区成员。同时，项目组成员在研究《意见》内容时发现其中缺少更为详细的申请程序，并且对于隔代监护的困境儿童没有制定适用于隔代监护人的申请程序，导致很多隔代监护人因为不懂得如何申请错过申请时间，不能享受困境儿童的救助补助政策。针对这个问题，社会工作者给相关部门递交了政策建议。

① 2018年中国共产党党内统计公报。

四、行动总结：对困境儿童社会工作服务路径的建议

（一）细化等级和类型，提高资源利用度

在参与 X 市困境儿童社会工作服务项目的开展过程中，深刻认识到困境儿童社会工作服务项目的服务主体是困境儿童，整个项目的开展应该以困境儿童本体的困境为出发点，通过精准化的社会工作服务帮助困境儿童提高改变困境的意识和能力。

在我国，社会工作为了提高知名度而配合政府和社区开展具有政府和社区特色的服务时代已经要过去了，未来社会工作要展示自己的专业性和不可替代性。[1] 在困境儿童社会工作服务项目中，了解困境儿童的需求是最基本的工作，只有明白了困境儿童的服务需求社会工作者才投其所需为其开展专业的服务。[2] 为此，笔者总结出在开展困境儿童服务时更加具有针对性和同质性的服务方向：细化困境儿童的困境等级和困境类型。因为社会工作精准的服务能够明显展示社会工作专业性，而细化困境儿童的困境等级和困境类型是社会工作提供专业精准服务的基础。一方面，细化困境儿童的困境等级能够帮助社会工作者在有限的资源中帮助迫切需要帮助的困境儿童；另一方面，对项目内所有的困境儿童进行困境等级的详细划分有利于提高政府及相关企事业单位和社会组织对困境儿童的关注，通过评分数据清晰地告诉他们困境儿童的缓急程度，让他们对困境儿童的困境问题有明确的认知，而不是停留在“困境儿童”这一空泛的概念之中。

社会工作者们值得注意的是，每一个地区的困境儿童困境类型和困境等级的确定并非完全一样，困境儿童社会工作服务项目的社会工作者们不能等着国家进行统一的划分，而是要尽快通过项目组全体成员的学习和研究，制定适合于当地的划分规则。通过细化困境等级和类型来提高支持资源的利用度，不仅能够帮助社会工作对困境儿童的支持资源有更清晰的了解，而且能提醒社会工作者关注培养困境儿童主动利用支持资源解决困境情况的意识和能力。

（二）系统链接资源，串联非正式支持

因为困境儿童年纪尚小而不能独立生活在社会中，社会工作者无法长时间陪伴和支持困境儿童，所以，社会工作者对困境儿童开展链接资源，串联非正式支持是最长效的服务。

社会工作者帮助困境儿童链接非正式支持的资源容易出现“放射性”的链接，同时出现“单向性”的支持而没有双向互动，为此，社会工作者还需要帮助困境儿童进行“环环相接”资源链的串联。即社会工作者以困境儿童为中心，以“圆环状”链接资源，并且要帮助各个资源之间建立联系，使得所有的支持资源都是“双向状”进行链接的。因为在非正式支持中，很多的支持都是有交叉点的，例如地缘支持可能和学校支持、亲缘支持有重合之处，困境儿童的亲戚可能在地缘圈中或者学校中任职，这样的资源是一个节点，社会工作者和困境儿童可以重点关注这类人群可以稳固几个支持圈子的力量，这为困境儿童的非正式力量圈子的构建有不可磨灭的作用。

社会工作者在进行系统性链接资源时应该遵守两个原则：一是自愿性原则。社会工作者不能直接或者过多地干预各支持资源原有的运行轨迹，不能因为社会工作的需要而迫使非正式资源改变自己的生活方式或者做事原则，不能以道德制高点去要求更多的非正式系统一定要进行联合。社会工作者应该和困境儿童及其家庭一起共同搭建困境儿童的非正式支持系统，同时不断扩大非正式支持资源的范围，通过已有非正式资源的链接，挖掘新的非正式资源，由此不断扩大非正式资源的互动圈子。二是主动性原则。一个支持圈的建立是需要维系的，社会工作者应该帮助困境儿童在支持资源圈中不断反馈帮助信息。困境儿童或者其监护人都应该在获得支持后以各种形式向支持者表示反馈，维持支持圈的稳定。

（三）搭建支持平台，加强正式支持力量

困境儿童的发展不仅仅需要经济基础也需要上层建筑，上层建筑能提供强大的正式支持力量支持困境儿童的长久发展。社会工作可以通过搭建支持平台来加强困境儿童的支持力量。搭建支持平台是指社会工作者以自己为中心，联合能够帮助困境儿童的所有组织单位搭建一个支持困境儿童的平台，以支持困境儿童服务工作的长效发展。[3]这个平台中心是困境儿童，组织者是社会工作者，参与者是民政局、妇儿工委、残联组织、公安机关、教育局、卫生计生、人力资源社会保障等部门。

需要强调的一点是：这个平台一定是社会工作者为牵头者进行搭建。因为很多能够帮助困境儿童发展的单位和组织有着级别之分，他们在整合资源时会有更多的考虑。以社会工作者为中心才能明确好平台中每位成员的职责，让他们充分发挥自己的优势帮助困境儿童解决困境问题，以达到平台成员通过社会工作者的协调全力支持困境儿童发展的目的。为了让每一个单位和组织都能充分发挥在平台中的作用，社会工作者应该拟定平台合作协议和合作原则，通过以平等、尽力的合作原则约束平台成员不能因为政绩而加入平台却不作为。同时，在协议中也要明确各单位和组织为困境儿童能够提供的主要支持方向，如此才能让社会工作者在对困境儿童进行困境分类和困境等级的划分后，不同困境儿童的问题能够得到不同组织和部门的帮助，使得平台的责任明确，也便于在社会工作者退出困境儿童一线服务时平台的每一位成员依然能够有条不紊地为困境儿童提供长效的服务。通过搭建这个平台为困境儿童构建一个能够提供长效帮助的支持者，这个支持者不是孤军奋战，而是有着共同目标能够团结协助的强大团队，他们能不断为困境儿童提供更加深入和长久的服务。

五、结语

困境儿童数量庞大和处境堪忧的情况值得引起国家和社会更多的关注，也需要国家和社会的更强支持。社会工作者作为服务弱势群体的专业人士，应该积极响应国家政策号召，在困境儿童社会工作服务中毫不保留地献出力量。

社会工作者在社会工作服务项目中同时担任服务提供者和服务研究者的角色，服务中进行研究，在研究中改进服务，保持服务循环上升的状态，力求帮助困境儿童拥有更长远和稳定的支持和服务。一方面，社会工作者要充分发挥社会工作的专业性，从提高困境儿

童已有支持的利用度、弥补非正式支持的服务路径和增强正式支持的服务路径这三条服务路径出发，为困境儿童提供符合困境儿童年龄特性的针对性社会工作服务；另一方面，社会工作者可以通过这三条有效路径帮助困境儿童从发展性角度缓解困境：细化困境等级和类型，以提高支持资源的利用度；系统链接资源，串联非正式支持；搭建支持平台，加强正式支持力量。

留守儿童可能随着时代的发展、国家经济的繁荣而消失，但是困境儿童中的其他困境类型儿童可能会因为一些不可逆的困境因素而长期处于困境状态，虽然不能完全解决他们全部困境，但是社会工作者们可以通过专业服务帮助困境儿童缓解或者解决部分困境，让困境儿童感受国家、社会和家人朋友的支持力量，培养他们主动战胜困境的意识和能力。

参考文献：

[1] 行红芳. 困境儿童分类保障制度建构路径探析［J］. 中州学刊，2016（08）.
[2] 杨文健，姚一凡. 江苏省困境儿童分类救助研究［J］. 人民论坛，2016（11）.
[3] 童小军. 儿童福利研究［J］. 中国青年社会科学，2018（02）.

社区儿童性安全保护问题研究
——以Z市Z社区为例

欧阳志宏　史　楷*

摘　要：根据Z社区儿童性安全保护现状，结合社工角色积极关注儿童性教育状况，挖掘家庭在儿童性教育缺失方面的非正式支持以及联结社会组织在社区开展儿童性防范工作的正式支持，充分利用支持网络资源。借助社区宣传和引导以及资源链接，从社区儿童自身、儿童家庭和社区层面提出对策和建议，提升支持网络内人员的防范意识，共同构建儿童的性安全社会支持网络，在如今具有一定现实意义。

关键词：社会支持；儿童；性安全

虽然当前的儿童性安全保护已经有了一定的关注度，但是在具体的社区中仍然存在许多突出问题。以Z市Z社区为例，通过实地调研，在儿童自身、儿童的家庭、社区三个方面发现有儿童的性防范意识模糊、家长性教育匮乏、社区儿童保护力度不足的问题。同时，根据上述提出的问题，提出引导培养儿童性安全防范意识以应对外界的性安全问题、提升家长性保护观念，增强家庭性安全保护等资源网络。因此，对社区儿童性安全保护的探讨，具有一定的现实意义。

一、Z社区儿童基本情况与性安全保护现状

（一）Z社区儿童的基本情况

作为近年来发展的新兴社区，Z社区内存在较多儿童。截至2020年儿童数量达400人左右。社区内儿童人数约占社区内总人口数量的15%。由于近几年不少外地居民搬迁入住，社区内外来人员的子女适龄就读小学搬迁此地，儿童数量也较以往有所增加。

（二）Z社区儿童性安全家庭保护现状

在儿童监护人在家的情况下对儿童家长或监护人进行访谈时，大部分社区家长平时会

---

* 作者简介：欧阳志宏，湖南永州人，2021级社会工作专业硕士生；史楷，山西太原人，2021级社会工作专业硕士生。

教导孩子提防陌生人、不准私自下河游泳等安全教育，对儿童性安全保护教育较少，且对儿童遭受性侵等事件关注较少。少部分家长注重对孩子性安全教育，平时会通过新闻推送和书籍了解知识，但也较少教导孩子具体应该怎样做。

（三）Z 社区儿童性安全社区保护现状

为了解当前 Z 社区对儿童的性安全保护情况，笔者在社区主街道、社区小学等地方通过口头访问以及问卷调查的方式对儿童家长或监护人、社区部门及学校工作人员展开调查。调查发现，Z 社区居委会工作人员曾通过社区告示栏张贴教导儿童防范陌生人的小知识的横幅，对儿童性安全保护教育则几乎没有。由于社区近几年不断新建楼房，社区内涌入了越来越多的商家，社区内的环境也逐渐复杂起来，儿童所处的环境也存在着较大隐患。

二、Z 社区儿童性安全保护问题

（一）儿童自身性防范意识模糊

1. 对隐私部位的认识不足

儿童的隐私意识首先应该表现在对隐私部位的了解。只有知道哪些是隐私部位，儿童才能谈得上去保护隐私部位，也才能提高其保护意识[12]。在社区当中选取 102 名儿童并协助他们进行问卷填写，在男女儿童的身体的示意图上涂出隐私部位。结果显示，全部正确标出男孩和女孩隐私部位的只有 18.6%，有 45.7% 的儿童能正确标出男孩或女孩的隐私部位，错误标出的有 35.7%。可以看出，这些儿童对隐私部位的正确了解情况较差。

2. 儿童识别危险环境的意识较差

儿童面临的环境在不断发生着变化，家中儿童也避免不了被盯上。同样地对 Z 社区当中的 102 名儿童进行调查研究，假如你独自在家，有陌生人敲门说有事（如更换煤气、送水等），要你让他进门。调查显示，面对这种情景，五分之二的儿童识别能力和防范风险意识较差。结果表明，在社区中人仍然存在一些儿童不懂得如何识别环境，当危险情况出现时不会正确面对。

3. 儿童对性侵害的应对能力欠缺

假设真实的性侵害来袭时，对 Z 社区内的儿童进行关于“Z 社区儿童面对性侵害时的做法”问卷调查。结果显示，当儿童面对性侵害时，22.5% 的儿童会“赶紧跑开”，14.7% 的儿童会大声呼叫，有 12.7% 左右的儿童会选择“拒绝或反抗”。半数儿童不知道怎么处理上述情形，这说明了 Z 社区内仍有大部分儿童对性侵害的应对能力比较欠缺。

（二）家庭性安全教育缺位

在封建传统观念的影响下，性一直处于隐私的状态，许多人都是谈“性”色变。即使有些父母能够意识到对子女进行性教育的必要性，也往往不愿意对子女谈性安全方面的问题，家庭在儿童性安全教育方面形成严重缺位的状态。

家长缺少教育儿童性安全保护的意识，很多时候不知道如何正确教导自己的孩子，于是大多数家长在“性”这个问题上避而不谈。没有正确教导儿童如何识别和应对相关的性侵危险情景，更没有让孩子学会如何在危险的情况之下保护自己。

（三）社区儿童性安全保护力度不足

提及儿童性教育时，不少居委会的工作人员并不知情。作者通过访问Z社区的工作人员并查看了当地近几年的工作报告，调查了近三年开展社区儿童性安全保护教育情况。在Z社区了解近三年社区儿童性安全保护教育情况中发现，社区近三年开展的教育方式单一，均以横幅宣传或张贴告示为主。

三、Z社区儿童性安全保护问题的原因分析

（一）儿童性教育知识空白

1. 基本性教育缺失

家长是孩子的第一任老师，同样也是第一任性启蒙老师。然而由于中国传统观念的影响，家长性教育观念却是一片模糊。在Z社区中，有不少父母认为性教育是无师自通的事情，即使有些父母能够意识到对子女进行性教育的必要性，也往往不愿意对子女谈性安全方面的问题[3]，家庭在儿童性安全教育方面形成严重缺位的状态。

> “只会教育孩子不要让别人摸自己的身体，其他的不知道怎么教，之后就没有教过孩子这方面的东西了。”（邓家长，43岁）
>
> “我也没有特意地去教育孩子这方面的知识，家里小孩对成年人的事和婚姻那些还很模糊的，没有概念。”（何家长，39岁）

2. 儿童性侵辨识力过低

儿童年纪小、缺乏警觉和对保护缺乏意识、身体力量和成人之间存在的差异，都容易使儿童成为性攻击的受害者。犯罪分子常常利用儿童的特殊心理，用甜食、零钱、游戏和作业等引诱儿童上当，同时使用威胁、恐吓和其他方法来性侵犯儿童[10]。儿童的性教育不仅仅是让儿童增加对自己和异性生理结构的认知，还应知晓自己在被对方骚扰时是否构成性骚扰[5]。

（二）家长传统性观念根深蒂固

受到传统观念的影响，家长对“性”只字不提，他们甚少向孩子提到关于青春期发育的问题，更别提会对孩子进行性教育，他们以为孩子们长大就会自己明白。Z社区家长关注儿童的吃穿用度及学习方面的问题，却经常忽视儿童生理心理方面的变化和成长，缺乏对儿童性知识的传授，对于儿童的安全知识教育仅局限于平时的安全教育方面。

“我平时就教他撒尿啊，洗澡的时候怎么洗就行了，都不和小孩说什么性知识，小孩子过早接触这些不行的，到后面肯定自己就会了。”（社区罗家长，42 岁）

“这种事不太方便说，也很少教孩子这些事，小孩子和朋友一起玩说出来了街坊邻居觉得跟我们家小孩玩会学坏。”（社区李家长，46 岁）

（三）社区资源整合力度不足

社区是儿童生存和发展的重要环境之一，社区资源可以作为儿童性安全保护的一大积极因素。随着经济的迅速发展和 Z 社区的不断建设，外地居民频繁搬迁入住、社区附近娱乐场所开设增多、社区外混迹社会人士逗留及社区管理力度较弱等原因，社区居住环境正在发生巨大的转变，社区环境也在逐渐复杂化。目前社区中儿童的性安全教育及服务资源存在着严重的资源整合问题，即便社区中有相关资源也没有真正派上用场。据笔者调查，Z 社区的居委会暂未开展有关儿童性安全教育的活动。

“居委会或者街道办有要求做性安全相关的内容，但是因为人力、时间和资源的原因，没有开展，有时候感到有心无力。有时候想给孩子们开展活动宣传一下又没有合适的办法。”（居委会负责人谭阿姨）

“有时候想和孩子们开展一些活动，但是自己也有很多工作要处理，根本没时间顾及这些小朋友。”（街道办李阿姨）

四、Z 社区儿童性安全保护对策建议

（一）培养儿童防范意识，加强儿童辨识力

1. 教导孩子隐私部位及词汇

教导儿童性知识的首先要了解自身的隐私部位。让孩子知道身体的哪些部位究竟是属于隐私部位也同样重要[9]，告诉男孩们自己的阴部和臀部属于隐私部位，告诉女孩们自己的阴部、臀部和胸部是属于隐私部位。同时需要告诉孩子们自己的隐私部位在一般情况下需要保护好，不能被陌生人随意触碰。

2. 培养儿童的性安全防范意识

要提升儿童的性防范意识需要具体举例说明，让儿童对于性侵犯有具体的了解，当遇到如下情形时需要警惕起来：有人想看或触摸你的隐私部位；有人故意向你暴露或在你面前玩弄生殖器官；有人故意让你触摸他的隐私部位。父母要提醒孩子，实施性侵害的可能是任何人。父母要注意告诉他们：不是只有女孩才会被性侵，男孩也会[6]。

3. 提升儿童的自我保护意识

当对方的行为让自己感到不舒服的时候，是有权利说“不”的。在面对外来的侵害时，没有足够的防御能力，但在面对危险场景时大声呼叫引起路人的注意，将可能避免受

到侵犯。教会孩子面对外界不明侵害说“不”也是儿童防性侵教育的重要内容[4]。

（二）更新家长教育观念，填补性教育缺失

1. 积极培育儿童性安全观念

家长是孩子的第一任老师，同样也应是第一任性启蒙老师。家庭对于儿童性观念的教育和引导是十分重要的。在社会大环境下，自己的孩子每天都面临着许许多多的风险，家长不能固守原先的性观念，一味封闭性教育的教导会让孩子面临危险时束手无策。因此父母需要理性对待性教育，主动关注儿童、积极培育儿童的性安全观念。

2. 普及儿童性安全教育做法

大多数父母没有接受过性教育，对于他们而言第一次与孩子谈论有关儿童性侵害的话题可能会比较紧张。那么父母可以像平常的谈话一样，将与孩子谈论儿童性教育话题变成家庭教育的一部分[10]。父母谈论性教育话题时可以采取以下几种做法：

第一，讲述故事。父母可以分享与自己在性安全上的经历，让孩子感到更加真实。父母将自己的故事述说给自己孩子听，会更有亲切感。或者以讲故事的方式（比如用小动物代替），将故事述说完整并询问孩子其中的感受也可以起到相同的作用。

第二，谈论儿童性侵危害。儿童性侵害等安全问题并未引起一些孩子的足够重视。社会上的信息碎片化且容易受舆论影响。父母查阅一些事实信息，与孩子一起谈论儿童性侵危害。

第三，激发儿童表达欲望。儿童性侵者经常会用保密来操纵和威胁儿童。必须让孩子知道他们是随时可以和父母讲自己遇到的任何事情，特别是当他们被别人要求保密时。当孩子看到有人触摸其他孩子的隐私部位，也不应该保密，不能把自己置于危险的环境中。

（三）统筹社区闲置资源，构建社区保护网

Z社区是儿童的重要活动场所，为公众提供服务，是儿童性安全保护中的关键环节。Z社区内儿童较多，要充分保障儿童的性安全还需要营造良好的社区文化环境。

1. 创造安全适宜的社区环境

社区周边存在不少娱乐设施和娱乐场所，而经常有人闲逛至社区中，不明人物进入社区给儿童带来不小的风险，并且还会引诱儿童沾染不良的习惯。因此首先需要净化社区环境，清理存在社区周边的大量治安问题的窝点，如游戏厅、网吧等，消除潜在隐患，保障儿童的安全。

2. 营造良好的支持性社区环境

Z社区内儿童较多，要充分保障儿童的性安全还需要营造良好的支持性社区环境，社区在保护儿童的性安全问题中，可以充分利用社会资源为他们提供帮助和支持，在访谈中了解到居委会有时候并不是缺乏资源，而是不知道如何才能利用资源并充分发挥作用。此时可以联合居委会发挥其服务机构的作用，并通过宣传板报、公告栏、社区讲座等形式普及性安全知识，积极动员社区儿童和家庭参与。

在逐渐复杂化和多元化的社区中，需要充分发挥社区的作用，增强其支持力度，社区

中宣传严打侵犯儿童利益者，保护社区儿童成为社区共识，可以减少安全漏洞，为儿童营造一个良好健康的生活环境[2]。

（四）社会工作协助

社会工作者在儿童性安全方面可以发挥自己的独特作用。随着社工站的建设逐渐增多，一些驻村、镇社会工作者的数量也在逐渐增多。社工在Z社区中可以充当资源链接者、协调者、服务提供者的角色，从而帮助儿童社区支持网络的构建。

1. 社区服务提供者

一方面为儿童及其家庭提供儿童性安全方面的知识，开放性教育态度，增加家长对于儿童性教育的了解。社工还可以运用专业知识为儿童提供心理疏导和情绪引导，运用小组介入的方式在社区开办“性教育学习”成长小组。

2. 资源链接者

社工发挥自身优势，链接多方面的资源，如社区居委会闲置资源，通过资源共享的方式为有需要的家庭提供服务，在社区中帮助居委会协调联系家长积极参与社区活动或开展形式多样的活动，以及联系社会组织在社区开展儿童性安全知识讲座等。

五、总结

当前社会发展快速，遭受性侵害儿童的数量逐渐增加，而儿童年幼受到伤害会对往后一生都有影响，对于儿童的性安全保护不可忽视。社会支持网络的构建是一个漫长的过程，尤其是在儿童性侵这样的隐秘事件就更需要社区多方参与。儿童个人、儿童家庭以及社区等多方共同发力，借助社工在其中发挥促进作用，助推网络的形成的同时加强网络之间相互联结，为儿童提供保障，助力儿童健康成长。

参考文献：

[1] 何培. 父母性教育素养和儿童性教育项目对儿童性自我保护能力的影响［D］. 成都：西南财经大学，2019.
[2] 张紫娟. 社会支持网络视角下儿童性安全问题研究［D］. 西安：西北大学，2015.
[3] 张美锋. 预防儿童性侵害叙事实践的行动研究［D］. 厦门：厦门大学，2017.
[4] 付佳. 小组工作方法介入女童性安全教育的实务研究［D］. 沈阳：辽宁大学，2020.
[5] 甘维. 男童性安全教育的社会工作介入研究［D］. 桂林：广西师范大学，2017.
[6] 姚安贤. 社会支持理论视角下社区儿童性安全保护的研究［D］. 广州：广州大学，2018.
[7] 马骋，张秀娟，包兴欢，高琴. 儿童性安全教育的困境与出路［J］. 教育与教学研究，2017（07）.
[8] 芦鸣祺，刘文利. 家庭教育是预防儿童性侵的首道防线［J］. 教育家，2019（29）.
[9] 孟奕彤，黄昕，索长清. 幼儿家庭性安全教育的价值、问题及对策［J］. 教育导刊

（下半月），2018（06）.
[10] 白哲铭，张宇，魏婧，闫涵，袁博. 我国儿童性侵犯案件现状及防性侵教育进展[J]. 法制博览，2016（07）.
[11] 李福玉. 社会生态系统视角下农村留守儿童性安全的社会工作介入[J]. 太原城市职业技术学院学报，2019（12）.
[12] 梁昕，李小东，杨德东，王韵秋. 儿童性侵害发生的家庭影响因素研究综述[J]. 社会与公益，2020（09）.
[13] 赵军. 留守儿童性被害问题定量研究——以“猥亵型性被害”为中心[J]. 东南大学学报（哲学社会科学版），2019（03）.
[14] 王小红，桂莲. 国内儿童性侵犯问题研究综述[J]. 现代教育科学，2014（08）.

身体视角下祖辈隔代抚育劳动研究
——基于对12名老人的深度访谈

刘润霄*

摘　要： 隔代抚育是我国家庭抚育的常见形式，但抚育孙辈通常不是一种年老后消遣娱乐的休闲活动，而是一种身体与情感的双重劳动。研究从身体视角出发，关注抚育劳动实践中祖辈的身体体现，并挖掘其背后的意义建构。以12名有抚育经历的祖辈为研究对象，通过开展深度访谈对祖辈自身的抚育劳动叙事进行发掘。祖辈身体在隔代抚育中往往以"闲不住""分身乏术""腰酸背痛""被使唤"等身体状态体现。但不同祖辈在劳动中经历的身体体验也是相异的，在性别分野和空间分异中呈现出差异化的角色建构和身体体验，这种差异的生成具有社会性。隔代抚育的身体劳动中蕴涵着"本分"与"情分"的双重身体伦理内涵，构成祖辈在抚育劳动中进行特定身体体现的行动逻辑。透过祖辈隔代抚育的身体劳动，要求思考如何构建一个能够给予祖辈更多身体选择的社会环境，给予祖辈以更多可能性。

关键词： 隔代抚育；身体视角；身体劳动；祖辈角色

一、引言

（一）研究缘起

隔代抚育在中国具有深厚的历史根基，祖孙相聚共享天伦之乐曾是关于理想家庭生活模式的生动描述，但在今天，隔代抚育在我国呈现出了更加复杂的社会图景。据CHARLS调查数据显示，全国照料孙辈的祖辈比例由2011年的49%上升至2015年的53%；中国老龄科学研究中心2014年的数据更是指出我国参与隔代抚养的祖辈比例高达66.47%[1]。含饴弄孙式的传统文化虽然依旧是支撑祖辈参与隔代抚育的重要动力，但隔代抚育绝不是一种传统在当代的完全复刻和延续，而是展现出一种全新的样貌。在这种"更新"中，祖辈作为隔代抚育提供者，经历了从祖辈角色到父母替代角色甚至是保姆角色的转变[2]。这种"更新"进而直接影响着祖辈的劳动实践与意义建构，将他们的身体置于一个与从

---

* 作者简介：刘润霄，山东淄博人，2021届社会学专业学士。

前相异的处境中。对隔代抚育中祖辈的把握不仅有利于更加深刻地掌握中国隔代抚育的内涵逻辑，更是在老龄化背景下切实关注老龄群体生活体验的现实需要。

在既有研究对隔代抚育中祖辈群体的分析中，祖辈不再仅作为儿童社会化的“阻碍者”、乡村地区的“留守者”，其生活质量问题、发展问题同样得到关注和重视。研究者们既关注谁更可能提供隔代抚育的问题[3][4][5][6]，也同样关心祖辈的生活质量问题，从积极——隔代抚育行为有助于祖辈的身心健康[7][8][9]和消极——隔代抚育行为会加重祖辈身体负担、生活压力[10][11][12]两方面讨论持续照料行为对祖辈的生存状态影响。

同时，更多的学者试图将祖辈放在更大的社会图景中进行理解。一是在家庭视野中着重对育儿过程中祖辈、父辈的职能分工、权力格局进行分析，强调祖辈在其中的弱势地位[13][14][15]。二是在社会视野中强调关注随迁老人的生存质量[16][17][18]，试图证明隔代抚育的发生是家庭主义下代际间合作共谋的结果，祖辈年老后不再仅仅是家庭资源的接受者，同样成为家庭资源的提供者[19][20]。三是在国家视野中，强调目前我国隔代抚育模式的生成具有制度性的一面，是国家主导的制度设置下被形塑的产物，呼吁重构国家与家庭的关系[21][22][23][24]。

综合来看，隔代抚育问题已经得到诸多学者的重视和讨论，但既有研究中有时只注意到祖辈是家庭权力格局中的一方、是代际关系中的一世代，却忽视了祖辈们处于家庭漩涡中的身体。身体作为人类存在的物质载体，长期以来被传统的社会学研究所忽视，呈现出一种身体在传统社会学中“缺席的在场”[25]9。人类的身体体现并非是简单受神经操纵的无意识行为，而是如特纳指出的，是一种社会规划、自我规划，是在特定的社会场域中“肉体化过程”的实践结果。在当代社会，“我们主要的政治和道德问题都是以人类身体为渠道表现出来的”[26]55。聚焦于当前的隔代抚育问题，社会对于隔代抚育的争论也离不开身体，这要求既要在知其然的层面上对祖辈的身体劳动进行描述，也要在知其所以然的层面上探寻操纵祖辈身体的社会力量。对隔代抚育进行身体视角的引入有助于填补之前研究的部分缺失，帮助我们更好地理解隔代抚育下的祖辈生活。由此，本文主要关注以下问题：祖辈在抚育劳动中是如何进行身体体现的？这种身体体现是否存在一定差异？透过祖辈身体体现，隔代抚育劳动的背后有着怎样的意义建构？

（二）研究概况

L城位于山东省中部地区，截止到2019年底，户均人数3.037人，60岁以上老人占总人口的24.14%，老龄化水平比较高。其中Q园毗邻六个小中型生活区，近年来增设了很多儿童娱乐设施，吸引了周边生活区的大量居民前往游玩，在游览群体上愈加呈现出“祖父辈+幼”的特点。研究重点收集了12个正在参与隔代抚育的祖辈案例事迹，采用深度访谈法参照拟定提纲同祖辈进行交谈以收集初步资料，最终共计取得访谈录音约计9小时，转录后的访谈文稿近8万余字。

12名祖辈中6名为农业户口，且过去长期在农村居住；在居住情况方面，除4名祖辈同子女分居外，其余8名祖辈都同子女共居，直接且密切地参与对孙辈的抚育；在跨省迁移情况上，除1名祖辈为山西移民至L城、1名祖辈有L城迁移至广东照料孙辈的经历外，其余祖辈均为本地人且留在本地提供抚育劳动。在同祖辈的访谈过程中，主要围绕着祖辈在提供隔代抚育中所参与和承担的具体劳动展开，鼓励引导祖辈就其真实的抚育生活经历进行叙事，详细讲述其每日的轨迹行动和身体感受。受访者的基本情况详见表 1。

表 1 受访者基本情况表

编号	性别	代称	年龄	教育程度	孙辈年龄	抚育时长
1	女	A	57	高中	6	5 年
2	女	B	62	小学	4	4 年
3	女	C	65	小学	5	4 年
4	女	D	61	初中	4	2 年
5	女	E	67	大学本科	5	4 年
6	女	F	58	文盲	7	6 年
7	女	G	60	高中	5；1	5 年
8	男	H	60	高中	9	4 年
9	男	I	55	高中	2	6 个月
10	男	J	63	初中	8	2 年
11	男	K	58	中专	5	1 年
12	男	L	85	大学本科	21	18 年

二、隔代抚育劳动中的身体体现

身体体现是指身体在一定社会环境下的呈现，能够给予身体行动者以一定的体验，既强调身体作为生物有机体下必然地受到某些约制，也意涵着身体是介入到社会生活中的一种隐喻。恰如弗兰克（Arthur W. Frank）[27]2 阐明的，受访者的故事通过身体被讲述，身体在以各种各样的形式被讲述、体现着。由此不禁发问，身体是以何种姿态在形形色色的隔代抚育叙事中进行展现的？

（一）祖辈隔代抚育叙事中的身体体现

1.“闲不住”的身体：以孙辈为中心的抚育劳动

“闲不住”暗指在一段时间中身体持续性不停歇的忙碌状态，在 Q 园的观察中，祖辈往往是以背着儿童水壶、手里拎着包包跟在孙辈后面的形象呈现。祖辈的身体同孙辈产生紧密联系，既像是他们以身体“盯”住了孙辈，又像是孙辈“困”住了他们。但 Q 园仅仅是祖辈日常抚育劳动的一角，祖辈 A 在其抚育劳动叙事中就突出了一种全面的身体实践。

> 其实就是陪着她，说累也不是很累，因为她小的时候你要寸步不离地跟着她，大了一点虽说不用一直盯着了，但是还是要多多关注的……这个孩子挺野的，在家里就是待不住，非得出去玩，大冷天的还得往外跑，她可不管你，就得玩够了才回去，但

我还得回去做饭嘞。(A)

“盯”“陪”和“寸步不离”表明祖辈身体总是指向孙辈的。这种指向需要全面的身体实践，不仅需要人的四肢和躯干的运动，还包含五官，比如眼睛需要时刻注视着孙辈的一举一动，耳朵需要清晰听懂孙辈的需求并且能在混杂的人群中准确捕捉到孙辈声音，嘴巴更是担负着教导孙辈的重要任务。总之祖辈几乎所有器官都被调动起来，呈现一种忙碌的身体状态。同时“闲不住”也指一种在不同空间内奔波转移的身体状态。

A有一位曾参加过抗美援朝、年逾100岁的公公，临近年关，当地政府安排慰问老兵活动需要A协助配合。但带着外孙女去处理这项事情显然是不合适的，A选择先将外孙女送到弟弟家安置，接着再去处理自己的事务。但政府临时更改时间，要求A回去等候通知。A就只能再赶回弟弟家中，好不容易处理完事务，A还得再急忙赶回去，因为晚上还有个饭局需要她去赴宴参加，她必须先把外孙女送回女儿家。

遇到事了就只能这样，还好他们家（A的弟弟家）基本上是一直有人的，就是有点“倒得慌”，你得来回跑啊，有时候在一个地方待的时间可能还没有路途时间长。(A)

当祖辈的抚育劳动和自身的事务在同一时间段内发生交错重合时，也会衍生出一种“倒得慌”的身体。“倒得慌”作为当地的一种方言俚语，意指的是身体在两个或者多个空间点中来回折返，身体总是在奔赴各个目的地的路上，给人催生出一种疲劳感和忙碌感。

2.“分身乏术”的身体：祖辈个体的身体选择

在面对身心投入要求较高的抚育劳动时，祖辈身体经常处于一种“分身乏术”的状态，特别是非独生子女家庭的祖辈更面临着如何满足多个子辈的隔代抚育需求问题。在亲情血脉和伦理责任面前，作为完整个体的祖辈身体遭遇抉择困境。

G育有一子一女，大女儿早已成家并育有一女，2020年女儿又顺利产下二孩，小儿子于2020年成婚并接着也育有一女。由于儿媳娘家远在农村，父亲身体略有残障需要照顾，协助抚育孙女的责任自然落到婆家头上。G的丈夫有自己的事业需要忙碌，抚育孙辈还是需要G来扛。为分担女儿二孩压力，G已帮女儿照顾二孩，没办法再去照顾孙女。但G又难以置孙女的抚育问题于不顾，抚育孙女不仅是她作为婆婆的责任，也涉及在儿子和女儿中的平衡问题。为此，G和丈夫选择出钱雇佣保姆伺候儿媳坐月子和照顾孙女，从而将自己的身体从进退两难的境地中解放出来，达到一种微妙的平衡。G将自己的这种行为理解为“出钱买安心”。

俗话说，手心手背都是肉，咱也不是那种偏心的父母，肯定能帮得上的都想帮孩子，但是我真的是分身乏术，总不能把我分成两半是吧。但我就想着既然照顾起这一个了，那我虽然人没有办法过去帮着他，那我就出钱。毕竟她那边父母又不能过来看着，我要是再不做点啥总归是不太好的，还不如直接出钱雇个月嫂保姆照顾她，人家那也专业，伺候得也好。而且说实话，万一咱照顾的理念啥的跟人家不一样，还会起

冲突，这样就挺好，我也安心，她也能自在点，总归是花钱买个安心嘛。(G)

在G的经历中，身体如何体现已经被赋予道德性，此时身体不再仅仅是肉体，而是也成为一种道德载体。对于G来说，没有以切实的身体行动投入到照顾刚出生的孙女中多少是一种不道德、不公平的行为，特别是在既有文化伦理中婆婆对儿子一家的抚育责任承担本就是高于女儿一家的。面对儿子G是心中不安的。当祖辈的身体无法同时满足对不同子代的道德责任时，就需要借助其他途径为身体寻求"分身"，也就是一种自我身体的替代品，由此实现子代之间的平衡让自己得到"安心"。在G的经历中，她与丈夫就选择通过雇佣他人身体的方式寻找"分身"来消解自身作为婆婆的身体道德责任。可见这种分身乏术局面的摆脱并不能依靠简单粗暴的身体抉择，身体已然被赋予了道德性，成为一种价值态度。

如果说参与抚育是社会赋予祖辈的一种道德责任，那么身体就是践行和体现道德的工具。祖辈对"分身乏术"身体状态的自觉恰恰从侧面体现了他们在践行抚育孙辈的道德责任中的努力，她们看似是在表面的身体困境中寻求出路，实则是在深层的道德困境进行周旋。

3. "腰酸背痛"的身体：身体疾痛的资本化转换

身体是革命的本钱，祖辈的身体疾痛影响其在抚育劳动中的参与程度，这种疾痛既是身体体验，也是身体体现，如"麻""疼""酸"都是对抚育过程中身体不舒适体验的形容。这些身体痛感共同组成了一副腰酸背痛的身体，而这种状态背后是各式各样的身体劳动展现。

> 现在还好，一些事情她都可以自己做了，能稍微轻快一点，以前还不会走的时候，经常得人抱着。我抱一会儿，胳膊就有点酸了，要我年轻的时候估计还能好一点，现在陪她一天那真的是腰酸背痛，我上班都没这么累过，不服老不行，像我刚刚蹲一会儿，(腿)就有点麻还有点疼了。(E)
>
> 不得不说，带孩子可比干农活还累，特别是他们这个年龄段的，最难带了。我的腿啊，这以前是三天两头啊，现在全靠吃药撑着，所以一般我都不陪她出来，都让她爷爷陪着，趁那功夫你说你躺躺多得劲啊。(D)

在帕森斯（Talcott Parsons）对"病人角色"的论述中，不健康的身体意味着进入一种病人角色，个人所处的生活环境以及享受的权利、义务发生改变，能够豁免些原本的责任义务。但现实生活中个体身体状态的健康与否并非是唯医学标准的，它具有一定选择性甚至成为可供人利用的资本。隔代抚育中，祖辈作为身体的体验者和体现者，对于自身的身体状态并非是不自知的，他们是"有数的"，在面对孙辈和子代时，他们能够自主选择如何就自我身体健康状态进行解读。

在面对孙辈时，祖辈对其身体劳动解释为一种甘之如饴的无偿付出，这种"有数"是对自己身体健康状态的自知和控制。

> 这都是老毛病了，人老了谁不会身体哪里出点毛病啊，跟着她（外孙女）在一

块儿，我感觉开心最重要，人家都说隔代亲，我俩就挺亲。而且带孩子本来就不是一件轻松的事，她再大点可能就不需要我们照顾了，到时候想见一面估计都难喽，趁着我身子还行多陪陪她也不错。(E)

祖辈在抚育过程中多少感受到身体的不舒服，但只要在能够承受的范围内都是可以忍耐的，或是直接解释为身体老化的正常反应。但是当面对子代时，祖辈对自身身体的解读就变得复杂了起来，相比于面对孙辈时强调的正常老化，对于子代他们多多少少提及了一种老化后不健康身体状态下的额外付出。

我肯定希望他们能记着些我的好，其实你说实话，我们真的养大他们就够了吧，人家国外养到18岁就不养了，哪像我们，养完孩子养孙子，自己有时候累得够呛为了啥。(K)

当身体疾痛由孙辈转为指向子代时，祖辈身体的付出和受累在一定程度上转换成希望子代记住的恩情。这份恩情源于本处于不健康身体状态下的祖辈超额负担了本应子代承担的责任义务，没有怡然地享受自身的年老生活。祖辈在抚育劳动中感受到的各种身体疾痛就是这份恩情的最好体现。此时，原本祖辈自己心中“有数”的身体疾痛转换成为希望子代心中“有数”的身体疾痛，他们希望自己的付出能够得到子女的注意，以身体之痛作为她们切实付出的最好证明。此时身体疾痛不再仅仅是一种生理性的机体反应，它将子代置于一个欠情的位置上，成为祖辈在家庭中同子代相处的资本。但值得注意的是，祖辈自身疾痛的差异化解释，并非是一种赤裸裸的资本积累，即企图通过这份抚育过程中带来的身体疾痛企图操纵子代，祖辈更多只是希望子代能够看到并理解自己在抚育过程中的付出，懂得祖辈在其中的操劳。

4.“被使唤”的身体：代际间弱化的祖辈权力

大部分祖辈抚育者的身份总是带有协助性，即“帮忙带孩子”，当将隔代抚育解释为“帮忙”，祖辈的身体在抚育中也带上了兜底色彩。隔代抚育中的祖辈大都是承担一些基本简单的抚育劳动，如接送孩子上下学、为孩子准备饭菜等。这些劳动虽然比较简单，但祖辈也是要“听指挥”和“接受安排的”。B虽然是婆婆，但就孙子的抚育问题一般都是遵从儿媳“指挥”，如少给孩子吃肉要减肥、今天要带着他去哪里玩等，如果儿媳儿子在家，B带孙子出去是要征得他们的同意的。

我也不是那种强势的人，毕竟她（儿媳妇）是他亲妈，我想我们都是为了孙子好，听了就听了吧，而且他们年轻人照顾孩子和我们那时候不一样了，婆婆太强势了搞不出什么好来，一家子和和美美的才是重要的。(B)

对于B来说，对儿媳的“听从”是她不强势的表现，祖辈通过退让的方式牺牲自己在抚育劳动中部分活动的自主权，以维护家庭的和谐与安定。下行式家庭主义中，孙辈成为家庭的中心，传统的婆婆对儿媳的强权地位被重构，儿媳也可以凭借其在育儿上的主导权在家庭中占据更多的权力，在这一过程中身体成为呈现代际间祖辈权力弱化的体现之一。

A本可以不承担外孙女的抚育劳动，但女儿比较强调尽早地对孩子的各项潜能进行开发，因此在一些地方女儿并不满意婆婆带孩子的方式，坚持要求由A来带，婆婆最后妥协去别人家当保姆带孩子赚钱。从外孙女奶奶手中接过照顾孩子的接力棒后，A就开始和女儿合作培养外孙女，女儿会提前告诉A今天外孙女的各项安排，由A监督外孙女进行学习并向女儿进行反馈。这看似是婆媳理念不一引起的隔代抚育转移，但是A有另外的理解。

> 为啥要我带呢，毕竟还是自己的亲妈好使唤啊，你想想使唤你亲妈和使唤你婆婆能一样吗？有些话她开不了口，但对我就行，反过来也一样，我当时也教育她这不太好。（A）

传统的代际权力关系发生变化，“使唤”一词概括出了祖辈在抚育劳动中的位置，即她们的身体在一定程度上是被子代指挥的，虽然在抚育劳动中承担了诸多任务，但多是以一种从属者、被指挥者的角色。子代在面对可供选择的多个祖辈时，更加有主动权地去选择能够与自己步调一致的祖辈，但祖辈特别是女性祖辈在面对子代的选择和一般要求时说“不”的次数却变少了。

（二）祖辈身体体现的差异性

1．男与女：性别划分下的身体体现之别

性别一词既可以作为名词借由身体形态构造差异来体现，也可以作为动词借助身体劳动体现，如此男女之别不仅停留在身体构造上，还深入到身体体现层次，影响着不同性别个体的社会实践。隔代抚育同样是一种强调男女有别的两性合作，这种“别”在抚育劳动中体现为两方面。

一是要不要参与隔代抚育，即男女祖辈对自己身体即将陷入的隔代抚育劳动说“不”的能力。权力的呈现可以是身体性的，借助于日常的身体体现得以具实化，如特定空间内身体位置、声音语调、眼神目光等都使权力具身化。面对隔代抚育能否说“不”也是一种借助话语体现的身体掌控权力差异。下面以祖辈B为例进行说明。

B与配偶原住于L区辖下的某镇，儿子成家后搬到城区居住，儿媳父母远在外市且身体欠佳，抚育孙辈的责任落到婆家。但B配偶拒绝去城里帮带孩子，坚持留在老家，最后B独自住进儿子家中帮助抚育孙辈。但这并不意味着她可以放弃老家，一般B工作日留在城区照顾孙子，周末就回老家处理农活。而B的配偶大都待在老家，儿子一家也不时会回老家探望。

相比于B身体的奔波状态，其丈夫可以通过“拒绝”和“坚持”使自己的身体处于更加稳定的空间中，B则不得不成为妥协者，这种妥协意涵着机会和选择的倾斜。面对孙辈抚育问题，女性祖辈更难以脱身，被要求或是自愿性的以一种直接的、日常的身体形式参与到隔代抚育中来。相较于女性祖辈，男性祖辈可以凭借较高身体话语权投入到其他事务中，有能力对自己的身体作出自我规划而非受他人规划。但隔代抚育也不总是这种身体权力显性压迫的结果，一定程度上已经内化成为祖辈的身体逻辑，成为一种自我规划。

同样是面对女儿工作与抚育的矛盾，A的丈夫借助在外市的树园经营将身心投入到自身事业当中，而将抚育劳动全权转交给A进行承担。在很多祖辈看来，男性祖辈的这种“缺席”是可以接受的，因为他们本身就不“擅长”带孩子，相比之下女性祖辈更适合这个角色。

我觉得倒没什么，他喜欢捣鼓这些东西，效益也还不错，有时候还经常带回来自己菜园子种的菜分着吃，而且她（外孙女）反正我一个又不是不能带，他带也不怎么会带。（A）

在那儿其实就主要是她们女的在看嘛，孩子那么小，她们比我们这些老爷们有经验，而且还请了月嫂，我在那边也就逗逗孩子啥的，回来算了。（I）

这种在抚育中关乎男女性祖辈身体劳动的差别化规划，指一种社会性别实践对身体的超越。女性的身体和男性的身体在实践中又被赋予了关于身体实践的社会想象，仿佛女性的身体不仅天然拥有生育功能还天然善于抚育。男女两性的身体在社会实践中被转化与规训，男女性在抚育劳动中的缺席与在场拥有了正当理由。在如何抚育孩子这一问题上，男性的身体被规划为一种不擅长、不熟练的，因此面对隔代抚育问题，男性祖辈能更轻松地选择放弃或者不参与。但女性祖辈却难以如此，因为这恰恰是她们身体的自我规划与社会规划的一部分，甚至还会被冠以“有经验”的头衔，在面对抚育孙辈时更加难以脱离。

二是如何参与隔代抚育，即两性祖辈扮演着不同的抚育角色。祖辈即使作为兜底者，两性祖辈对角色的承担也是有差异的，这种差异导向不同的身体体现。女性祖辈多扮演一种全能型角色，她们不仅负责孙辈的日常起居生活，还照顾子代的日常生活，指向的是一种操劳的身体，承包清洗衣物、准备饭菜、扫地洗碗等日常家务劳动。祖辈F在孙女小的时候就主要承担着协助儿媳喂养孙女、照顾儿媳的任务，由于作息时间不同，F通常在家中需要按照家人的不同作息准备3份早餐。当家中来客人时，F通常是在厨房忙碌到最后的一个，但是当外出做客聚餐时却往往是缺席的一方。

我以前在家也是做这些，现在就是换了个地方继续做吧，帮他们减轻负担了。（F）

男性祖辈体现的则是一种游戏者角色。这种游戏者或玩伴角色指向的往往是一种相对休闲的身体，通过陪伴孙辈的各种室内外活动体现。

像你刚刚说的那些洗衣做饭的活，我不干的，这些都有他（指孙子）奶奶做，我的任务就是带着他玩，像是去打打篮球、踢踢足球啥的，教他一些体育运动，我们爷孙在一块儿就是玩。（H）

我们没有什么很明确的分工，可能就是她负责家里的活多一点，我负责买买菜啊，带着孩子出去玩玩啊这样子。（L）

对于这种分工，祖辈具有一种心照不宣的自觉性，但其背后蕴含的是一种社会性别观念主导下对身体的“合理”安排，即女性更应当为家务劳动负责，男性不应当总是待在家里。但这种分工并非意味着抚育职能的完全分离，游戏者角色仅仅是全能型角色的一部分。隔代抚育中的祖辈正在沿着一种合乎规范的日常生活身体呈现进行着符合各自性别角色的抚育劳动，男女性祖辈分别通过对抚育中家务劳动的“放手”和“抓起”借助身体呈现出令自身满意的社会角色。

2. 分居与合居：空间分异下的身体体现之差

近年来主干家庭比例的上升打破了家庭现代化理论的神话，这种主干家庭是一种多元且流动的家庭结构[28]。隔代抚育的提供并不一定需要祖辈以同住的形式参与，可以组成一种临时主干家庭结构[29]。不论是合居还是分居，身体总是要寄居于一定的地理空间中，合居与独居的空间分异让祖辈的身体以不同程度卷进抚育劳动当中。

在 8 名合居祖辈中，6 名都以农村进城的形式走进子代家中，其中 C 还跨了省市和城乡这双重边界。对于作为流动人口的祖辈，子女的家是最合适的选择，或者说他们本身就很难选择。这是流动也是改变，环境与空间的变化要求其对身体进行调整与管理以适应新环境的规则与模式，否则将会收到一种与环境格格不入的身体体验。

> B 是流动祖辈典型代表，在孙子出生后不久，B 就从老家搬进了儿子在城中的家，三口之家转变为了四口之家。回忆起刚搬进来时的日子，B 描述为一种“不得劲”的身体与情感双重体验。
>
> 刚开始肯定不习惯，住惯了平房突然搬进了楼房，每天得坐电梯上下楼，进出门你得刷卡，乍一看，每栋楼都一样，周围的人吧，也不怎么认识……反正就是浑身怪不得劲，后来就慢慢好了。（B）

生活空间变化给予了身体“不得劲”的体验，即使是儿子的家，对于 B 来说也是一个陌生的空间，不得不调整自己的身体以适应、融入新的环境当中。这种“不得劲”不仅来源于物理居住空间的变化，还源于空间中生活方式以及共同生活的人的变化，前者要求祖辈调整身体习惯以适应城市社区这个场域环境，如在外面同人打交道说普通话而非方言；后者要求祖辈调整自我身体体现以贴合家庭角色，实现由妻子到母亲、婆婆、奶奶的转变。特别是后者，B 作为一个“新成员”加入儿子原本的核心家庭结构当中，需要经历一个脱离和嵌入的过程，使自己的身体体现同其扮演的家庭成员角色相符合。如前文中 B 提到的“不强势的婆婆”形象。对于合居下家庭生活的适应过程，B 是这么描述的：

> 刚来的时候就是要磨合，以前你是这么生活，那之后你可能就要调整调整了，我迁就他们，他们迁就我，总得“不舒服”一阵儿才行，低头不见抬头见的，适应了就好了。（B）

I 和 C 作为随迁祖辈则直接跨越了省份的边界进入一个完全陌生的城市同子女合居进行隔代抚育，他们的身体经历的是更加剧烈的空间变化。

> 那里太潮湿了！浑身湿乎乎的，太不舒服了，吃的东西咱又吃不惯，就那么一点点，人家说啥咱也听不懂，真的是受罪。还是回来好啊……从你家到别人家能一样吗？肯定有点拘束，而且那南北方差异还是有的，住在一起不自在，不跟我在自己家里似的，我回来之后就和他们说，哎呀，我是不再去了。（I）

刚一起住那会儿确实挺不方便，背井离乡的，来这是人生地不熟，她（女儿）又要上班，但我俩是一起过来的嘛，还好一点。(C)

这种“不自在”“不得劲”恰恰体现出了一种不自在的身体，消除调整适应期下不舒适的身体体验是合居中祖辈必须经历的历程。相比之下，选择与子女分居进行隔代抚育的祖辈虽然也需要到子女家中抚育孙辈，但其身体较少体验这种异样的拘束感。他们主要的居住空间和环境并没有发生变化，其身体的惯习是同城区的生活环境相接轨匹配的。

他们有自己的家，回自己家住，她爸爸妈妈上班我就带着，下班就他们带着，这就是打配合战嘛，孩子得有人管，我也不用一直看着，她爸爸妈妈把她接回去就不归我管了。(G)

他爸妈下班一打电话告诉我们一声，我们就给他收拾好送他下去，或是一起吃个晚饭，反正最后家里就又是俩人了。我们就把他‘作摆’（当地方言，大意为折腾）的家里收拾收拾，第二天他反正就又来了。(K)

分居下祖辈的身体体现并不需要在自己家和子女家的边界跨越中进行调整，不同于合居祖辈的全天候状态，分居而住的祖辈身体体现出一种上下班状态。子女上班时，祖辈进入上班状态；当子女下班回家时，祖辈交接孙辈下班。这种抚育状态下分居祖辈和其子女不仅以更低程度的卷入彼此的生活空间当中，而且祖辈身体也以较低强度陷入在抚育劳动中。

本章着重对参与隔代抚育劳动中祖辈的身体如何体现以及体现差异进行阐述。前文中的种种抚育经历都在反映一个事实，那就是隔代抚育中祖辈的身体操演不仅在表现上是非天生的，在动机上也呈现出复杂的道德文化内涵与实际理性思考。身体不断地被作为符号、作为隐喻，作为一种习得性的具身化经验被解读，促使我们关注隔代抚育下的社会图景。

三、隔代抚育身体劳动的意义建构

身体看似是自我的所有物，受个人意志驱使，但身体行动的驱动逻辑还是要落足到社会。前文祖辈隔代抚育劳动叙事中的身体体现展示了日常化的生活实践中祖辈的生活状态，对于祖辈隔代抚育的身体劳动的发掘更要深入行动内在，剖析支撑祖辈在抚育劳动中进行特定身体体现的行动逻辑和与之相匹配的社会文化图景。

（一）“情分”与“本分”：隔代抚育的双重身体伦理意涵

隔代抚育作为一种家庭层面的亲密代际合作，表面上祖辈的身体是被使唤的，但祖辈在其间的行动是富含内在意义的，构成了行动的出发点。综合来看，隔代抚育就是一套杂糅着“本分”和“情分”双重伦理的身体行动，既在责任维度上成为祖辈难以回避的“担子”，又在情感维度上成为祖辈难以无视的“骨肉亲情”，将祖辈身体置于情感与责任的双重伦理当中。

1. 本先情后：隔代抚育的身体顺位逻辑

在我国父系家庭抚育逻辑下，祖辈本分得到高度强调，婆家祖辈在抚育孙辈上承担着高度的道德责任，但娘家祖辈却是相对缺失的，他们虽有情分但却不能僭越本分同婆家祖辈展开“争夺”。而在双重伦理的改变中，祖辈隔代抚育的身体顺位逻辑得到变化，突出表现为抚育责任扩散与抚育身体区隔突破。

在图 1 中，娘家祖辈被纳入隔代抚育顺位当中，抚育责任不再高度集中于婆家一方，越来越多的娘家祖辈在女儿家庭中承担抚育劳动。

现在都没啥，都是我们两边交替着带，谁有空就谁带，毕竟都是自家孩子，他们（婆家）这几天都没空，我们就帮着带带。(E)

现在毕竟不同了，那婆婆不带孩子的也一大把，我觉得没什么不行的，还是得看现实情况来吧，不管谁带，能带得好、相处得好就行。(G)

这是一种抚育责任的扩散，即抚育的本分伦理在娘家与婆家双方中施加影响，抚育的责任范围扩大，娘家成为女性在面对抚育困境时积极求助的对象。A 在面对女儿发出的求助信号时并没有推脱，而给予积极回应，成为协助女儿抚育子代的合作者。责任的扩散带来的是身体区隔打破，娘家祖辈的身体可以进入抚育当中，婆家祖辈的身体也能够退出抚育，如 G 在面对儿子女儿的抚育需求时可以不再单一的只对儿子践行抚育责任。

以上可以理解为本分伦理的松动，但在隔代抚育身体顺位逻辑下，依旧是本先情后。婆家优先的原则并未随着责任扩散和身体区隔的打破而湮没，它依旧是支配祖辈抚育行动的规则之一，婆家依旧优先于娘家处于第一身体顺位，在子代遭遇抚育困境时首先被考虑。

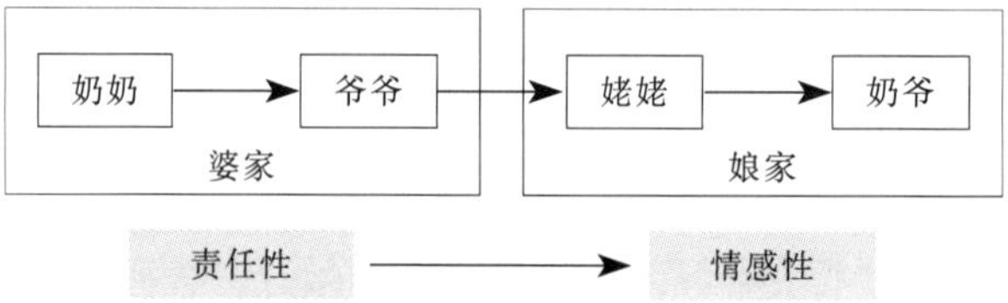

图 1　祖辈隔代抚育身体顺位逻辑

除非有迫不得已的理由（如家人重病、身体不便），婆家祖辈的身体天然归属于隔代抚育劳动，他们被要求以一种主动自觉的身体姿态投入到隔代抚育中。G 并没有完全豁免自己对儿子的抚育责任，而是通过购买服务的方式完成自己应尽的义务，担起自己应扛的担子。

是的，孩子生下来了考虑谁带啊？肯定是奶奶嘛！这直接让姥姥带，说实话，也不太符合那个理。我就算没功夫带，也不会撂挑子，你说你个做婆婆的有些东西还是不能撇得干干净净，就是将心比心吧。(G)

婆家祖辈本分的凸显时刻显现在日常生活情境中。祖辈 I 即使在抚育孙辈事务上已经不需要自己的额外参与，娘家祖辈已经主动承担起抚育劳动，但 I 也要远赴广东扛起婆家责任，投身抚育劳动。娘家祖辈则通常是隔代抚育的“后备军”，他们多是在婆家祖辈表示难以独自负担或是女儿主动要求后才接替抚育事务的。综合来看，祖辈身体区隔的打破并不意味着祖辈身份、性别角色观念区隔的打破，传统的祖辈隔代抚育身体顺位逻辑主体部分依旧得到保留。

2. 权轻责重：隔代抚育祖辈的权利失衡

与身体责任对应的是一套身体权利，它彰显着祖辈在隔代抚育中的地位角色，在理想状态下祖辈责任与权利应是对等的。当前本分伦理的改变虽然使隔代抚育的责任不再高度地集中于婆家祖辈，但在长期的文化浸润和道德约束下，主流的祖辈形象依旧处于道德责任与血脉情感的漩涡之中。

> 身边好多人都去帮孩子带孩子了，那我有啥理由不去帮自己孩子带啊，撒手不管啊，这不就有点搞特殊了吗？（B）
>
> 到了我们这个年纪，孩子结婚了，哎呀，都一个样，你不带谁带？不带那还说不过去嘞。（F）

责任本分的逻辑伦理依靠一种心智性的占领，将社会规划内化为自我规划，要求个人对于自身身体行动的塑造是主动的，他能够意识到自身需要何种身体行动，不会产生价值观念和身体行动的冲突。

祖辈在权利方面的变动是剧烈的，突出表现为祖辈身体的他人规划程度增强，祖辈被要求尽心尽力扮演好兜底性抚育角色，为子代小家庭的平稳运行助力，呈现出权轻责重的局面。如在空间上部分祖辈以第三方的身份随子代迁移，再社会化地嵌入到子代小家庭当中参与隔代抚育，需要主动调整自己的身体实践以融入子代生活。在抚育的身体行动上，祖辈要听从子代对抚育具体事务进行的安排和指挥，扮演好执行者的角色，祖辈身体处于一种被支配的局面。祖辈D在自身的隔代抚育叙事中就提到，孩子的父母已经把孩子的生活做出了规划安排，只是没有时间来进行陪伴和监督。

> 其实他们现在都有自己的想法，怎么带孩子啥的，但是吧，就是太忙了，我也很能理解。而且现在时代在进步，我们很多想法和做法他们也不认，也不听啊，我也懒得和他们争，那就随他们好了。（D）

面对孙辈抚育，祖辈既不再对孙辈身体如何成长具有主要话语权，也不再对自己的身体如何行动具有主要话语权，他们呈现出一种“保姆”的形象而非“教导者”的形象，身体陷入低权利、高责任的错位状态中。

3. 情深回浅：隔代抚育解释的代际偏差

本分强调强硬性的责任，即祖辈有责任帮助子代抚育以实现家庭稳固，而情分是偏选择性的情感，即是否参与隔代抚育取决于情感判断。这两种解释逻辑对应两种不同的身体劳动解读，一旦祖辈和子代对隔代抚育身体劳动的解读存在偏差，又会将祖辈拖入不协调的抚育身体伦理当中。

与本分伦理下责任－权利的对应不同，情分伦理下的行动内涵是情感性的、亲情化的。基于情分伦理下的身体行动呼唤的是一种以情换情的情感回报与反馈，在情分伦理下，祖辈隔代抚育的身体劳动不再是稍显冰冷的责任履行，而是一种恩情施予。

> 这毕竟是自己孩子的孩子啊，有感情的，我和我爱人看着他（孙子）有时候就能想到他（子代）小的时候，就这么点的样子。我们一点点带大，现在再带孙子，等带不动了就得他们带我们了。（K）

“带”的衔接将祖辈与子代分别置于施恩与受恩两种道德层面中，既是恩情就不能简单地通过权利赋予来弥补，需要子代心中“有数”，用关怀和抚慰来使祖辈得到满足。祖辈将自身参与隔代抚育视为一种心甘情愿的付出，对子代的听从被解释为一种退让和包容。B 就将自己对儿媳的意见的遵从视为一种颇具道德高度的退让，她并不想将婆媳关系搞僵，让儿子在其中难做。但在子代一方，祖辈抚育劳动呈现出责任伦理化的解读，祖辈身体被消解为践行父母责任的身体，隔代抚育消解为父母责任范围内的事务。

祖辈 L 在儿子儿媳离婚后就和老伴承担起了抚育孙女的事务，一直将孙女带大成人，这期间孙女一直和 L 住在一起，并没有同父或母共同居住。L 表示：

> 我们带是因为我们有时间、也喜欢这个孩子（孙女），也考虑到他（儿子）的现实情况，但是说实话，这既然是你自己的孩子，我们肯定是没有绝对的义务去带的。（L）

在这种关于隔代抚育的解释偏差下，恩情变成身体责任，祖辈就很有可能难以通过付出的身体劳动得到其期待的情感回报，以实现自身的心理平衡。此时祖辈在本分和情分两个维度上践行了身体伦理，但都没有得到足额相匹配的回报，这显然对祖辈来说是情况不利的，他们的隔代抚育身体劳动没有得到充分的价值和意义赋予。

（二）延续与变迁：隔代抚育身体劳动中的社会文化图景

社会并不会随机地构建起关乎祖辈角色的规则与理想形象类型，祖辈角色必然是受到一定社会图景建构的。而布尔迪厄（Pierre Bourdieu）[30]就曾借在进行身体展示的舞会上青年农民不知所措的身体窘态折射出现代化进程下乡村的衰败状态，隔代抚育下祖辈身体状态又对当代中国社会文化图景起到折射作用。身体将我们置于密集复杂的社会规范和社会环境当中，作为一种社会符号存在，彰显着社会运行秩序。对于隔代抚育中祖辈身体劳动的理解必须放到社会文化图景的转换中进行解读。

1. 文化延续：责任伦理维系

当代我国在养老和抚育方面还是主要降落在家庭层面，由子女承担主要责任，即使在政策上，国家也对养老、抚育的家庭主义持支持态度。养儿防老的观念虽然深入人心，但并不意味祖辈可以悠闲等待子女承担赡养责任。要想更好地获得养老资源，祖辈要将子女置于欠恩的位置上，进行付出与回报的等价互换，确保自身老年生活的正常运行。在抚育上，长期受到家庭主义下文化伦理熏陶，中国老年人天然地拥有对子女的强烈责任感，为子女照料孩子便是责任伦理的含义之一[31][32]。不拖累子女、不给子女添麻烦，甚至还能减轻子女的负担也是责任内涵之一。这种责任伦理就为祖辈身体套上“紧身衣”，制约着祖辈在面对隔代抚育时的身体抉择，对祖辈身体进行规训和再造。在责任伦理的延续下，祖辈的身体依旧是归属于家庭、归属于子孙的，祖辈身体看似是其个人主导的所有物，一系列的身体体现的是其个人意志的展现，但冥冥之中，祖辈的身体早已经被安放于祖孙身边。

2. 现实变迁：市场经济下的家庭运行新模式

身体所处的社会图景是变动的，进而带动祖辈整个身体生活状态发生变化。改革开放后催生出家庭新运行模式，此时隔代抚育存在的现实基础是有别于传统社会的。一是家庭双就业模式下需要祖辈加入以辅助小家庭运作。市场经济下，每个人都被牵扯进竞争性的市场，家庭的风险应对单靠一人的就业产出变得愈加困难，要求家庭成员进行风险共担。此时育儿所要求的时间成本同子代父母的时间规划相冲突，需要第三方的介入破除抚育僵局。通过祖辈加入策略性地进行时间调配补偿，构建起代际支持网络以维系工作与家庭的平衡。二是代际权力格局转换下的代际文化反哺。男耕女织式稳定的家计经济成为历史，子代不必再依附祖辈的农耕经验维持生存，城市成为子代的理想栖息地。此时子代相较于祖辈更具竞争优势，子代权威逐渐上升取代祖辈成为代际间的核心力量。家庭代际权力格局发生变动，反映在抚育问题上，年龄不再决定育儿话语权的大小，各色被科学规划的网络课程、书籍成为更令人信服的选择，文化反哺在代际间悄然进行推动祖辈再社会化。这一社会文化图景的转变加剧了祖辈身体的依附和被指挥地位，要求祖辈必须调整自身的角色定位和期待，进而调整身体的行动逻辑。

一定社会图景条件下对祖辈抚育角色要求的更新往往是透过最日常化的社会实践，通过不停地转变身体、操控身体，将个人融入社会中。就当前的祖辈角色以及相匹配的社会图景来看，隔代抚育中祖辈在责任维度上依旧被困于责任伦理当中，在权利维度上其享有的自主性却进一步被压缩，这要求进一步优化社会运作中的各个环节，为祖辈减负。

四、总结与讨论

研究者们关于隔代抚育的多面向讨论彰显了该论题的研究活力，我们可以看到，隔代抚育问题并非是路径单一的“证明题”，而是有待新视野发掘的“论述题”。为此，本文选择将祖辈的身体作为切入口对隔代抚育进行再挖掘。研究发现，一方面祖辈对自己的隔代抚育劳动进行诉说时，祖辈的身体体现既有一定共性，也有一定相异性。这种相异性和相似性的背后是一套关乎身体的社会规划和自我规划，折射出了一定社会文化图景下祖辈的抚育劳动。作为一种杂糅着“本分”和“情分”双重伦理的身体行动，在当今社会环境的过程中，隔代抚育的变化十分突出地表现为“情分”与“本分”这一双重伦理对于祖辈身体劳动意义内涵的改变。

“年老者如何从这个世界隐退”的问题，不仅关系到今天的祖辈，也将成为每一代人不得不亲身面临的问题。这要求我们反思祖辈身体应当如何在这个世界上安放、祖辈应当以何种姿态生活的问题。在我国，隔代抚育依旧是大部分祖辈的隐退方式，他们通过将身体作为资源投入到孙辈身上，实现自身的价值感构建。但就本文中展现的祖辈形象来说，祖辈的处境显然并不能让我们放心去畅想期待自己的老年生活。一方面，在当前的社会运作条件下，抚育责任还是主要在家庭层面进行承担，隔代抚育有其存在的现实必要性。但另一方面，这并不意味着我们应当将祖辈的身体化约为一种单一的形式，将祖辈的生活化约为一种单一的路径，仅就隔代抚育谈隔代抚育，而是要求思考如何构建一个能够给予祖辈更多身体选择的社会环境，给予祖辈更多可能性。

参考文献：

[1] 吴培材. 照料孙子女对城乡中老年人身心健康的影响——基于CHARLS数据的实证研究 [J]. 中国农村观察，2018 (04).

[2] 沈奕斐. 个体化视角下的城市家庭认同变迁和女性崛起 [J]. 学海，2013 (02).

[3] Christine Ho. Grandchild care, intergenerational transfers, and grandparents' labor supply [J]. Review of Economics of the Household, 2015 (13).

[4] Vega A. The Time Intensity of Childcare Provided by Older Immigrant Women in the United States [J]. Res Aging, 2017 (07).

[5] 周鹏. 隔代抚育的支持者特征研究 [J]. 北京社会科学，2020 (03).

[6] 李芬，风笑天. 照料"第二个"孙子女？——城市老人的照顾意愿及其影响因素研究 [J]. 人口与发展，2016 (04).

[7] 陈英姿，孙伟. 照料史、隔代照料对我国中老年人健康的影响——基于Harmonized CHARLS的研究 [J]. 人口学刊，2019 (05).

[8] 宋璐，李亮，李树茁. 照料孙子女对农村老年人认知功能的影响 [J]. 社会学研究，2013 (06).

[9] 王萍，李树茁. 代际支持对农村老年人生活满意度影响的纵向分析 [J]. 人口研究，2011 (01).

[10] 黄国桂，杜鹏，陈功. 隔代照料对于中国老年人健康的影响探析 [J]. 人口与发展，2016 (06).

[11] 钟晓慧，郭巍青. 人口政策议题转换：从养育看生育——"全面二孩"下中产家庭的隔代抚养与儿童照顾 [J]. 探索与争鸣，2017 (07).

[12] 邱珍琬. 隔代教養親職教育實際——一個跨年研究：探看教養內容與挑戰 [J]. 彰化師大教育學報，2013 (23).

[13] 肖索未. "严母慈祖"：儿童抚育中的代际合作与权力关系 [J]. 社会学研究，2014 (06).

[14] 汪永涛. 转型期城市家庭的代际合作育儿 [J]. 社会学评论，2020 (02).

[15] 王兆鑫. "台前幕后"：农村家庭儿童抚育过程中祖辈、父辈的职能分工和代际关系 [J]. 社会建设，2020 (02).

[16] 陈盛淦. 随迁老人的城市适应问题研究 [J]. 南京航空航天大学学报（社会科学版），2014 (03).

[17] 崔烨，靳小怡. 家庭代际关系对农村随迁父母心理福利的影响探析 [J]. 中国农村经济，2016 (06).

[18] 刘亚娜. 社区视角下老漂族社会融入困境及对策——基于北京社区"北漂老人"的

质性研究［J］. 社会保障研究，2016（04）.
［19］刘汶蓉. 当代家庭代际支持观念与群体差异——兼论反馈模式的文化基础变迁［J］. 当代青年研究，2013（03）.
［20］Feinian Chen，Guangya Liu，Christine A Mair. Intergenerational Ties in Context：Grandparents Caring for Grandchildren in China［J］. Social Forces，2011（02）.
［21］陈雯. 亲职抚育困境：二孩国策下的青年脆弱性与社会支持重构［J］. 中国青年研究，2017（10）.
［22］徐友龙，周佳松，凌雁. "中国式隔代抚育"现象论析［J］. 浙江社会科学，2019（10）.
［23］唐晓菁. 城市"隔代抚育"：制度安排与新生代父母的角色及情感限制［J］. 河北学刊，2017（01）.
［24］马春华. 重构国家和青年家庭之间的契约：儿童养育责任的集体分担［J］. 青年研究，2015（04）.
［25］〔英〕克里斯·希林. 身体与社会理论［M］. 李康，译. 北京：北京大学出版社，2010.
［26］〔英〕布莱恩·特纳. 身体与社会［M］. 沈阳：春风文艺出版社，2000.
［27］Frank，Arthur W. The wounded storyteller：body，illness，and ethics［M］. The United States of America：The University of Chicago，1997.
［28］吴小英. 流动性：一个理解家庭的新框架［J］. 探索与争鸣，2017（07）.
［29］姚俊. "临时主干家庭"：城市家庭结构的变动与策略化——基于N市个案资料的分析［J］. 青年研究，2012（03）.
［30］〔法〕皮埃尔·布迪厄. 单身者舞会［M］. 姜志辉，译. 上海：上海译文出版社，2009.
［31］杨善华. "责任伦理"主导下的积极养老与老龄化的社会治理［J］. 新视野，2019（04）.
［32］刘汶蓉. 转型期的家庭代际情感与团结——基于上海两类"啃老"家庭的比较［J］. 社会学研究，2016（04）.

社交媒体在社会工作介入家庭暴力中的应用及伦理困境

崔远洋*

摘　要：社交媒体在人们日常生活中发挥着越来越重要的作用，不仅突破了时间、地点的限制，还扩宽了人们社会交往的范围，社会工作者必须具有专业敏感性，积极探索如何利用社交媒体在社会工作实务中发挥其优势，更高效且合理地提供专业服务。家庭暴力是各个国家普遍存在的社会问题，受固有观念影响，受暴女性在遭受暴力侵害后往往选择沉默，使得他们在面对家庭暴力时越来越难以采取适合的行动，迫使自己接受家庭暴力作为自己生活的一部分而长期存在。社会工作借助社交媒体介入反家暴领域时可以更好地促进服务对象自述、解放思想、赋权增能。当然也存在着隐私、保密以及信息混淆等现实问题。

关键词：社会工作；家庭暴力；社交媒体

一、引言

20 世纪 60 年代家庭暴力作为一个严重的社会问题受到大众的广泛关注，据全国妇联统计，我国 2.7 亿个家庭中，有 30% 的已婚妇女曾遭受家庭暴力[1]。随着社会的发展，家庭暴力问题日益突出，家庭暴力的形式也发生了新的变化。在我国传统的文化观念中，家文化是其核心观念，受其影响大多数有暴力遭遇的女性大多选择隐忍换取一时的和平，家丑不可外扬的观念根深蒂固，基于此受暴女性在受到暴力失去了求助意识。作为弱势群体的妇女的合法权益受到破坏。也是在这一时期美国反家暴运动兴起，经过“白丝带”运动、颁布相关政策法规和对强有力的社区制裁，民众对家暴重视程度不断提高，观念也在转变。对家庭暴力零容忍的态度使得每一个美国人都成为家庭暴力的重要反馈渠道[2]。简 - 乌素尔研究了加拿大从 20 世纪 70 年代至 90 年代，其国家的家庭暴力服务发展历程，70 年代时问题得到界定，80 年代时政府开始介入，到 90 年代有了制度化的改革，发展阶段中起到关键重要作用的是联邦政府的干预[3]。家庭暴力不仅会给受暴者带来身体和精神的双重折磨，而且会严重影响家庭的稳定性，进而影响社会的和谐稳定，虽然相应的法律法规及保护措施的出台在一定程度上遏制了家庭暴力的发生，但是仅仅依靠法律的作用

* 作者简介：崔远洋，山东济宁人，2019 级社会工作专业硕士研究生。

是远远不够的。还需要社会力量的介入，社会工作在这方面有着独特专业优势。June Keeling 从受暴妇女的角度分析社会工作介入的方式，强调社会工作者作为资源的链接者应为受暴妇女链接资源，以帮助她们获得专业支持，增强权能已达致正常水平[4]。陈友华从社会工作干预的角度进行研究，认为在家庭暴力的干预中要注意受暴妇女的身体创伤、精神创伤、无力感等问题，强调社会工作者应与多个多部门开展合作共同干预家庭暴力事件[5]。吴肖彬通过分析和总结我国反家暴服务模式的优缺点，认为协同服务能够更好地推进服务的深入开展，而层级化则能够有效扩大覆盖面，改善服务效果[6]。随着互联网的快速发展，以微信微博为代表的社交媒体已经成为人们日常交流、获取信息、发表意见的重要载体。基于互联网和大数据结合的社交媒体未来将会呈现出万物互联的发展模式。据 CNNIC 发布的第 47 次统计《中国互联网络发展状况统计报告》显示，截至 2020 年 12 月，我国网民规模为 9.89 亿，互联网普及率达 70.4%，十三五期间我国网民人数增长 3.01 亿，增长主体由青年群体转向未成年和老年群体。他们通过微博、微信获取信息、分享和表达观点[7]。随着社交媒体的普及，其在社会工作中的广泛应用是必然结果，余富强，伍莹认为社交媒体在社会工作中的应用挑战与风险并存，在社会工作中合理运用社交媒体需要从社会工作者、社会工作教育和社会工作组织三个层面共同探索与践行[8]。国内外学者已经对社交媒体的应用进行了较多的讨论。虽然侧重点有所不同，但是学者们大都将关注点聚集在社交媒体所带来的机遇与挑战方面，而很少具体到某一领域的研究。基于此，笔者尝试将社交媒体运用到社会工作介入家庭暴力领域。以期为该领域的发展提供些许帮助。社会工作者借助社交媒体不仅可以通过宣传改变受害者传统思想观念，从而消除受害者的顾虑。利用社交媒体的互动环境，社会工作者可以快速而广泛地发起动员，从而使受害者迈出反暴第一步。社交媒体为案主求助、自我陈述、赋权增能提供了新的渠道，但不可否认的是在这个过程中存在着一定的伦理风险。社交媒体的应用也带来了保密、隐私等一系列伦理问题。对此如何使社交媒体在社会工作介入家庭暴力的过程中发挥出最大优势，需要从社会工作者、政府、社会工作组织三个层面共同探索与践行。

二、社会工作运用社交媒体介入反家暴领域的可行性分析

社会工作者在开展社会工作实务的过程中互联网发挥着越来越重要的作用，尤其涉及一些诸如家庭暴力等敏感事件时，社交媒体扩展了受害者的求助渠道。社会工作运用社交媒体介入反家暴可行性分析主要从以下两个方面来考虑。

一是社交媒体的社交属性满足了受害者的内在需求。针对妇女的家庭暴力之所以在我国广泛存在并且屡禁不止的一个重要原因是受害者在遭遇家庭暴力后的习惯性沉默，使得施暴者变本加厉。受不平等的性别观念影响，女性在受到家暴伤害后往往不会选择主动揭露自己的遭遇，同时为了维护男性权威以及避免遭遇报复而选择隐忍。长期生活在这种环境中所积攒的负面情绪无法得到有效及时的释放，会使得女性产生严重的罪恶感和心理压力，认为自己应该对施暴者的施暴行为负责。长此以往会导致受暴女性逐渐将男性的暴力行为视作正常生活的一部分，给受暴女性的正常生活带来了极大的隐患。社交媒体的出现为有相似经历的受暴者提供了一个网络平台，受暴女性可以通过社交媒体提供

的网络平台互相帮助，进而实现彼此间的自我增能。二是社交媒体为女性的发声提供了便利。社交媒体的兴起改变了人们传统的交流方式。相较于传统的大众媒体，社交媒体突破了时间、空间的限制，极大地提升了人们获取信息的便捷性，在“人人争做发声筒”的互联网时代，社交媒体凭借其便捷性、及时性以及匿名性迅速取代大众传媒在信息传播中的主导作用。利用社交媒体的便捷性，越来越多的女性为维护自身权益而通过社交媒体发声，以求获得更多的社会支持。扩大群体认同，以争取其在家庭、社会中获得平等对待的权利。因此，社会工作在介入家庭暴力的过程中可以充分利用社交媒体的特点以帮助受暴女性。

三、社会工作运用社交媒体介入家庭暴力的路径探析

家庭暴力是各个国家普遍存在的社会问题，西方国家发达的求助模式有助于受害者在遭遇暴力伤害后获得及时有效的帮助，受父权文化所带来的不平等的性别观念，以及“家丑不可外扬”等传统思想的影响，我国女性在遭受家庭暴力后往往选择沉默，即使受暴妇女内心渴望寻求帮助，也会面临自我羞耻感与外部环境的舆论压力，这给社会工作的介入带来了不小的挑战，社交媒体的出现改变了这种局面，社交媒体因自身所具有的开放性、便捷性、高效性、匿名性等特点能够更好地解决受暴妇女的后顾之忧，并且较隐秘、轻松的网络环境也能帮助受害者更真实地表达。社交媒体的出现为受家庭暴力困扰的女性寻求支持提供了更多可选择的渠道，也为社会工作者开展实务工作提供了便利，两者的联动为社会工作者在反家暴领域发挥社交媒体的作用提供了契机，当前国内外学者基于社交媒体的社会工作服务研究框架已经初步形成，这为在线求助提供了更多不同的视角，使得在反家暴领域社会工作与社交媒体结合进入了实践。

（一）获得群体支持，实现互助增能

群体认同是自我概念的一部分，来源于个体对其属于某一特定社会群体的认识，同时认识到作为该群体成员所能获得的情感和价值意义[9]。妇女在遭遇家暴后碍于“家本位”“家丑不可外扬”等思想的影响往往不会主动向外界寻求帮助。这些文化层面的因素会使得受暴妇女产生一种无助感，他们在面对家庭暴力时越来越难以采取适合的行动，迫使自己接受家庭暴力作为自己生活的一部分而长期存在。社交媒体的匿名性解决了女性渴望寻求支持却又碍于现实因素而放弃的后顾之忧，受暴女性通过社交媒体寻求支持，进而获得具有相似经历的女性群体的帮助，从而获得群体认同。成员间的互相帮助，从而实现群体内成员间的互助增能。与传统媒体的自上而下传播模式不同的是社交媒体的传播是根据用户的不同需求呈现出不同的内容，信息的传播不受时间、地点、阶层的限制，社交媒体自下而上的传播模式在一定程度上提升了女性发声的机会，越来越多受到家庭暴力的女性为了自身权益而勇敢发声，使得女性的话语权得到提高。家庭暴力作为一个社会问题，在我国是一个热点话题，往往会受到较大的关注，当受到家庭暴力的女性通过社交媒体寻求群体支持时，处于弱势地位的受害者更容易获得大众情感支持，大众对施暴者家暴行为的批评与谴责，一旦引发公众的情感共鸣，带来一定的流量关注，则会进一步扩大群体认同，

进而通过舆论的力量推动此类事件得到合理的解决。因此社交媒体的存在不仅帮助受暴者获得群体支持，而且通过群体互助实现自身权能的增强。社会工作者会运用社交媒体积极帮助受暴者保障自己应有的权益，并且帮助他们积极的自我增能。女性地位的提升，不仅表明男女社会资源的平等，同时也是社会赋权给予女性，为她们树立增权理念，并且将这些权力应用到生活当中。社会工作者在开展事务时的首要任务就是激发他们内在的潜能以实现增能赋权。首先应该让服务对象明白问题的解决方式，社工要认真听取案主内心的声音，及时了解他们的想法。认可他们的行为，尊重案主自决。其次，帮助他们发现自己的优势，提升自信，降低他们内心的羞耻感。社交媒体在反家暴工作中发挥着独特的作用，它为受暴者的自我表达和群体互动提供了新的途径。促进了具有相似经历的弱势群体交流沟通，保障了该群体的发言权，借助社交媒体可以进而建立起相应的微信群、微博群等网络群组，加强群体的相互支持，促进彼此间的情感沟通与信息分享。使得原本处于被动地位的受暴者成为积极的能动者。社会工作者在这个过程中为他们链接资源、提供平台。通过社交媒体进行互动以实现寻求情感支持、强化群体联系、重拾自信心的目的。受暴群体有着相似的经历，往往他们之间的情感表达能够引起群体的共鸣，当这种共鸣达到一定程度时，会促使他们主动寻求解决方法。社交媒体可以协助社会工作者更好的帮助受暴妇女达到赋权增能的目的，帮助受暴妇女完成从弱势主体到能动主体的自我转变。

（二）传播受助思想，扩宽求助渠道

社会工作之于我国尚未完全适应，相较于国外成熟的求助—援助体系，我国社会工作者在开展实务的过程中，大多数的服务对象都是由社会工作者主动发掘，只有少数是自己主动求助的。受传统文化影响，服务对象在遇到超出自己能力范围的事情时往往求助于身边人。因此我国的服务对象更多的是由社会工作者主动发掘，对于像家暴这类敏感事件，受害者碍于各种因素往往选择自我消化，即使社会工作者主动发掘并提供帮助，也常常会遇到拒之门外的尴尬境况。一方面原因是受暴妇女受传统思想束缚。在家本位、父权文化等思想的影响下，受害者在面对家庭暴力时一味地选择隐忍、退让以换取家庭和谐，在主观上放弃了维护自身权利的选项。另一方面是缺乏相对安全的求助渠道。即使受暴妇女摆脱传统思想的束缚，渴望寻求外界帮助，却担心因自身的求助行为遭受更严重的暴力事件。因此在过往的家庭暴力服务中，社会工作很难有较大的发挥空间，如何改变受暴妇女的主观认知，打消其后顾之忧，帮助受暴妇女迈出反暴第一步，成为困扰社会工作在反家暴领域进一步发展的最大因素，社交媒体的兴起正在逐渐改变状况。相较于传统的求助方式，社交媒体更容易改变受暴妇女的思想观念，打消其顾虑。首先社交媒体独特的社交属性促进了人们彼此间的信息交流，话语权的下放则创造了一个人人皆可发声的网络环境，受暴妇女的自我意识被唤醒，她们越来越主动地通过社交媒体发出自己的声音，女性权利得以逐步提升，性别平等的观念也越来越深入人心，这为女性在遭受家庭暴力时积极向外界寻求社会支持创造了必要条件，其次社交媒体的匿名性也更好地解决了受害者的后顾之忧。受暴妇女通过社交媒体寻求帮助，不仅能够在保证自己安全的情况下寻求帮助，并且可以得到社会工作者实时的信息反馈，社交媒体逐渐成为人们日常学习、工作、生活、获

取信息及重塑外在形象的重要工具之一。社会工作者通过分析服务对象在社交媒体上发布的信息内容、喜好的信息类型甚至是表达方式，可以推测出的其生活状态、心理状态等各种重要信息。此前，在开展社会工作实务的过程中，社会工作者获得此类信息的途径仅是案主的自我表述，但是受制于诸多现实因素，或是服务对象自身文化素养、表达水平，或是自身性格等，社会工作者有时并不能仅通过服务对象所表达的信息便做出准确全面的判断。因此社交媒体的存在不仅可以帮助社会工作者通过分析潜在服务对象社交媒体的信息，更加准确快速地掌握其现实状况，帮助其完成从潜在服务对象向服务对象的转变。而且可以更好地改变服务对象的自我认知，扩宽其求助方式，而且以便更好、更深入地开展工作。

（三）帮助案主自述，完善信息收集

社会工作者在开展实务工作时需要提前了解服务对象的基本信息，在收集信息的过程中社会工作者往往需要营造一个舒适轻松的对话环境，从而更好地帮助服务对象与社会工作者沟通，以便获取更多的有用信息，但是对遭受家庭暴力的服务对象而言，由于受害者长期遭受不平等的对待，无论身体还是心灵都遭受着巨大的创伤，往往有着很强的戒备心，不会轻易地向别人吐露心声，这使得双方的谈话容易陷入僵局，社会工作者无法收集到完整的信息，不利于服务的顺利开展，社交媒体独特的社交模式为双方创造了一个虚拟、隐秘的网络环境，在这个场域内，受暴妇女身处现实中较为熟悉的环境更容易放下戒备，一定程度上可以起到缓解受暴妇女心理压力的作用，服务对象可以敞开心扉以一种更加轻松自在的状态与社会工作者对话，社交媒体虚拟的网络环境能够更好地促进服务对象的自我陈述，帮助社会工作者了解受暴女性的基本信息，同时社会工作者还可以通过服务对象的社交媒体了解更多与之相关的信息，从而更好地促进社会工作者开展服务。

四、社工运用社交媒体介入家庭暴力的伦理困境

互联网技术加持下的社交媒体正朝着万物互联的方向发展，各种即时通信、短视频创作、新闻推送、社区团购等应用纷至沓来，大大增强了社交媒体在人们日常生活中的使用频率。社交媒体为人们的日常生活、工作提供了诸多的便利，在社会工作介入反家暴领域同样也发挥着重要的作用，社交媒体自身的特点能够帮助社会工作者为受暴妇女提供更好的服务，帮助其走出困境，尽快实现正常生活。但是任何一种新兴技术的兴起都有其两面性的特质，社交媒体也不例外，社交媒体的快速发展为新时期的社会工作带来机遇的同时相对应的也产生一系列的伦理问题。

（一）信息真实性问题

随着人们日常生活中媒介化程度的不断加深，社交媒体日益成为社会公共生活中不可或缺的重要部分，社交媒体也开始进入社会工作领域，社交媒体在反家暴领域有着独特的优势，社会工作者运用社交媒体在开展实务的过程中与服务对象共同创建的虚拟对话场景

可以在一定程度上缓解服务对象紧张的心理，帮助其更好地进行自我解构，使得社会工作者可以获得服务对象更加全面准确的信息。但是在这个过程中由于社交媒体所固有的虚拟性特点使得社会工作者所获得的信息都是服务对象经过深思熟虑的结果，并不是最真实的表达。尤其是在家庭暴力这种比较敏感的事件中，受暴妇女往往出于某些自身的考量会有所顾忌进而导致其有选择性地披露，甚至隐瞒真实信息。而社会工作者很难通过社交媒体对受暴妇女提供信息的真实性进行准确的判断，从而产生一系列的问题，如在与受暴妇女对话的过程中因其隐藏某些关键信息而没有准确判断该事件的紧急程度，并没有及时采取措施极有可能会导致更严重的事情发生。因此社会工作者无法通过社交媒体感知受暴妇女所传达信息的真实性。同时在言论表达上社交媒体实现了人人拥有麦克风，每个人都可以表达自己的情绪困扰、生活困惑以及发表意见，人们拥有了更大的自主性，人人都充当着信息传播者的角色，与传统媒体场域中严格的信息审查制度不同，在社交媒体中信息的传播速度快、传播范围广、造谣成本低的特性导致人们需要经常性地面对虚假信息，互联网场域中社交媒体匿名性的特点加剧了信息传播过程中产生伦理道德的风险。同时由于监管的缺失，社交媒体为虚假、不良信息的传播创造了无限可能。

（二）隐私问题

互联网时代的到来不仅改变了人们的生活方式也掀起了大众对个人隐私的重视，网络空间的不确定性给个人的隐私保护带来了较大困难。首先从法理上来看，隐私被界定为与公共利益无关且不被他人知晓和打扰的事项。这种界定明晰了个人隐私与政府信息、公共信息的边界，反映出法律对私人领域生活与信息的保护。互联网的出现尤其是社交媒体的广泛使用，使得“私人信息与公共信息”的界限日益模糊，原本属于私人信息范畴的事项经过互联网的传播即转变为公共信息，这种转变固然有主动成分但更多的是被动的，缺乏边界意识和规范的个人表达也容易产生伦理冲突。造成这种冲突的原因之一就是基于社交与信息传播的社交媒体所衍生出的虚拟公共空间并没有形成完善的制度规范。互联网中的隐私披露所带来的伦理问题已经超出了目前法律所管辖的范围。这些看似私人领域的网络空间，经过社交媒体的传播，其内容很容易进入到公共领域，成为公共信息。在反家暴领域，社会工作者借助社交媒体了解受暴妇女的基本信息并与其保持联络，能够及时解答受暴妇女的问题，建立自己的专业性，并可以快速拉近与受暴妇女之间的距离，更好地帮助社会工作者开展工作，但是同时也存在着信息泄露的风险，社会工作者如果把控不好工作与生活之间的界限，极易泄露服务对象的隐私，同时社交媒体中复杂的网络环境也增加了社会工作者或被动或主动地泄露受暴妇女隐私的风险。

（三）保密问题

家庭暴力在我国是一个普遍存在而又相当敏感的事件，受父权观念的影响产生的不平等的两性关系，使得女性一直处于弱势地位，在其受到家庭暴力时产生的无力感，给受暴妇女身心造成了严重的伤害，社会中普遍存在的“家丑不可外扬”“清官难断家务事”等思想无形当中弱化了女性的权利。多种因素的重合使得女性在遭遇家庭暴力时不愿向外吐露，社交媒体的使用可以帮助社会工作者拉近与服务对象的距离，打消其顾虑，在这个过程中社会工作者的首要工作就是保密问题。社交媒体的使用一定程度上会带来信息泄露的风险。在社会工作中使用社交媒体时，保密问题变得异常严峻。一方面是社交媒体开放的互动环境，为社会工作者提供了一个链接资源的平台，社会工作者可以通过这些平台为受暴妇女寻求更大范围的支持。在为受暴妇女向社会寻求资源的过程中，社会工作者为了工作的顺利进行，不可避免地需要透露服务对象的相关信息。社会工作者想要通过社交媒体为服务对象链接社会资源，就必须违背保密原则，坚持不透露受暴妇女的个人信息，又会导致服务对象错失相关资源。另一方面在社交[10]媒体的使用过程中社会工作者能否将生活与工作分开也至关重要，社会工作者也是具有正常社交属性的人，也会通过社交媒体分享信息，在这个过程中社会工作者是否严格遵守保密原则，避免泄露受暴妇女的个人隐私。对受暴女性提供支持时的社会工作者所承诺的保密原则不仅是社会工作者取得服务对象信任的前提条件，更是社会工作者所必须要遵守的专业原则。因此社会工作者在借助社交媒体帮助受到家庭暴力困扰的女性时需要谨慎处理相关的保密问题。

五、关于社工运用社交媒体介入家庭暴力的几点思考

互联网的发展对我国的政治、经济、文化、社会等领域产生了深刻影响，伴随着互联网的兴起，我国对互联网发展投入的关注程度并没有与此相匹配，较为宽松的外部环境给互联网的快速发展创造了空间。缺乏必要的伦理规范是导致伦理道德缺失现象层出不穷的主要原因之一。但是互联网的发展也进一步扩宽了人们的认知，冲击着固有的科学理念，改变着我们的生活、思维、工作模式，侧面催生了一个崭新的时代。这给社会工作的发展与普及带来了新的契机，机遇与挑战并存，因此新时期社会工作者更需要具备互联网思维，积极探索如何在合规合理的范围内利用社交媒体更高效、便捷地开展实务工作。社会工作者在利用社交媒体介入家庭暴力过程中应从社会工作者、政府、社会工作机构三个层面共同探索与践行，以求在合乎伦理的范围内帮助服务对象实现预期目标。

（一）社会工作者：合理利用社交媒体

随着社会的发展，社交媒体在社会工作实务中的应用已经成为一种趋势，社会工作者要转变固有思想，积极适应新的变化，熟练掌握并运用社交媒体在某些特殊的社会工作领域开展工作。同时社会工作者需要增强社交媒体使用的伦理反思意识，必须正视社交媒体在社会工作的运用过程中所带来的伦理困境和面临伦理抉择，不断增强自身专业素养，提高互联网时代的伦理反思意识。社会工作者需要时刻关注在不同领域内使用社交媒体所面临的伦理风险，探索传统的社会工作伦理在社交媒体时代的适用性，尤其需要注意社会工作者与服务对象的专业界限、信息保密等问题。首先社会工作者在反家暴领域运用社交媒体时应合理使用社交媒体获取服务对象的信任，及时了解服务对象的情况，充分利用社交媒体帮助服务对象链接资源，在这个过程中社会工作者需要对社交媒体的使用有一个清晰的认识，它只是一个辅助实务开展的工具，并不能起到决定性的作用。其次社会工作者可以通过微博、微信等社交媒体扩大社会工作影响力，及时关注用户群体的情绪变化，发掘

潜在的服务对象，为弱势群体提供必要的社会支持，从而化解潜在的社会风险。最后社会工作者在利用社交媒体的过程中需要遵守社会工作专业价值伦理与工作原则，把握好专业关系的界限，合理地使用社交媒体。

（二）政府部门：划定界限，制定政策

互联网的兴起，使得社会中的伦理道德缺失现象频发，面对社会频发的失德行为，人们在自我反思的同时更多地需要在法律层面的约束。传播媒介的推陈出新使得伦理问题变得更加的复杂多变。新的技术变革必然会带来伦理关系的变化，在社交媒体传播中，话语权的下放使得普通用户有了较强的参与性与互动性，人们将其看作是释放生活压力、表达社会焦虑和对现实生活宣泄不满的一个窗口。来自普通大众并且有着较强的群体认同与情感共鸣的叙事方式迅速形成了“社会共识”进而引爆网络舆论，这种叙事方式在一定程度上加剧了虚假信息的传播，社交媒体为信息的二次加工与传播提供了空间，带有对抗性、谩骂、虚假、欺骗等各种形式的言论充斥着社交平台。平台缺乏必要的惩治手段是产生这种现象的原因之一，但最根本的原因还是缺乏相对应的法律约束。违法成本低，追究责任难，信息传播速度快、环节复杂使得立法变得相对困难。政府部门需要更加深入地去思考社交媒体传播技巧，政府部门要树立服务意识，将理性与感性相结合，在充分调研的基础上，制定和完善相应的法律制度，既要从宏观层面上制定宏观的法规政策，同时微观层面针对平台的规章制度也需要及时地建立起来，积极引导用户正确利用社交媒体以实现自身需求的满足。法规政策的制定必须经过充分的论证并结合我国传统的文化背景，进行适度化的讨论，建立动态的规则制度，这是因为当前人们所处的互联网时代，其更新速度比以往任何一个时代都要快，因此规则的制定必须是一个不断修改的动态过程才能适应时代发展，最大限度地发挥社交媒体的正向引导作用。

（三）社会工作机构：抓住机遇，迎接挑战

随着互联网的发展，互联网普及率达到了 70.4%，带来的结果是以微博、微信为代表的社交媒体获得爆炸式的增长，逐渐成为人们日常生活中不可或缺的组成部分，信息的传播不再局限于某一领域，传播内容也更加的多元化，社交媒体为人们提供了一个畅所欲言的环境，人们可以随时随地地通过社交媒体获取知识、发表意见、分享生活。虽然社交媒体在发展过程中存在着诸多的伦理问题，但是任何一种事物的产生与兴盛都有其两面性，对于社会工作机构来说，面对社交媒体的发展应该保持其应有的谨慎态度，但是更应该看到的是其带来的巨大机遇，一方面社会工作机构可以借助社交媒体提升机构成员业务能力，增强专业素养。随着互联网的普及，世界顶尖大学陆续设立网络学习平台，在网络上提供免费课程，这是慕课最初的形式。社交媒体的出现更是将慕课学习的热潮推向顶点。社会工作机构可以组织机构成员通过社交平台共同学习专业相关的理论知识，了解最新的理论成果，扩宽自己理论视野，从而提高自身的专业性。另一方面社会工作机构可以利用社交媒体的强交互性的特点提高自身影响力，社会工作机构以社交媒体作为宣传媒介，通过普及专业知识、答疑解惑以及与潜在服务对象互动交流等方式扩大自身的影响力，提高机构知名度。

六、结语

当今社会，社交媒体已经越来越多地应用到社会的方方面面，社会工作者也应具备职业的敏感度，积极尝试与社会工作相结合，将社交媒体运用到实务工作中去，在反家暴领域社交媒体有着独特优势，受暴妇女由于自身的经历轻易不会接受他人的帮助，社交媒体的社交属性满足了受暴妇女的内心需求，其特有的社交群体能够消除受暴妇女的无力感，从而产生向外界寻求支持的动力，在这个时期社会工作者可以更好地获得受暴妇女的信任，在接案阶段社交媒体不仅可以帮助社会工作者更为详细地掌握受暴妇女的基本信息，还可以更有效地实现为受暴妇女增能赋权和重构人生意义的目标。但是需要注意的是任何一种新兴技术的兴起必然会引发伦理风险。社交媒体给人们提供了虚拟的对话空间。这种虚拟的网络空间导致自身与社会场景相分离，使得人们在面对庞大的信息面时无法正确分辨是非，法律规范的滞后性又难以对虚假信息加以约束。进一步导致互联网成为伦理失范的重灾区。这也给新时期社会工作的伦理构建带来了巨大挑战。因此社会工作者在反家暴领域运用社交媒体时需要注意可能产生的伦理问题，恪守专业伦理，发挥社交媒体的优势以帮助受暴妇女实现自我生活的正常化。

参考文献：

[1] 李爱芹. 浅析家庭暴力问题的工作介入 [J]. 社会工作下半月（理论），2009（03）.

[2] 刘建引. 社区工作介入妇女反家暴的路径探究 [D]. 南京：东南大学，2019.

[3]〔加〕简 - 乌素尔，朱晓青. 加拿大家庭暴力项目的发展 [J]. 环球法律评论，2003（02）.

[4] June，Keeling.，and Katherine，Wormer. Social Worker Interventions in Situations of Domestic Violence：What We Can Learn from Survivors´Personal Narratives？ [J]. British Journal of Social Work，2012（07）.

[5] 陈友华，佴莉. 家庭暴力：社会工作干预与社会学思考 [J]. 扬州大学学报（人文社会科学版），2018（05）.

[6] 吴肖彬. 协同视角下社会工作介入妇女反家暴服务的研究 [D]. 广州：华南理工大学，2020.

[7] CNNIC. 第 47 次，《中国互联网络发展状况》[EB/OL]. http：//www. gov. cn/xinwen/2021 - 02/03/content_ 5584518. htm，2021 - 02 - 03.

[8] 余富强，伍莹. 社会工作中的社交媒体应用及其伦理风险 [J]. 宜宾学院学报，2017（10）.

[9] 董贝蓓. 心理不安全感、群体认同对网络集群行为意向的影响 [D]. 北京：中国地质大学（北京），2016.

[10] 陈婉珍，何雪松. 大数据驱动的社会工作：前景与挑战 [J]. 社会科学，2017（07）.

社区社会工作

社会工作介入社区文化保育的实践研究*

——以华南T村T项目为例

马利一　郑　鹏**

摘　要： 社会工作作为新生力量参与社区文化保育，能够运用专业的工作方法在培育扶持社区文化骨干和组织、打造特色文化品牌、搭建多元文化传播平台与载体和推动多元主体共同参与等方面带来成效；探究文化保育服务取得成效的原因是社区内在资源的充分撬动、多元社会主体的广泛参与、多样保育方式的积极探索；探究文化保育的实现路径是方案设计科学化、保育过程深入化、保育形式多样化、保育主体多元化和居民参与广泛化。

关键词： 社会工作；社区文化保育；社区社会工作

一、问题的提出

随着文化强国战略的提出，文化的重要性多次在政府工作报告中被提及。社区文化保育与文化建设也越来越成为推动基层社区治理的重要推手。此外，在全面推进社区治理体制创新的时代大背景下，“三社联动”机制顺势而生。社会工作作为“三社联动”的重要力量，经常活跃在基层社区，这为社会工作介入社区文化保育提供了有利条件。那么，社会工作作为新生力量参与社区文化保育，能够带来什么样的效果？哪些因素会影响保育的效果？采用什么样的保育路径才能够实现保育成效的最优化？

基于以上问题，本研究以T村T项目作为研究个案，通过档案分析法、参与式观察法和非结构访谈法收集相关资料，对T村文化保育面临的问题进行分析；对项目的方案设计进行描述；对社会工作介入社区文化保育的实践过程进行阐述与评估；并基于个案反思保育服务取得成效的原因、提出社会工作介入社区文化保育的实现路径。

二、社会工作介入T村T项目的服务基础

T村位于广东省佛山市顺德区北滘镇东部，坐拥深厚的历史文化底蕴。砖雕、灰塑、

* 基金项目：国家社科基金项目“国家景观营造与空间秩序生产的历史社会学研究”（20CSH008）。

** 作者简介：马利一，河南南阳人，2020届社会工作专业硕士；许靖梧，广东广州人，2018级社会工作硕士研究生；郑　鹏，湖南常德人，社会工作与社会学系副教授。

壁画等精装修手艺工作是著名的T村“三行文化”；夏布、土纸、刺绣是旧时远近闻名的传统手艺；各种建筑风格的祠堂庙宇30多处；上百年的古树散落在村内角落。此外，村内的祠堂文化、饮食文化、红色文化和风俗习惯等也让这片古老的村落更具魅力。但随着经济的发展和社会的进步，原本浓厚的T村文化面临着文化保育氛围淡薄、文化传承平台欠缺、文化传承主体有限等困境。

为提升居民的文化认同感，助力T村文化重新得到保护与传承，并以此推动社区治理创新，佛山市顺德区YX社会工作服务中心自2016年便入驻T村开展社区服务。社会工作者经过长期努力，因地制宜地探索出了一条渐进式的文化保育方案。

三、社会工作介入T村T项目的实践

（一）社会工作介入T村T项目的方案设计

1. 项目需求评估

社会工作者在项目前期的需求调研中，采用简单随机抽样的方式抽取T村15岁以上的245名社区村民开展需求调研①。从问卷调查的数据来看，在“对社工开展服务的期待”调查中，有22.00%的受访者表示“希望社工开展文化保育服务”；有21.20%的受访者表示“希望T村可以打造自己的专属节庆”；有9.38%的受访者表示“希望能够开设一些传统文化学习类活动让小朋友学习”②。

2. 项目实施目标

王思斌认为社区介入的手法是多样的，其中从社区的问题与需求入手就是其中的一种介入手法[1]。

T村T项目在分析T村文化保育现状、了解居民现实文化需求后，紧紧围绕文化保育面临的问题和居民的现实需求制订项目目标，总目标及分目标如下：

项目的总目标是多样态传承社区文化，满足社区居民文化需求。围绕总目标设置的三个分目标分别是：（1）搭建多元文化传播平台与载体。社区除一些祠堂庙宇类实体化文化传播载体外，缺乏常态化、多样态的文化传播平台与载体。因此项目注重搭建多元文化传播平台与载体，开辟文化保育新渠道。（2）培育扶持社区文化组织和骨干。社区文化的保育应当更多地依靠社区内部力量的驱动，为了保证社区文化的火炬能够在代际间可持续传承，所以培育扶持社区文化组织和骨干极其重要。（3）打造特色文化品牌。保育过程中需重视挖掘特色文化资产的价值，培育和发展特色文化产业，通过打造特色文化品牌来实现文化价值的放大与传承。（4）推动多元主体共同参与保育。保育过程中要积极激发和引导多元主体协同参与的动力，让各主体的自身优势被充分挖掘和利用，共同致力于社区文化保育服务。

① 数据来自《北滘镇T村社区居民需求调查问卷》。
② 数据来自《北滘镇T村社区居民需求调查问卷》。

3. 项目介入策略

本项目在资产为本的社区发展理论指导下进行介入。该理论强调资产为本、内在取向和关系建构。因此，社会工作者开展社区文化保育工作时，要挖掘和利用社区资源优势来推进社区文化保育；要注重社区居民的参与；要注重居民、社会组织等各种社会关系的建构等。

4. 项目实施内容

项目负责人根据项目服务目标科学合理制定项目方案。按其实施内容可以划分为“口述T村”“导赏T村”“参与T村”和“蜕变T村”四大服务模块。服务内容详见表1。

表1 项目实施内容一览表

序号	服务模块	服务名称	服务内容
1	口述T村	足迹T村	1. 组建1支口述历史义工队； 2. 进行T村社区走访16次； 3. 形成16篇社区走访记录。
		传播T村	1. 形成5篇T村口述资料； 2. 口述资料可视化形式传播。
2	导赏T村	导赏员培育计划	1. 培育15名导赏员； 2. 导赏员培育系列活动6场，如外出交流学习、培训学习、导赏路线试策划。
		导赏系列活动	开展导赏活动10场。
3	参与T村	社区文化学坊	开展特色文化学坊5类，如醒狮、夏布、陶艺。
		社区议事厅	1. 开展社区议事厅2场； 2. 产生社区行动1场及以上。
4	蜕变T村	社区艺术系列活动	开展社区艺术活动/课堂/展览10场。
		社区文化节	开展社区文化节3场。

（二）社会工作介入T村T项目的实施过程

1. 口述T村：社区文化挖掘整理

社区文化是承载和激活居民共同记忆的关键因素，是培育社区集体情感和共同体意识的重要纽带。深度挖掘社区文化资源的过程是唤起社群共同记忆的过程，盘活和传承社区文化资源的关键一步。本服务模块位于整个项目实施的前期阶段，服务重点是带领社区居民认知社区、挖掘整理社区文化及社区资源。社会工作者通过“T村足迹”和“传播T村”两种方法开展“口述T村”活动以实现文化深度挖掘和可视化传播。详细服务信息见表2[①]。

① 表2信息来源于T村T项目服务资料。

表 2　“口述 T 村”服务一览表

口述 T 村	工作方法	服务名称/类型	场次/数量
口述 T 村	小组社会工作	口述 T 行	6
	社区社会工作	走访 T 村	12
传播 T 村	社区社会工作	可视化传承 T 村文化	5

前期筹备阶段，社会工作者作为倡导者引导居民树立主人翁意识，呼吁居民积极参与。在社会工作者的积极号召和部分热心居民的广泛参与下，口述历史义工队成立。

中期实施阶段，社会工作者带领义工队成员通过倾听历史、查阅文献、寻找古迹、入户访谈和外出参访等方式挖掘和收集当地饮食文化、祠堂文化和社区故事等文化资源，形成多篇文字版口述历史材料。

后期阶段，项目将服务的重心从文化的挖掘和收集转向文化的传播。首先，充分挖掘社区内部资源，以资源链接的方式与社区内部一家文化公司合作将收集的历史文化资料制作成《两棵榕树》《双龙井》《光中学堂》等可视化的影片和《漫说桃源》档案册。其次，积极探索实体记忆载体与数字记忆载体相结合的文化传播方式，把视频转化为立体二维码形式挂放在相对应景点，来往的游客扫描相应的二维码就可以了解更多有趣的历史。

此模块是对社区文化和资源的深度挖掘与整合，为后期文化保育服务的开展奠定了良好的基础。

2. 导赏 T 村：社区文化导赏传播

T 村内各种建筑风格的祠堂庙宇 30 余处；上百年的古树散落在村内角落，它们是 T 村文化的实体化呈现。在本模块项目主要通过“导赏员培育计划”和“T 村导赏活动”来实现 T 村实体文化的广泛传播。详细服务信息见表 3①。

首先，社会工作者通过自媒体宣传、张贴海报和定向邀请等多重渠道招募导赏员。其次，社会工作者根据导赏员实际情况制订并实施导赏员培育计划，链接当地一家口述史研究所老师为导赏员开展“口述导赏培育增能小组”。小组以面授、实地走访、外出参访学习和实地导赏的形式共培育出 18 名导赏员，为后期导赏活动的开展奠定了良好的基础。再次，社会工作者联动导赏员共同商定导赏的主要内容与路线。导赏员带领参加者用脚步丈量每一寸历史，用感官触碰每一种文化，在游览和讲解中使参加者更立体地认识 T 村，体验 T 村的文化温情与魅力。

表 3　“导赏 T 村”服务一览表

导赏 T 村	工作方法	服务名称/类型	场次
导赏员培育计划	小组社会工作	口述导赏培育增能小组	6
T 村导赏活动	社区社会工作	T 村古建文化导赏活动	8
	社区社会工作	T 村地标建筑导赏活动	5

① 表 3 信息来源于 T 村 T 项目服务资料。

受访者A（项目负责人，女，28岁）："一次导赏就是一次知识的普及，会让更多人对T村有更全面和深入的认识，能够为参加者的心中埋下了一颗保护和传承历史的种子。"

3. 参与T村：社区文化传承推广

项目尝试以"社区文化学坊"和"社区议事厅"两项举措搭建文化传播平台，丰富人们的多样文化体验，促进多元特色文化在代际间的推广与传承。本模块是项目实施的重点。详细服务信息见表4①。

表4 "参与T村"服务一览表

参与T村	工作方法	服务名称/类型	场次
社区文化学坊	社区社会工作	"社区文化学坊"事项商讨会	1
	小组社会工作	醒狮学坊	14
		陶艺学坊	13
		书法学坊	7
		刺绣学坊	6
		夏布研制学坊	5
		陶笛合唱学坊	10
社区议事厅	社区社会工作	"街坊新煮意"栾樨美食研制系列活动	4

（1）社区文化学坊

在前期筹备阶段，社会工作者首先以链接资源的方式邀请相关文化传承人或者文化能人组成T村社区学坊导师队伍；其次紧密结合居民需求，策划多样化课程；最后，决定以小组社会工作的方法开办醒狮学坊、刺绣学坊、陶艺学坊、夏布研制手工坊、书法学坊、陶笛合唱学坊等文化传承活动。

在实施阶段，社会工作者将更多的主动权交给学坊导师，让学坊导师的潜能得到充分发挥，社会工作者主要充当协助者和使能者保障文化学坊的顺利进行。"醒狮学坊"的开展使得T村舞狮队得到振兴、舞狮技艺得到传承，特色的儿童醒狮表演还时常被邀请走出T村进行呈现；"陶艺学坊"的举办使得T村特色文化地标以陶瓷画的形式再现，并创作出大量陶瓷作品；"夏布学坊"的开设使得夏布团扇、夏布发卡、缠花发饰、夏布手账本等被制作出来，形成特色文创产品……T村社区学坊已成为传播在地文化的主要阵地。

（2）社区议事厅

食用栾樨粉是当地的风俗习惯。但近年来，制作栾樨粉的人越来越少，栾樨小吃慢慢被人们遗忘，制作方法也面临失传。因此，开展栾樨美食研制系列活动，有助于激发居民对栾樨文化的传承意识。

在前期筹备阶段，通过热心居民的介绍挖掘了一批愿意分享栾樨粉制作技巧的居民，

① 表4信息来源于T村T项目服务资料。

整理与栾樨相关的故事，并邀请其参加“街坊新煮意”栾樨美食制作研讨会。

在栾樨美食制作研讨会上，社会工作者利用焦点小组的方法展开讨论，鼓励参与者分享栾樨草和栾樨粉的故事；通过现场品尝栾樨粉，讲解制作过程等方式让大家知道栾樨粉的部分特性和煮法；并引导居民对栾樨粉的制作方法进行讨论。

此次研讨会的顺利展开，为以后栾樨美食创新制作打下了坚实的基础，促使更多的街坊主动种植栾樨草，充分发挥想象力研制出了栾樨茶、栾樨凉粉、栾樨红豆糕、栾樨酥等20余种新型栾樨美食。

4. 蜕变T村：社区文化活化再造

活化利用社区文化是社区文化保育的升华阶段，本模块强调用创新的理念方法和手段让凝固的文化变得鲜活，以可视化与活态化方式呈现T村历史故事和人文风貌[2]。主要通过“社区艺术系列活动”和“社区文化汇展”两种途径实现社区文化的活化利用。详细服务信息见表5①。

表5 “蜕变T村”服务一览表

蜕变T村	工作方法	服务名称/类型	场次
社区艺术系列活动	小组社会工作	走街串巷绘制T村地图	7
	社区社会工作	花期未完 · 古建明信片绘制	1
		制作栾樨文创产品	3
社区文化汇展	社区社会工作	T村邻里文化节	1
		共创栾樨文化节	2

（1）社区艺术系列活动

在“走街串巷绘制T村地图”活动中，采用小组工作的方法协同热心居民在走街串巷中制作出“T村手绘地图”文化产品2.0版。2.0版地图清晰地彩绘出T村36处文化景点，展现了T村独特的历史故事和人文风貌。在古建明信片绘制活动中，社会工作者邀请有专业背景的街坊参与彩绘T村古建筑，并将其制作成T村古建筑系列明信片，丰富古建文化传播途径。

为更好地向外界展示栾樨，项目尝试联动多元主体开展制作栾樨文创产品活动，共创栾樨文化传播新样态。第一，借助视频短片传播栾樨文化。社会工作者联动众多栾樨美食爱好者、栾樨文化传承人和文化传播公司齐心拍摄栾樨文化宣传视频。视频详细介绍了传统九层栾樨糕的制作步骤、栾樨的食用功效和新研制的栾樨食品等。第二，编排舞蹈宣传栾樨文化。社会工作者动员T村舞蹈队的资源优势，编排以传播栾樨文化为主题的舞蹈，用艺术的形式赋予栾樨新的生命力。第三，栾樨文创产品制作。通过社区议事厅平台激发居民的参与热情，与村民一起探讨如何将栾樨文化活化利用。最终，制作出栾樨刺绣、栾樨吉祥物、栾樨书签、栾樨帆布袋、栾樨锁匙扣等系列文创产品。

① 表5信息来源于T村T项目服务资料。

(2) 社区文化节

基于群众需求，项目尝试以造节的方式满足居民的现实文化需求，同时借助文化节促进在地文化的集中传播与传承。邻里文化节是T村首次举办的村居专属节庆。通过设置文化导赏、体验互动、舞台展演、T村蜕变展示等环节达到集中宣传推广T村文化的目的。这次文化节的成功举办为之后栾樨文化节的举办奠定了良好的基础。此后的栾樨文化节，T村村民以共同的文化资产（栾樨）为媒介，以共创的形式打造自己的专属节庆。栾樨也因此成为T村的活名片，栾樨文化节也一跃成为T村特色文化品牌。

受访者B（项目社工，女，29岁）："我在走访社区时，一位街坊问道'为什么别的村都有自己代表的文化节庆，而T村什么节庆都没有'。我听到街坊的'真情流露'后，从内心深处感觉难受的同时，又庆幸听到了最真实的声音，这是来自街坊对T村的归属感和期待。我们社工应该尝试满足社区居民的比较性需求。"

以上四个模块详细阐述了T村社区文化保育的过程，其中"口述T村"模块主要是对文化的挖掘与整理，它处于文化保育的前级阶段；"导赏T村"和"参与T村"两大模块主要是对文化的传播与传承，它处于文化保育的中期阶段；"蜕变T村"模块主要是对文化的活化与再造，它是文化保育的升华阶段。因此，M项目的实践过程也就是对社会工作介入社区文化保育的模式探索过程。

四、社会工作介入T村T项目的总结

（一）社会工作介入T村T项目的目标达成情况评估

项目目标的达成主要通过以下四点来说明：

一是搭建了多元文化传播平台与载体。村居祠堂活化利用为传播醒狮文化的主要场域、报功祠成为传播书法和国画的主要场所、文化微电影和图书册子亦成为传播社区文化的重要载体。

二是培育扶持了众多社区文化组织和骨干。在社区文化组织培育方面，项目组建了口述历史义工队、社区文化导赏队和社区学坊导师队伍。在文化组织扶持方面，通过提供表演平台、购买服装道具、寻找训练场地等系列举措让社区舞狮队重现昔日活力。在社区文化骨干培育方面，通过资源链接和增能赋权的方式挖掘与培育了10余名社区文化骨干。

三是打造特色文化品牌。将栾樨为媒介，用村民共创的形式打造村居专属节庆。目前，以栾樨种植、栾樨食品售卖、栾樨文创产品制作为核心的栾樨联盟已具雏形。

四是推动多元主体共同参与文化保育。项目实施过程中，T村村委成员、祠堂掌事人、社区文化组织负责人和社区居民等主体经常参加社区议事厅活动和保育活动。

（二）社会工作介入T村T项目的成效分析

项目的成效主要可从居民和社区两个维度，六个方面阐述：

一是满足居民文化需求，增强居民社区认同感和归属感。定期开设的多类型文化学坊及时回应了居民的现实文化需求，丰富了居民的精神世界；栾樨文化节的打造满足了居民的比较性需求，实现了居民对社区拥有代表性专属节庆的愿望；古建导赏活动、社区文化街展等不同形式的社区活动让文化渗透居民生活，让居民充分感受社区温度，广泛引起了居民的文化共鸣，在一定程度上强化社区文化认同。邻里关系变得更加融洽和谐。文化以一种润物无声的力量日益增强社区凝聚力、增进社区居民的认同感和归属感。

二是发挥社区居民潜能，增添居民自我效能感和幸福感。社会工作者在开展服务时，注重对居民自身优势和能量的挖掘。文化保育的过程既是居民自身潜能得以施展的过程，也是社区居民自我效能感不断增强的过程。尤其是作为社区文化记忆的储存者和社区日益变化的见证者的社区长者，对文化保育表现出浓厚的参与兴趣，并通过参加系列活动感受到自己“被需要”和“被认可”，不断被赋予自信和能量。居民的自身价值得到不断发掘，自我效能感与幸福感也得到不断增强。

三是增强居民社区参与活力。社区居民社区参与活力的增强主要体现在以下三个方面：首先，居民的社区参与意识增强。通过系列活动的开展，社区居民由以往的“看客”转变为“服务参与者”，由“服务参与者”转变为“服务提供者”参与其中，社区参与意识不断增强。其次，居民的社区参与层次提高。总体来讲，社区居民的参与层次经历了“知晓——参加——参与——推动”四个阶段。第一阶段，居民知晓文化保育工作。第二阶段，居民参加文化保育类活动。第三阶段，居民成为社区学坊导师队伍、导赏员队伍中的一员协助开展活动。第四阶段，居民与社会工作者携手打造专属节日——栾樨文化节，推动栾樨文化联盟雏形的形成。

四是推动社区文化建设。社会工作介入社区文化保育对社区文化建设也有一定的推动意义，主要表现在以下三个方面：通过营造共同的文化阵地和空间、美化社区人居环境、培育扶持社区文化组织和骨干增量社区资产，从而推动了社区物质文化建设。通过开展文化学坊、举办社区文化节和文化导赏活动等增进了社区邻里互动、丰富社区文娱活动，从而推动社区行为文化建设。通过开展系列保育活动，凝聚社区文化共识，提升居民社区认同感和自豪感，从而推动社区观念文化建设。

五是促进社区经济发展。栾樨文化节上设置栾樨美食品尝与售卖、栾樨粉制作体验和栾樨文创产品售卖等环节，让游客们感受到栾樨魅力的同时，也让栾樨成为北滘 T 村的活名片。部分居民通过文化节增加了家庭的经济收入。目前，栾樨成为社区共同的文化资产，以栾樨种植、食品售卖、文创产品制作为核心的栾樨联盟雏形已经形成，其经济效益正日益凸显。

六是推动内生型社区打造。社会工作者在开展保育服务时注重对“助人自助”专业理念的运用，通过对社区居民潜能的发挥、社区文化资源的挖掘利用、社区内部组织的专业优势施展，社区内部人力资源、文化资源和组织资源等得到充分的调动，用社区内部资源服务于社区有效推动了内生型社区的打造。

（三）社会工作介入 T 村 T 项目的经验总结

T 项目将文化保育作为乡村治理的创新举措，展开积极的探索与实践，并取得一定成效。本研究将从以下四个方面对T项目取得成效的原因进行总结：

1. 充分发挥社工专业角色

在T项目实施过程中，社工专业角色的发挥有效地促进了项目目标和成效的达成，主要体现在以下四个角色的发挥：一是倡导者角色的发挥。倡导者主要是指社会工作者倡导、鼓励和引导居民参加社区文化活动，共同参与社区事务治理，争做在地文化的保护者、传播者和弘扬者。二是使能者角色的发挥。使能者主要是指社会工作者秉承“助人自助”的专业理念帮助处于困境的居民利用自身优势与潜能，增强解决问题的能力，改善当前困境，重拾自信心[3]。三是资源筹措者角色的发挥。资源筹措者主要是指社会工作者主动向上级政府部门、村委、社区组织、祠堂掌事人或者社区街坊等多元社会主体协调、整合与链接文化保育所需的人、财、物资源，以确保文化保育服务顺利开展。四是方案策划及执行者角色的发挥。方案策划及执行者主要是指社会工作者在调查社区问题、分析社区实际情况后，结合服务目标精心设计文化保育项目方案和为达成保育目标而策划的系列活动，并作为主要服务提供者负责整个项目的实施。但在具体实践中，社工的专业角色往往是同时使用的，社会工作者担任的是包含多种功能的综合角色。这种综合角色能够形成一种角色合力让社会工作介入社区文化保育的优势更加明显，保育效果更加显著。

2. 充分撬动社区内在资源

社区文化保育服务是注重对社区内部人力资源、文化资源和组织资源等的挖掘和动员，主要体现在以下三个方面：第一，重视社区居民潜能发挥。居民是社区的主人翁，是社区文化保育和社区建设的关键力量。项目注重将社区居民从服务的受益者转变为服务的提供者，鼓励享有较高威望的社区乡贤、文化能人和热心居民争做社区文化的保护者和弘扬者，积极投身于社区文化保育行动。第二，注重社区文化资源的挖掘和活化利用。项目通过多元途径挖掘整合多样文化实现文化的档案化保护和活态化传承；利用文化资源满足居民日益增长的文化需求。如开办社区文化学坊满足居民文化学习的需要；活化利用祠堂使其成为村居醒狮队的训练场地；活化利用报功祠使其成为T村社会工作站和传统文化传播的重要场域。第三，发挥社区内部组织的专业优势作用。项目通过加强与社区内部的多个文化机构和社区舞蹈健身队等机构组织合作，为文化保育提供持续的创意支持、物资资助和人力支援等。

3. 大力推动多元主体参与

社区文化保育是多元社会主体共同参与的一项社区行动。社会主体覆盖面和参与程度会对社区文化保育的成效存在一定影响。在文化保育过程中，顺德区社工委能够为项目提供连续的资金、督导、培训和宣传等支持。T村村委能够积极听取社工、社区自组织和居民意见，并及时给予回应与资金支持。村委与社工之间形成了良好的信任合作关系。社区自组织能够发挥自身优势充当“及时雨”和“智囊团”角色协助开展文化保育工作。社区居民能够树立社区主人翁意识，积极表达自己现实需求和社区存在的问题、参与社区事务协商会议、踊跃参加各种社区活动等。机构督导能够定期、持续为项目社工提供教育性督导和支持性督导。社区内外志愿者队伍能够协助社工开展保育活动。社会工作者能够发挥专业优势为文化保育提供资源链接与整合、活动策划与执行等服务。以上各社会主体的广泛参与有效推进了项目的实施。

4. 积极探索多样保育方式

文化的多元性和地域性在一定程度上决定了文化承载形式和传承方式的多样化和差异化。项目实施过程中积极探索多样态的文化保育方式来丰富居民的多样文化体验。总体来看，可以分为以下六类方式：开展社区文化学坊、打造社区文化节、口述社区历史、导赏社区文化、利用现代化媒体呈现社区文化、利用公共空间展示社区文化。多样的文化保育方式能够让居民根据自身时间、能力和兴趣等自主参加不同类型的保育活动，有效促进在地文化的传播。

五、社会工作介入社区文化保育的路径探析

本研究详细介绍了社会工作介入社区文化保育的过程，并对相关问题进行了反思。现从方案设计、保育过程、保育形式、保育主体和居民参与五大维度提出社会工作介入社区文化保育的有效路径，以期为社会工作同仁提供社区文化保育的经验。

（一）方案设计科学化

社区文化保育是一项需要投入大量人、财、物等资源来取得成效的长期性、烦琐性社区服务，专业科学的方案设计有助于社区文化保育成效的凸显。为确保文化保育取得一定成效，方案设计需要从以下方面做出努力：一是需求评估精准。社会工作者在撰写保育方案前可通过问卷调查、深入访谈和参与观察等途径广泛征求居民意见，精准把握社区居民感觉性需求、表达性需求和比较性需求，制订精准回应居民需求、缓解社区问题的服务方案。二是目标设定合理。社区居民的需求有共性和个性之分，社会工作者需根据需求精准辨识，结合自身能力和专业特长合理制订服务目标。

（二）保育过程深入化

社区文化保育既有浅层次的“保”，也有深层次的“育”。其中“保”注重社区文化的挖掘、抢救和保护，侧重于社区文化的存在。“育”注重社区文化的培育、传承和发展，侧重于社区文化的延续，关注社区文化内在价值的发挥、传承方式的创新。因此，社区文化保育是由浅入深、循序渐进式的。文化保育主体在保育初始阶段，可以着眼于文化的“保”，可以通过文献查阅、寻找古迹、入户访谈、外出参访和焦点小组等多元渠道深入挖掘社区文化底蕴，并做好相关记录工作，为后期文化传播推广奠定坚实基础。中期阶段，可以关注于文化的“育”，通过链接多方资源和扩大居民参与等开展多元活动传播和推广社区文化，实现历史文脉的延续。后期阶段，可以聚焦于文化的“造”，基于前期服务过程，将单项或多项社区文化优势转变为社区经济发展优势，打造特色文化品牌与产业，实现在地文化价值再造，助推社区增收和居民致富。

（三）保育形式多样化

文化的多元性和地域性在一定程度上会影响文化承载形式和传承方式的多样化和差异化。因此，社会工作者在进行社区文化保育时，运用创新的理念、方法和手段让凝固的文化以具象化、多样化和活态化形式呈现。如可以通过拍摄影视化作品（特色文化宣传片、漫画版社区故事等）、绘制社区文化地图和明信片、制作系列文创产品等艺术形式可视化呈现社区历史故事和风土人情。通过开设社区文化学坊、打造社区特色文化节、举办社区导赏活动等体化实践的方式丰富人们的多样文化体验。通过文字、录音、摄影等手段将在地文化转化为档案信息资源以实现在地文化的延续与再生[4]。

（四）保育主体多元化

社区文化保育是有目的、有计划地对社区文化进行挖掘、保护、传承与再造的过程。与一般性社区服务不同的是，它更需要联动不同专业背景和功能的多元社会主体群策群力来实现。相关政府部门、社区居民、志愿者、社会组织和企业等任意一个社会主体的缺位都可能会影响文化保育的最终成效。当各社会主体间形成相互增能、通力合作的关系，能够促使保育成效最大化。如政府需要发挥主导作用，努力营造良好的文化保育环境，保证文化保育工作成为长期性工作。社会工作者发挥专业优势，以特有的柔性方式推进社区文化保育工作。社会工作者应充分发挥联动角色，整合社区内、外部资源，有效推进多元主体间的联动，形成各主体间功能上的互补互依，携手助力保育工作开展；此外，社会工作者也应该运用专业方法培育社区文化自组织，让在地文化记忆以文化自组织的形式进一步呈现、凝聚与传承，促进社区文化资本的重建与积累。

（五）居民参与广泛化

社区是居民生产、生活的地方，居民对社区的风土人情、生态环境和资源分配状况等有充分的了解后居民更能有效地发挥社区主人翁精神，积极参与社区文化活动。此外，社区文化保育大多数情况下是运用形式多样的社区活动作为介入策略来是实现文化保育的目的，社区居民参与层次和频率越高，越能体现社区居民的真实想法和共同需求，服务也越能高度契合居民的现实需求。因此，社区文化保育需要动员社区居民的广泛参与，社区居民应当作为文化保育的主力军活跃于文化保育服务的各环节。

六、结语

本研究以T村T项目作为研究个案，对T村文化保育面临的问题进行分析；对项目的方案设计进行描述；对社会工作介入社区文化保育的实践过程进行阐述和评估；并基于个案反思归纳了保育服务取得成效的原因；探索了社会工作介入社区文化保育的实现路径。但研究仍存在不足，例如，本研究对笔者自己提出的文化保育路径的适用条件没有进行深入探讨。此外，笔者在论文撰写过程中，一直思考的问题是政府主导型的社区文化保育、市场化运作型的社区文化保育与社会工作介入型的社区文化保育三者相比，在保育的内容、形式、特点和效果上的异同点主要体现在哪里？由于笔者时间、精力和能力有限，对该问题没有进行相关探讨。这需要更多对该领域感兴趣的研究者进行解答。

参考文献：

[1] 王思斌等. 社会工作概论 [M]. 北京：高等教育出版社，2006.
[2] 马利一. 社会工作助力窑湾古街再现芳华 [J]. 中国社会工作，2019 (24).
[3] 全国社会工作者职业水平考试教材编写组. 社会工作综合能力（中级）[M]. 北京：中国社会出版社，2020.
[4] 加小双，李宜芳，谭悦. 数字记忆视域下非物质文化遗产的保护与传承研究 [J]. 山西档案，2019 (05).

撤村建居背景下村民人际关系的空间疏离与再联结*

——基于吴岗新村建设的实地研究

郑　鹏　马凤梅**

摘　要：随着我国城镇化进程的加快，以政府为主导的撤村建居工程成为城镇化快速发展时期的主要实现路径。但撤村建居工程在根本上改变了村民的生产生活状况，对村民的传统人际关系也造成了较大的影响。在该工程进行的不同阶段，村民人际关系所呈现出的特点也不相同。通过调研发现，村民们的人际关系在工程开始后出现了较高程度的疏离情况，且在建居后村民们又通过一些刻意或日常的行为使彼此间的关系得到了再联结。基于上述调研发现，笔者对受撤村建居工程影响的传统村民人际关系能否继续维系下去的可能性进行了深入的探讨。认为村民关系会继续延续，但村民间的交往范围逐渐缩小，同时村民关系受家族关系的影响，逐渐变为单纯的亲戚关系。

关键词：撤村建居；村民人际关系；空间疏离；再联结

一、研究背景

（一）社会背景

建国初期，我国城镇化水平很低，城镇人口占总人口的比重仅为10．6%。改革开放以来，我国城镇化进程明显加快，城镇化水平不断提高。2018年末，我国常住人口城镇化率为59．6%。党的十八大以来，随着户籍制度改革和居住证制度推进实施，农民工市民化程度不断提高[1]。2020年国家发改委印发了关于《2020年新型城镇化建设和城乡融合发展重点任务》的通知，要求加快实施以促进人的城镇化为核心、提高质量为导向的新型城镇化战略[2]。

2014年底，国家发改委印发了《关于开展国家新型城镇化综合试点工作的通知》，确定在江苏、安徽两省和宁波等62个城市（镇）开展试点。2017年安徽省印发了《关于安

---

* 基金项目：国家社科基金项目“国家景观营造与空间秩序生产的历史社会学研究”（20CSH008）。

** 作者简介：郑鹏，男，湖南常德人，博士，社会工作与社会学系副教授；马凤梅，安徽合肥人，2021届社会学专业学士。

徽省新型城镇化发展规划（2016—2025 年）》，明确了城镇化发展的要求与目标[3]。早在 2015 年，肥西县就出台了《肥西县城总体规划方案》，细化肥西县城镇化进程指标，在方案中，吴岗新村所在的严店乡被规划为工业基地。严店乡更是在 2008 年之前，就已经通过征地撤村为工业奠定良好的发展基础。吴岗新村便是在此种时代背景下的产物，是众多新型城镇化试点地区之一，在政策的推动下结合地区特色，为新型城镇化积淀成功经验。

目前学界对于中国城镇化路径形成了较为一致的看法，大致可分为农村人口自发进城和撤村建居两条[4]。撤村建居作为城镇化发展过程中自上而下的推动措施，具有探索性和未知性，对传统农村人际关系造成了较大的冲击与碰撞，很大程度上会忽略项目实施对村民人际关系造成的影响，以人为中心的城镇化建设也逐渐受到社会的广泛关注。

基于当前城镇化发展背景，传统的农村人际关系能否经受得住现代化进程的冲击？又能否在新的时代焕发出新生机？针对上述问题，对建居后的村民展开了深入的调查研究，阐述了村民人际关系变化过程，及形成新的交往方式，探讨在此种背景下村民关系的发展趋势，有利于对修复日渐疏离的村民关系提供一定的参考作用。

（二）理论背景

在国内学术界，人际关系作为明确城市化背景下社会结构变迁的基本切入点，自 1980 年以来，一直是社会学者研究的重要课题。通过对目前现有研究成果的梳理，发现有关当代中国农村的人际关系研究，主要有以下三个方面。

1. 关于农村人际关系变迁研究

宋国恺和王思斌认为，从农村社会现代化开始，农村之间摩擦增多，“远亲不如近邻”的观念慢慢消失，邻里功能大为减弱。农村亲属关系的紧密程度开始减弱，而“经济利益”已经成为家庭联系的重要纽带，从而使农村家庭的亲属关系会变得越来越非亲属化[5]。

但郭于华提出的“亲缘关系”概念，表示亲缘与宗族相比有着更大的覆盖面，且并不认为传统的亲缘关系在农村的现代化进程中会迅速衰落下去[6]。乐国安从“传统的滞留”和“传统的发展”两个方面探讨了社会转型期农村社会的人际关系，发现血缘、地缘关系仍是主流，虽然传统父系血缘关系在农村社会关系中绝对重要地位发生改变，但人情仍是重要交往法则[7]。

此外，杨善华、赵仲杰等学者，认为传统农村人际关系呈现出多元化、理性化和功利化的特点[8]。从整体上看，改革开放以来，以血缘关系和地缘关系为基础的传统农村人际关系已经发生了较大的改变，村民人际交往的可选择性增加，村民间人际关系的紧密程度也由深变浅。

2. 关于农村人际关系的影响因素研究

社会转型是经济、政治、文化等各方面的由传统向现代的转变，农村人际关系也相应地发生了改变。经济因素是人际关系发生变化的最基本的原因。陆蕊认为当前农村市场经济的发展使得农村社会的结构产生变迁，导致农村传统社会交往方式难以适应新的社会结构。在转型期的社会秩序中，个体间的交往是基于对利益最大化的考量[9]。

政治方面，刘洁在其研究中提出，作为权力机构的乡政府和村委会在进入社会转型加速期后，不能及时消除人际关系中的消极因素，有时甚至成为其破坏因素[10]。

文化价值观方面，刘洁认为农民价值观念在社会转型期会发生畸形或错位，严重误导农村人际关系的良性发展，使人际关系过分世俗化和功利化。同时在转型加速时期，农民的心理逐渐失衡，这些都加速了农村人际关系的变迁[10]。黄家亮认为在当前形势下，农村社会中人们之间普遍缺乏信任，传统的礼俗文化和社会规范已经接近失灵，人们对权威缺乏信任，相互之间充满猜疑，这些都造成了信任结构的失调以及集体行动的困境[11]。

社会舆论起着引导人们言行的重要作用。刘洁指出近年来一些舆论对社会上泛起的各种错误观念不但不予以批评，反而有所鼓动。这些名为解放思想、革新观念，实为金钱至上的舆论导向，无疑给农村人际关系的变迁产生了相当大的影响。

3．空间结构与农村人际关系

从地理空间看，强调社区空间的布局设计与人际关系变迁的关系。首先是居住空间与村民生活之间相互影响。阎云翔关注的下岬村经历了80年代的装修热，从城镇学习了一些新的空间安排方式。这些新的空间安排不仅是对村民隐私权的满足，也帮助塑造了村民们的隐私观念。空间格局的改变也促使家庭成员重新调整自己的位置和行为方式，调整了村民之间的人际关系[12]。张捍平以建筑学的角度和方法，对翁丁村进行了空间测量，对居民进行了行为调查，发现不同居住行为在居民心里的重要程度及身体性因素会影响聚落空间[13]。其次，物理空间对村民人际关系的影响。地理空间主张从规划、设计的角度来促进社区交往，强调物理空间的层次性和可感知性。然而，也有研究发现，物理空间的设计虽然为居民之间的交往与交流提供了场所，但是物理空间对邻里关系的影响，并不是直接的，而是需要借助一些中间变量来发挥作用。地理空间的环境因素影响着人们的择居行为，但对邻里的紧密社会交往是没影响的[14]。

从社会层面看，人际关系受到诸多因素影响。在社区居民人口特征对社区邻里关系的影响的研究中，阮永认为人口的流动性是影响邻里关系的重要因素[15]。在社区结构特征对村民关系影响的研究中，主要侧重于研究社区异质性对村民关系的影响。李洁瑾、黄荣贵等人，在系统介绍“同质相容”与“异质互补”理论的基础上，提出社区同质性有利于村民间互动，但同时认为一定范围内的混居能够促进更大范围内的社会融合。在社会变迁对村民关系影响的研究中，黎熙元等认为城市化与人口流动程度越高，会推动村民的社会支持网外移[14]。此外，李斌认为交往对象的人口特征是村民选择交往对象的重要标准[16]。

从上述文献梳理中可以看出，目前关于农村人际关系的研究，一般是基于某一时代背景下，如社会转型、现代化进程等，重点探讨农村人际关系的变迁及其原因。在研究农村人际关系变迁方面，由于市场经济迅速发展，当前农村人际关系出现了理性化的趋势，人际交往的广度不断扩大，对于利益的追逐影响了村民的交往选择和交往深度。且学者们只关注了村民人际关系在变迁后的状态及其影响因素，对村民关系再联结的研究相对缺乏。在空间结构与村民人际关系的研究中，关注到了地理空间与社会空间两个方面，主要关注的是村落形态的变化对村民人际关系的影响，社会空间方面的研究较少。且在搜集资料的过程中，发现目前研究空间结构对人际关系的影响是更侧重于城市社区的居民关系方面，探讨传统的邻里关系在现代化社区内发生的变化及其影响机制。

二、吴岗新村建设的个案

在查阅了大量有关村民人际关系变迁的相关文献后，决定以已经完成撤村建居工程的吴岗新村为研究对象。由于研究对象具有特殊性，自身对撤村建居前后村民人际关系的变化过程较为了解。在调研期间，通过多种生活化的情景，采用参与式观察和半结构访谈的资料收集方法，收集村民人际关系的信息，其中包括与村民一起散步、参加村里宴席、与村民一起聊天等方式，关注村民们的聊天内容，观察村民间的交往情况，从而获得第一手资料。

吴岗新村位于安徽省合肥市肥西县东南部，是吴岗、杨油坊、丁小郢、马大郢四个传统村庄的居民安置点，这四个传统村庄具有较高的相似性。

原村地形平坦，房屋结构以平房为主，门前都有一块空地，主要用于晾晒谷物，放置草垛。村民们的主要经济收入来源于农业生产，其次在农闲时，部分村民会选择外出承接建筑工程，以此来增加家庭收入。村中村民多是同姓，但根据血缘亲疏，分为了不同的家大门，属于同一家大门的村民间会有人情往来。青少年儿童多会有聚集玩耍的偏好，且由于他们多在同一所学校上学，他们的人际互动还包括在学校的交往行为。青壮年村民的人际交往则存在于多种不同的场合，妇女闲时会围坐在村口的老树下闲聊，农忙时村民间互帮互助，此外在夏季的傍晚，村民喜欢围坐在门前吃饭，各家门前便成了热闹的闲话天地。老年人一般是与子女居住在一起的，能做得动农活的老年人与青壮年人一般，有着相似的人际交往模式，无法从事体力劳动的老年人则居于家中，帮衬家务，照看孙辈，闲时也会三五个聚在一起聊天。当然，在不同的年龄层之间，也存在有相互交集的地方，最有代表性的就是串门。

2008 年 5 月，马大郢完成了全部拆迁工作，村民的耕地全部被政府征用，用以农民工返乡就业工业园的建设，村民们多转行从事轻工业生产或加入民工队伍。村民大都租住在严店乡街道周边，此时村民间的人际互动关系，较撤村前有所疏离。青少年儿童间除日常在学校的交集外，在生活中的交往随租住时间的延长而减少。对于父辈群体来说，重体力劳动者会倾向于减少与其他村民的交往，而对于从事较轻工作的村民来说，则会倾向于在闲暇时主动去村民家串门或聚集在公共社交场所，总体上串门行为较撤村有明显的减少。

2013 年吴岗新村一期建成，家中有老人的家庭，大多选择与老人分开居住，老人居住在小套房内，父辈和子辈单独居住在大套房内。新村整体建构为“口”字形，内部是公共活动空间，另在居住区外建有文化广场。建居后的村民因为居住距离变近，且随着公共活动场所的建成，村民的人际交往较租房期间又有所回暖。因为生活条件的改善和互联网的安装，青少年则多是选择待在家中，同时因为网络通信工具的普及，在父辈群体间，建立了微信交流群，在一定程度上增加了村民间的人际交流。

对于征地撤村工程的实施，村民多是十分配合的，虽然是试点地区，很多政策补贴的额度并不会很高，但村民仍多是愿意搬迁。

三、人际关系的疏离与再联结

（一）撤村后村民人际关系的疏离

1．租房期：村民间人际交往减少

（1）村里人情往来中子辈参与度降低

村里的人情往来仅存在于同家族中，人情的多少体现了双方亲缘关系的远近程度。在传统农村，多是会在家中摆宴，尤其是白事，按照传统是需要在家里宴请三天。同一家族内任何一户人家摆宴请客，同族血缘关系亲近的人家都会去帮忙，男性负责招呼客人，女性负责准备食物，子辈也会一同参加。这种人情往来模式，维系了家族内部的人际关系，注重子代的参与度更是维护了家族关系的持续性。

关于子代参与人情往来的交往模式，在租住期间发生了较大的改变。为节省房租开支，多会选择恰好适合一家几口正常生活的房屋，居住空间大大减少，导致在家庭内大规模宴请的形式被饭店订餐所取代。饭店订餐看似更为方便，但也使人情往来和家族互助行为变的隐蔽。一方面，在饭店订餐使家族间可互相帮助的部分减少。另一方面，因为居住的分散化，这种人情消息只会在父辈间传递。由于撤村时子辈年纪尚小，撤村后与部分村民几乎没有往来，与原村村民日渐陌生。除了至亲办的丧事和婚事，会要求家里的子辈必须到场外，其他村里亲戚的丧事或喜事大人一般不会要求子辈必须出席，对于已经没有印象的村里亲戚，子辈更是不会主动参与。

在与部分村民的聊天中，家长说小孩不出头，小孩说参加酒席不自在。其实，家长越是在公共场合强调小孩见人要打招呼懂礼貌，小孩越会对这种熟人场合反感。

（2）租住距离对村民人际关系的影响

在原村时，村民的房屋具有集中性，且在村庄里形成多种人际交流场所。在村子里的生活就是抬头不见低头见，虽然并不是每户间的关系都十分要好，但总体上还算融洽，基本保留了传统农村社会的交往模式。但撤村后，村民居住形式的暂时性的变化，使传统人际交往关系发生较大的改变。

在第三部分有对村民租住房屋情况的大致介绍，虽然总体上呈现分散的特点，但也是存在几户人家租在一起的情况，对于租住距离近的村民们来说，像以前大家聚在一个公共场合聊天的状况几乎是没有的，但彼此间的串门行为和互助行为仍然存在。对于租住距离较远的其他村民，人际关系的疏离程度较为严重。远距离租户主动去串门的行为极少，在一天的劳作后，都想在家里好好休息一下，即便是串门也是与新邻居之间。虽然大家没有租住在一起，但却使用着相同的公共场所，远距离租户与原村村民的交往多发生在菜市场、超市和酒席上。对于子辈来说，人际交往的因素主要是其交往偏好，他们会根据自己对其他同辈人或长辈的喜爱程度，来决定自己的交往行为。在与村民的聊天中，可以了解到，一些子辈在撤村前关系挺好，但撤村后因为长期的不联系，导致现在见面没话说的情况。尤其是男生与女生之间，因为性别的差异，双方在成长过程中会存在很多的隔阂，异性间的联系逐渐消失。

2. 建居后：村民人际关系的疏离情况

在经历过租住期之后，村民搬进了一个由政府重塑的“熟人社会”中。在形式上，小区式的安置房又将分散的村民集中起来，但这并不能够将已经疏离的村民关系修复到撤村前的状态。同时，由于建居后的居住模式与撤村前的具有较大的差异，导致村民人际关系出现新的疏离现象。

居住空间的改变会影响人际交往。阎云翔在对下岬村村民房屋结构的变化与其私人空间和隐私权的关系的研究中指出，“随着新的房屋样式的出现而出现了新的社会行为规范：私人住宅成了私人空间，外人不得随意进入，这样，家庭与公众之间就出现了分界线，村民们也就有了私人空间的概念……在住宅越来越与外界隔绝，对外人越来越不开放的情况下，串门子明显减少，邻里之间的关系也就随之而日益疏远”[12]。

(1) 传统串门行为的逐渐消失

吴岗新村，是多个村庄的移民安置点，对于各村的村民来说，其日常生活中都是进入了许多相对陌生的人，人际交往的范围难免会有所扩大。在建居后的相处中，村落边界逐渐模糊，村民原先可能会以“我是某某村的”的标签来表明自己的身份，现在都是“我是吴岗小区的”来对外介绍自己，随着人际交往范围的扩大，个体也从熟人频繁往来的关系中抽离。这种抽离，在租房期便早已显现，村民身边能够日常来往的不再只有原村的村民了，人际交往的选择性大大增加。“串门”作为传统农村社会中最常见的社交行为，在建居后却面临着逐渐消失的状况。多数村民在谈及日常休闲娱乐活动时，提到“唠门”这个词的次数少之又少，反而“在楼下散步”“在楼下和人家寡淡”这类在公共场所进行的社交行为会比较多。影响社交行为改变的原因，从根本上来说，是村民居住环境的改变。

吴岗新村楼栋式住房，绝大多数家庭都会将房屋进行精装修，这却成为许多村民不愿串门的原因。村民们认为串门需要进入到别人的家中，进门需要换鞋，这又增加了串门的烦琐性。久而久之，村民就会减少或者放弃串门这种传统社交方式。在吴岗新村内，有充足的公共空间，社区环境的舒适度较高，这为村民的户外社交提供了良好的场地条件。

在对建筑与人际交往关系的研究中，有学者认为以楼房建筑结构为主的现代化社区比以平房式建筑结构为主的传统社区，其邻里交往要少得多。马静等人认为会出现这种差异是因为“交往契机”削弱，她认为随着住房结构的变化，人们的交往逐渐减少，原因之一是传统社区的人们在自家内无法满足某种居住生活需求从而转向住区公共空间，进而引发了与其他居民碰面和接触。但随着城市居住生活条件的日益完善，这种向外获取的行为逐步减少[17]。贺雪峰也曾经关注到村落中人们相互串门行为的减少，他指出村民不串门是因为村庄社会的多元化和异质性增加，使村庄社会半熟人社会化，村民之间有了心理距离[18]。此外，串门聊天使来访者只要进入村民个人家庭，就会使被访人缺少退出选择，导致这种交往方式逐渐变得尴尬。

(2) 传统村民人际关系的延续性降低

对于生长在租住期和建居后的子辈来说，会尽量回避与村民间的交往，他们会因为不清楚如何称呼对方或是不喜欢被作为村民闲谈对象，而缩小自己在小区内的活动轨迹。在子辈的成长过程中，由于受到撤村建居的影响，对原村村民没有形成认同感，缺少对于村集体的归属感。在租住期，他们与原村村民的接触本就不多，对父母与村民间的交往模式习得较少。在建居后，单元式的楼房使村民间“串门”行为减少，隔绝了原来邻里间亲密的交往，下楼交往的方式使父母与其他村民之间的交往更加隐蔽，这进一步减少了子辈社会化过程中对传统交往规范的习得，使子辈更加沉浸于个人独处的时间。同时，家中有客人时，也只是在客厅招待，子代可以待在自己的卧室里或学习或上网，与客人间的相处时间减少。房间功能的细化保护了不喜欢参与到某些人际交往中的家庭成员的隐私[19]。

此外，子辈由于学业和事业的原因，其发展中心从村庄向外转移。对于在求学的子辈来说，从小升初开始，家长会将孩子送去镇上的学校读书，使子辈与村民交往的机会逐渐减少。对于在读大学或已经在工作的子辈来说，更是将自己的人际交往重心从村庄向外转移到以学业和事业为中心的人际交往上，随着自身的成长发展，形成了新的独立的人际交往关系网络，而在这个网络里，与村民的关系也许只占其中的一小部分，甚至是可以不联系的。

即使建居使原村村民又重新聚集在一起，表面上是重塑了一个新的“熟人社会”，但撤村建居项目阻碍了传统熟人社会中的人际关系的延续，子辈作为在传承这段关系中最重要的一环，现在反而出现脱节的状况，传统村民关系的本土性在快速城镇化进程中究竟能够保存多久，这是个值得我们长期关注的问题。

（二）建居后人际关系的再联结

因为撤村建居工程的实施，村民们的居住环境和住宅结构发生了较大的改变，建居后楼栋式住房，使村民们的生活中出现了明显的私空间和公空间，在私空间内发生的亲密的、频繁的交往逐渐减少，但村民们也在尝试进行一些有仪式感的活动，或是加强在公空间中的交往，可以将村民们再次联系在一起。

1. 修缮族谱

在撤村后，各村根据政府规划，将坟墓统一迁到新的墓地，迁坟对于所有中国家庭来说都是一件十分重要的事情。以家族为单位，家族成员间相互帮忙，迁坟工作主要是由家族内成年男性负责。在迁坟工作结束后，马大郢的村民们在村干部的牵头下紧锣密鼓地开展了修缮族谱的工作。叶国爱在《族谱的教育价值研究》中，对族谱的教育价值进行探讨，认为族谱在记述家族历史、维护家族团结、促进家族发展，乃至维护社会稳定方面仍发挥着积极作用，其中记载的许多居家生活、为人处事的知识和经验仍具重要的参考意义[20]。

此次修缮族谱，主要是为了将村民们再次联系在一起。修族谱这件事，一直是只有父辈和祖辈在准备的，多数子辈是在接族谱进家门的前几天被告知此事，家长会让在外求学的子辈尽量回家参加仪式。

钱杭、谢维扬在以泰和县为中心，探讨宗族重建等问题时，详细阐述了宗族修谱的过程，指出修谱是宗族重建的重要手段之一，其目的并非为了恢复宗族原有的形态，而是为了强调宗族的存在[21]。虽然修族谱并不能够让已经疏离的村民关系恢复到原有的状态，却使村民对自我身份有一种归属感。修族谱是以血缘关系为基础，极具乡土特性的仪式性活动，对原村村民关系的维系与传承具有很强的规范性。

2. 宗族内部轮流请客

马大郢在完成族谱修缮的工作后，又提出各家轮流请客的交往模式，每年一次，这种请客模式就像今年都去张三家吃饭，明年都去李四家。没有具体的请客时间，也没有明确的请客顺序，全由各家自行安排。这种轮流宴请的模式在撤村建居之前是完全没有的。大家聚在一起吃个饭，是中国人常用的联络感情的方式，在父辈看来，这是一种十分有益的交往方式。但并非所有村民都愿意加入这样的互动模式中，且这种互动模式并未将子辈群体融入其中，不具有人际关系的延续性。

撤村建居后，村民间家庭经济水平出现了较大的差异，从事民工的村民相较于从商的和在机关单位工作的村民来说，经济收入偏低。因此，在轮流请客这件事上，虽然是大部分村民同意的，但有部分村民会因为这种收入上的差距，推辞其他村民的请客邀约，自家也没有请客的打算。

轮流请客与村里的酒席一样，几乎都是父辈群体参加，由于现今生活条件的改善，子辈不会因为想吃一顿好吃的而去赴宴，对于这种场合他们则是能避免就避免的，更多的是追求个人的自在舒适。同时，父辈也没有强制要求子辈参加相关饭局，即使父辈非常希望子辈参加，但只要子辈不愿意，父辈再怎么要求都是徒劳无功的。

这样，轮流请客也只是增强了部分父辈村民间的走动，并不具有全面性，也忽视了对子辈群体的影响作用。

3. 公共空间内的频繁互动

建居后，虽说村民间的串门行为在逐渐消失，但因为建居后社区内部公共活动空间的扩大和多元化，村民越来越习惯和喜欢在户外交往，并形成了一种特定的交往模式。充足且集中的公共空间，使村民间的交往变得更为频繁。

散步式聊天，是建居后最先流行起来的一种交往方式。撤村后，村民们没有了农活的劳动负担，很多转行从事简单手工劳动的村民会觉得现在的生活是“吃得好动得少”，一天的工作后，在小区内散步被视为是一种饭后消食锻炼的好方式。村民间不用提前约定，散步时总会遇见能够结伴的村民。散步式聊天的交往方式，没有群体的限制，无论是子辈、父辈还是祖辈，只要愿意下楼，就能够实现。当然，目前经常在楼下散步的仍然是父辈和祖辈群体居多，子辈只在有明确邀约的情况下，才会下楼。同时，子辈也不愿意陪伴父辈下楼，因为他们知道，同父辈一起散步就有很大地概率会与其他同村长辈结伴而行，此时，子辈就会被问及学业、感情、事业等一系列的问题，而这又是子辈极不愿意面对的社交场合。但总体来说，散步式聊天是村民间最灵活的社交方式。

聚集式聊天，是一种只在父辈和祖辈群体内进行的交往方式，且是现在使用最频繁的一种。村民会聚集在方便休息的公共场所，扎堆聊天。然而子辈是不喜欢村民聚集的场景，因为出门活动时，难免会有碰面，以及被议论。随着居住时间的延长，村民的人际交往范围已经不仅限于本村的村民，不同村的村民在一起聊天的场景，是十分普遍了。

四、结论与讨论

撤村建居工程是我国政府推动城市化进程的重要举措，由于地情不同，撤村建居的情况也不尽相同。吴岗新村是在国家新型城镇化试点期建设完工的，结合了肥西县的整体发展规划，综合考虑了当地的经济发展优势、区域规划、村民生产生活等各方面因素，且就目前的发展定位来看，这个工程是较为成功的。在政府主导的大面积的城市化进程中，农民自身的城市化无法在短时间内完成，其居住区的人际关系在较大程度上仍然保留了一些农村人际关系的特点，建居后的村民们也在进行着正常的人际交往。但在撤村建居过程中对传统人际关系造成的消极影响，往往是永久性的和不可修复的，而且身处其中的村民们即使已经觉察到了这种不好的影响，却没有办法去更好地维系和延续。

（一）传统村民关系延续的可能性

在前文中在对村民人际关系疏离的阐述中，祖辈群体和父辈群体间的疏离，在建居后通过修族谱、轮流请客和公共空间的交往等形式进行了再联结。且对于父辈和祖辈来说，他们在成长的社会化过程中，习得了传统人际交往的规范，目前也承担着自身家庭与其他家庭维系人情关系的责任，即使在撤村后有一些疏远，但在固定的人情关系中，他们仍然会或深或浅的有所联系。但对于子辈来说，在其成长的过程中，关于传统村民关系的社会化过程不完整或者是缺失，且因为学业、事业等原因，逐渐脱离村民生活，对于现在的村民关系又有长辈去维系支撑，就访谈结果来看，他们与村民关系疏离之后，主动再联结的可能性低，且在面对再联结的机会时选择放弃，让我们不得不为传统村民关系能否延续下去而担心。虽然，目前社区中还是人情社会，但随着时间的推移，祖辈逝去，父辈老去，多数子辈选择外出发展，外来人口的入住，最终是否会使得人情社会彻底瓦解，这个问题十分值得我们去探讨。

（二）村民关系亲戚化的发展趋势

在邻里关系的研究中，主要是有两种认识观点。一是社区消亡论，该理论是关于城市社区居民关系的研究理论，认为城市社区中的邻里关系正在走向消亡。滕尼斯在其《共同体与社会》一书中指出，现代社会是从“共同体”向“社会”逐步演化的，而这会使传统社会中守望相助的邻里关系最终会走向消亡。涂尔干提出“有机团结”与“机械团结”概念来说明个人与社会的关系，并认为农村社会集体意识比较强烈，是有机团结的社会，而城市社会集体意识淡薄，则是机械团结的社会，其邻里关系也要弱一些。齐美尔在《大城市的精神生活》一书中，将大城市的特征描述成个人主义、个性化、非人化等，认为城市个性是城市居民为了适应和接受工业化城市环境的结果。面对日益复杂的城市生活，居民必须具备一种分辨能力以区别重要和不重要的刺激，并能够着重关注与个人利害有关的刺激上[14]。从社区消亡论的角度来看吴岗新村这个类城市社区的发展，在访谈中子辈表现出的个性化、追求自由化的行为和因为家庭经济发展差异而导致轮流请客吃饭的想法得不到所有村民的认同等现状，在一定程度上贴合了传统邻里关系逐渐消亡的观点。在家庭及个人的发展中，会更加地关注与自身相关的要素，并会倾向于选择对自己有利的方面，就像齐美尔所认为的那样，城市化的居民更关注与个人利害有关的刺激，集体意识会逐渐薄弱。且同姓间的来往，是基于父辈目前的来往情况而定的，随着子辈在现代化进程中的不断发展，这种来往原则能否较好地延续到子辈一代还很难说。

社区发展论则认为邻里之间仍然维持着密切的联系。刘易斯在《未崩溃的城市化》一文中指出，墨西哥村民从农村在搬到城市居住以后，大城市人口的高密度和异质性并没有影响到他们的生活方式，村民间仍然维系着原有的人际关系，村民间的人情味也十分浓厚。同时他还指出，这种情况不仅是存在于墨西哥，在其他城市中也时常发生[14]。当代保留下来的传统村民人际关系，在一定时期内仍会作为具有积极意义的可供利用的资源而继续存在。特别是在当今这样一个人际关系日趋紧张的社会里，这些传统的人际关系仍然能给当代村民日常的生产生活带来帮助。虽然吴岗新村里的村民关系，不会像刘易斯所阐述的那样，村民间的人际关系与原村时的一样，但在村里的红白喜事上，仍然是保留了一定的人情味，一家有事，多家帮忙的现象到现在也还是存在着的。且现阶段撤村建居背景下的村民人际关系虽然表现出了较为严重的疏离现象，但从长远来看，这种具有一定传统性的村民关系不会轻易地断裂，而且在传统的人情社会里，子辈中的男性是需要承担起维系人情关系的责任，也被长辈们寄予了较高的期望。

无论是社区消亡论还是社区发展论，对邻里关系的发展都存在过于绝对的倾向。农村的熟人社会虽然有所改变，但村民间的互动一直是存在的，只不过是为了适应社会发展而换了一种互动方式，村民间的人际关系也是在不断地社会发展中变化着的。虽说村民间的人际关系不会就此断裂，但从子辈的交往范围来看，其在本村内的人际关系会呈现出范围逐渐缩小的趋势，人情往来也是围绕家族来展开，且在两三代以家族为交往核心的关系延续后，村民关系可能会渐渐地变成单纯的亲戚关系，相对于日渐疏离的村民关系，村民们更加注重和强调家族关系的延续性。

参考文献：

[1] 府俊婷. 社区治理问题研究 [D]. 苏州：苏州大学，2020.

[2] 国家发展改革委关于印发《2020 年新型城镇化建设和城乡融合发展重点任务》的通知 [R]. 发改规划〔2020〕532 号，2020－4－3.

[3] 国家发展改革委关于印发《国家新型城镇化综合试点方案》的通知 [R]. 发改规划〔2014〕2960 号，2014. 12. 29.

[4] 杨桂华. 转型与创生："村改居"社区组织建设 [M]. 北京：社会科学文献出版社，2014.

[5] 王思斌. 经济体制改革对农村社会关系的影响 [J]. 北京大学学报（哲社版），1987 (03).

[6] 郭于华. 农村现代化过程中的传统亲缘关系 [J]. 社会学研究，1994 (06).

[7] 乐国安. 当前中国人际关系研究 [M]. 天津：南开大学出版社，2001.

[8] 杨善华. 血缘、姻缘、亲情和利益——现阶段中国农村社会中"差序格局"的"理性化"趋势 [J]. 宁夏社会科学，1999 (06).

[9] 陆蕊. 论改革开放前后中国乡村社会交换的变化 [J]. 常熟理工学院学报，2006 (05).

[10] 刘洁. 对转型期我国农村人际关系变迁的探析 [D]. 太原：山西大学，2007.

[11] 黄家亮. "定县再调查"与农村社会学的理论自觉 [J]. 西北师大学报（社会科

版），2018（06）.
[12] 阎云翔. 私人生活的变革：一个中国村庄里的爱情、家庭与亲密关系［M］. 上海：上海书店出版社，2006.
[13] 张捍平. 翁丁村聚落空间与居民居住行为关系的研究［D］. 北京：北京建筑大学，2013.
[14] 梁爽. 空间重组与邻里关系变迁研究——基于武汉市D村的调查［D］. 武汉：华中师范大学，2016.
[15] 阮永. 城郊村失地农民邻里关系变化研究——以浙江省6村为个案［D］. 杭州：浙江师范大学，2014.
[16] 李斌. 农村公共空间与人际关系变迁研究［D］. 太原：山西大学，2019.
[17] 马静、施维克、李志民. 城市住区邻里交往衰落的社会历史根源［J］. 城市问题，2007（03）.
[18] 贺雪峰. 乡村社会关键词——进入世纪的中国乡村素描［M］. 济南：山东人民出版社，2010.
[19] 赵爽. 征地、撤村建居与农村人际关系变迁［D］. 上海：复旦大学，2012.
[20] 叶国爱. 族谱的教育价值研究［D］. 重庆：西南大学，2010.
[21] 钱杭、谢维扬. 传统与转型：江西泰和农村宗族形态——一项社会人类学的研究［J］. 上海科学院出版社，1995.

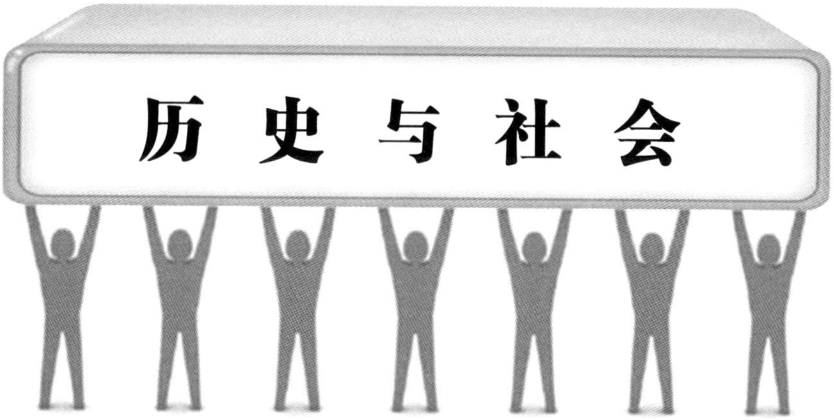
历 史 与 社 会

国家与社会关系视角下社会组织的生长与功能发挥的路径
——以南岳佛道救难协会为例

闫　絮　李馨怡*

摘　要： 社会组织是衡量一个国家和社会之关系、和谐、发展程度的标志。本文使用个案研究法，文献研究法，以南岳佛道救难协会为例，重点阐述了抗日战争时期我国社会组织的生长路径，社会组织在社会动员和社会资源整合等方面的功能。据此，为我国社会组织建设与社会治理提供相应的借鉴。

关键词： 南岳佛道救难协会；社会组织；生长路径

一、研究设计

（一）选题背景与意义

20 世纪 70 年代以来，全球"社团革命"兴起并迅速席卷全球。社会组织得到了空前的发展，成为介于市场和国家之外的第三股力量。伴随着中国社会转型，中国的社会组织也迅速成长。早在 2013 年 1 月，中国共产党第十八届中央委员会第三次全体会议通过《中共中央关于全面深化改革若干重大问题的决定》。该决定在第十三部分"创新社会治理体制"中提出创新社会治理，改进社会治理方式，激发社会组织活力等内容。社会组织的参与并成为社会治理的核心与关键是社会治理与以往社会管理的根本性区别。社会组织本身具有的自发性、自治性、志愿性和社会性使得其在社会治理中发挥的功能更加突出，因此，在国家与社会关系的视角下，社会组织扮演着极其重要的角色。

根据民政部数据统计，截至 2020 年底，全国共有社会组织 89. 4 万个，比上年增长 2. 8万个，同比增长 3. 2%；全国共有社会团体 37. 5 万个，比上年增长 0. 84%。在社会组织数量上迅速增长、规模急剧扩大的同时，发展不平衡、组织化程度不断提升仍不能充分实现自我治理等问题。因此，探索我国社会组织生长与功能发挥的路径可以为解决以上问题提供新思路，进而增进社会组织的活力，提升社会组织动员与整合社会资源的能力。

---

* 作者简介：闫絮，山西晋城人，2021 届社会工作专业硕士研究生；李馨怡，陕西韩城人，2020 级社会工作专业硕士研究生。

表1　2020年社会组织按登记机关分类

指标	社会团体	基金会	民办非企业单位
合计	374771	8432	510959
民政部登记	1979	215	98
省级民政部门登记	31769	5813	15278
市级民政部门登记	90033	1732	65619
县级民政部门登记	250990	672	429964

（民政部发布2020年社会服务发展统计公报［EB/OL］. 中国民政部网站. ［2021－9－10］）

（二）概念界定与分析框架

一般来说，社会组织是指独立与国家体系中的党政部门、市场体系中的企业等经营单位之外的公民社会部门或第三部门。[1]15包括政治组织、经济组织、文化组织、军事组织、宗教组织等。广义的社会组织包括社区基层组织、农村专业协会、工商注册非营利组织等；狭义的社会组织，是指一般的民间组织，包括了社会团体、基金会、民办非企业单位。

从历史视角中看，社会组织指在社会转型过程中由各个不同社会阶层的公民自发成立的，在一定程度上具有非营利性、非政府性和社会性特征的各种组织形式及其网络形态。这些组织中通常包括各种冠以“学会”“研究会”“协会”“商会”“促进会”“联合会”“联盟”“俱乐部”等名称的会员制组织，包括基金会和各种民办的学校、医院、文化设施及社会福利设施等各类社会服务实体在内的非会员制组织。[2]3

学者费孝通从人与人之间的社会关系阐述了社会组织的产生。费孝通借用帕克的研究指出，人类中可以存在两种人和人的关系：一种是把人看成自己的工具，这为共生关系；一种是把人看成与自己具有同等意识和人格的对手，这为契洽关系。在社会中，我们看到有人互相利用，共生共存；也有愿意牺牲自己的利益来成全别人，成全与利用形成显明的对照。而正是有这种共生与契洽的关系，才使得大家为了一个“公共的企图而分工努力”，在这关系中“才发生道德，而不是利害了；在这里才有忠恕之道，才有了社会，才有了团体”[3]206。从社会组织内部来看，一方面，社会组织由社会成员构成，依靠社会成员的力量生长和发展，另一方面，社会组织通过组织化、制度化的形式表达成员的利益需求，扩宽了他们政治参与的途径。二者互为工具，达到共生。同时，社会成员会受到社会组织的管理与制约，社会组织要接受社会成员的监督，这是契洽。从组织外部来看，社会治理为社会组织的发展提供契机，社会组织动员和整合社会资源、提供社会服务等功能是社会治理的重要内容，二者互为工具，这是共生。形成共生关系的社会组织和社会治理，在促进社会和谐发展的目标指引下，经过社会和个人的共同努力，充分发挥社会组织弥补市场失灵、政府失灵的功能，社会组织和社会治理达到契洽的联系，成为促进社会和谐、推动社会发展的重要力量。

本文采用个案研究的方法探讨社会组织的生长和功能发挥的路径，以抗战时期的南岳佛道救难协会为例，分析该组织的创办缘由、机构设置与发挥的作用。从案例出发，了解我国社会组织是如何发展，如何发挥作用，存在哪些优势与不足。最后将把案例和当下社会组织的状况结合起来，总结社会组织的功能，探索社会组织功能发挥的合理化路径。

二、案例分析

卢沟桥事变标志着中国进入全面抗战的阶段，国共两党打破藩篱通力合作，号召全民族抗战。宗教界人士也不甘落后，他们用自己的行动响应着拯救民族危亡的呼唤，南岳佛道救难协会就产生于这样的大背景之下。南岳佛教徒秉着"慈悲为怀，普度众生"的佛理教义，树立"佛许可我们为抗战工作，国家需要我们为抗战工作"的护法爱国理念，发扬佛陀大雄大力的金刚精神，与全国军民一道投入了全民抗战的千军万马之中。

（一）创办缘由

1. 社会组织的产生是国家实际情况的内在需要

卢沟桥事变的爆发标志着中国进入全面抗战的阶段。1937 年 7 月 15 日，中共中央将《中国共产党为公布国共合作宣言》送交国民党，8 月，蒋介石被迫同意合作抗战，国民党中央通讯社发表《中共中央为公布国共合作宣言》。23 日，蒋介石发表谈话，指出团结御侮的必要，事实上承认了中国共产党在全国的合法地位。国共合作宣言和蒋介石谈话的发表，标志着国共两党第二次合作的正式形成。在共同抗战的基础上，国共两党还致力于争取其他社会各界的支持，其中就包括宗教界。1936 年，中国共产党中央委员会发出了《为创立全国各党各派的抗日人民阵线宣言》："在全中国亡国灭种的紧急关头，中国共产党中央委员会特向全中国各党各派郑重宣言：不管我们相互间有着怎样不相同的主张与信仰，不管我们相互间过去有着怎样的冲突与斗争，然而我们都是大中华民族的子孙，我们都是中国人，抗日救国是我们的共同要求。为抗日救国而大家联合起来，为抗日救国而共赴国难，是所有我们中国人的神圣的义务！"[4]18

在抗日战争爆发的初期，湖南是抗日战争的后方基地，以鱼米之乡著称，并凭借着较为发达的工业基础，为抗日前线提供了丰富的粮食和战略资源；在地理位置上来说，湖南省会长沙、衡阳作为通往西南各省的门户，国民党军队早已意识到。若湖南沦陷，不仅"削弱我尔后反攻之能力"，而且"有助于其尔后之南进"，作为确保西南滇缅路的畅通、维持中国与外界交流联系的唯一交通命脉，守住湖南，就是守住了西南。因此，湖南在抗日战争的整个过程中都有着举足轻重的战略地位。1938 年，8 月至 10 月，中日军队进行了抗日战争中规模最大的武汉会战，10 月 25 日，武汉三镇相继陷落。对于迁都重庆的国民政府来说，守住长沙显得尤为迫切和重要。对于日本来说，攻下长沙是其打击中国军民的抗战意志、迫使中国政府屈服的重要步骤。1938 年 11 月 13 日，日军攻占了离长沙仅 110 公里的岳阳，1939 年 9 月，第一次长沙会战爆发。在抗战的关键时刻，处于南岳的佛道教界登上了抗日战争的历史舞台。

1937 年，被迫从厦门辗转来到湖南的爱国僧人巨赞，在路过宁乡夜宿香山寺时，看山河破碎，他期盼国人都能挺身而出、各尽己能，挥戈抗日。满怀悲愤与企盼写下了两首七律诗。

其一

为厌浮沉湖海梦，来傍僧舍结篷庐。
岳云千絮凝檐碧，沩水一泓映座舒。
楼外诸山无捷径，室中万卷间梵书。
回首车马纷驰跡，袖手高吟意豁如。

其二

九州沉陆滋蛇豕，绝脰刳肠亿万夫。
文物忍看沦敌手，江山默祝复康衢。
挥戈反日思良将，袒臂高呼带硕儒。
寄语山林深密处，倾危大厦要君扶。

他的这两首七律诗表达了他对宗教界人士积极投身抗日救亡运动，以实际行动扶国家于危难的殷切期盼。潘楚桐（巨赞俗名）于 1924 年考入江阴师范学院，1927 年加入中国共青团，在江阴师范学院时，他就积极参加学生活动，1929 年从江阴师范学院毕业后考入了上海大厦大学，在校结识中共党员田汉，并秘密开展上海和江阴两地的革命工作。1930 年，遭到国民党江苏省党部的通缉，被迫停止革命活动。潘楚桐幼时受母亲影响，素有向佛之心，1931 年，由太虚法师介绍在杭州灵隐寺出家，法名传戒，字定慧，后改名巨赞。他的这些经历，为他组织南岳佛道救难协会奠定了基础。[5] 1938 年，巨赞应邀到南岳福严寺华严研究社讲学，湘北的隆隆炮声，抗日救国的情绪日益在福严寺日益高涨。因为早先的革命经历，巨赞法师首先挺身而出，以巨赞法师、上封寺知客演文为代表的佛教徒，决心在南岳僧人中成立抗日救亡团体，得到了国共两党的大力支持。[6]

1939 年 4 月，华严研究社讲师巨赞和上封寺知客演文法师商量组织游击队，明真法师建议他们请灵涛法师支持，随后，南岳游击干部训练班决定成立救国协会，推定上封寺宝生和尚为会长，祝圣寺空也、南台寺悟真、福严寺了然、大善寺有缘及三元宫刘光斗等为副会长，灵涛法师为书记长。在周恩来视察南岳游击干部训练班期间，时常与叶剑英接待一些爱国僧侣。其中就有巨赞、演文、暮笳等。在与他们的亲密交谈中，肯定并鼓励他们的爱国之举，引导他们创新思想，以佛教的方式投入到抗战之中。周恩来“上马杀贼，下马学佛”的题词和叶剑英题为《普度众生要向艰难的现实敲门》的著名演讲在南岳佛教界引起了强烈的反响。在南岳佛教救国协会成立大会举办之前，叶剑英表示肯定和支持。他亲切地指出：“建议你们这个组织名称改两个字，将‘教’字改为‘道’字，‘国’改为‘难’字。这样就可以团结更多的宗教爱国人士。”自此南岳佛道救难协会名称确定，并于 5 月 7 日在祝圣寺举行了成立大会。推动了南岳佛道救难协会的成立与发展，并成为日后抗战救亡活动的精神旗帜。[7]

2. 具备社会组织发展的信众基础

南岳佛道救难协会成立之前的班底是南岳佛学讲习所与华严研究社。1928 年秋，灵涛法师在南岳祝圣寺创办南岳佛学讲习所。根据田艳《民国时期南岳的僧伽教育》介绍：

“讲习所从1929年起，一直办到1949年，共计办了七期。一期称一班，每班三年，每班参加学习的约50到60人。曾在这个讲习所受教育的青年僧侣共约400人以上。所长一般由该寺院的方丈担任，先后有证果、离尘、空也、道安等人。南岳佛学讲习所的创始人及其始终支持者是灵涛法师。”[8]1938年上封寺宝生和尚在福严寺开办了华严研究社。明真法师在《关于“南岳佛道救难协会”的回忆》提到，受灵涛法师创办的南岳佛学讲习所的影响，1938年上封寺宝生和尚在福严寺开办了华严研究社，任社长。福严寺的住持了然和监院镇清，都是宝生和尚的法嗣，他们分别担任副社长和庶务主任，明真任教务主任，当时有学僧20多人。[9]

南岳佛学讲习所与华严研究社培养的学僧成为南岳佛道救难协会的成立与发展过程中发挥领导和骨干作用的人，华严研究所的僧青年也成为南岳佛教抗日运动的主干力量。

3. 佛教爱国爱教、无畏牺牲的救世精神

暮笳法师在《沉重的背着两个卍字》说：“我们的肩上沉重的背上了两个卍字，一个是继续佛的慧命，一个是拯救在受难中的祖国以至全人类!”佛教具有源远流长的护国爱国传统，“上报四重恩”的“四重恩”之一就是“国土恩”，国土即国家。其他三重报恩对象中的“众生”“父母”“三宝”，均是国家的组成部分。佛教修行的根本是离苦得乐。将救赎一切众生为目的，通过自身的觉悟，唤醒其他众生觉悟。国难当头，民族的兴亡，众生的苦乐，时刻系于爱国爱教的南岳佛子心中。在周恩来“上马杀贼，下马学佛”的题词指引下，在叶剑英《普度众生要向艰难的现实敲门》的演讲精神鼓舞下，南岳佛教界人士本着慈悲为怀、无畏牺牲的救世精神，高举爱国爱教的旗帜，以各种不同的方式开展抗日救亡斗争，在全国宗教界树立了光辉典范，在中华民族抗战史上写下了浓墨重彩的一页。

（二）机构设置

南岳佛道救难协会以挽救国难为宗旨，实行会长制，设正会长一人、副会长四人，由佛道同人选举产生；下分总务、宣传、救护、慰劳、训练五股，各股设正副股长一人，干事若干人，由会长聘任产生；凡南岳佛道同人均应加入为协会会员。在组织机构上，南岳佛教青年服务团与南岳佛教流动工作团是其下属机构。南岳佛道救难协会的组织机构如下表所示：

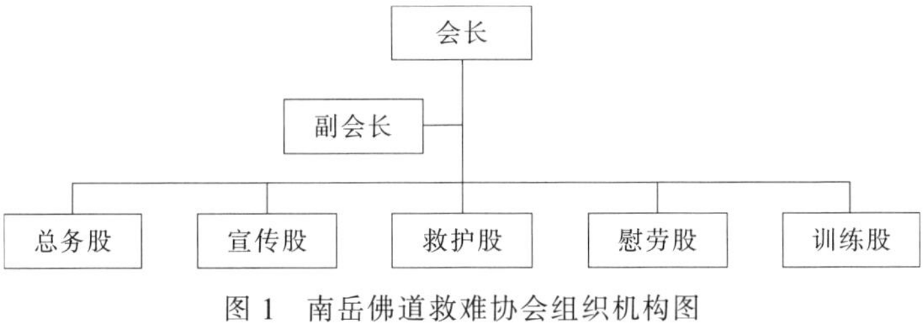

图1　南岳佛道救难协会组织机构图

在南岳佛道救难协会成立大会上，选举上封寺方丈宝生法师为会长、祝圣寺方丈空也法师、南台寺方丈悟真法师、大善寺知客有缘法师、三元宫住持刘光斗道士为副会长，聘请巨赞法师、暮笳法师为宣传股正副股长，演文法师、竺尹法师为训练股正副股长，明真法师为文书股股长，梵舟（曼慈）法师为庶务股股长，灵涛法师为书记长。[10]99

此外，南岳佛道救难协会还受南岳戒严区民众动员委员会的指挥与监督。由此可以看出，南岳佛道救难协会的机构设置精干、构成人员精炼，办事效率高，从而有效地降低了运行成本，也为集中精力开展救亡活动创造了良好的条件。

（三）功能的发挥

抗日战争时期，中国处在一个“被动转型”的特殊时期，西方资本主义的经济、军事入侵和传统封建社会内部矛盾的激化等原因，使得“救亡图存”和“民族复兴”成为当时的社会组织所承担的最重要的任务。南岳佛道救难协会在战时救护、宣传、慰劳工作等方面发挥了重要的作用。

第一，战时救护方面。巨赞法师为“南岳佛道救难协会”起草的《湖南南岳佛道救难协会组织大纲》，（原载《海潮音》1939 年第 20 卷第 3、4、5、6 号合刊）一共十条，系统地介绍了南岳佛道救难协会的宗旨，第四、五、六、七条详细介绍了南岳佛道救难协会的组成、明确了协会的职责。

> 四、本会设正会长一人，副会长四人，由佛道同人选举之。下分总务、宣传、救护、慰劳、训练五股，各股设正副股长一人，干事若干人，由会长聘任之。
>
> 五、凡南岳佛道同人均应加入为本会会员，除老弱残病及现任职司者外，一律分编为救护、宣传、慰劳三队。各队设正副队长一人，隶属于本会之下。
>
> 六、救护、宣传、慰劳三队，各就其本身任务施以适当之训练。训练计划由训练股负责拟定实施之。
>
> 七、本会战时尽力分担救护、宣传、慰劳工作，平时经常设民众送诊所，并从事公共清洁等任务。[11]408

为了坚定民众的抗战意志和信心，提高民众的救助能力，举办了“战时知识训练班”，培训从 1939 年 5 月 8 日开始，6 月 20 日结束，培训的内容主要包括政治常识、讲解道经、佛经、救护常识、军事常识、抗日歌曲等六门科目。其具体课程如政治常识有总理（孙中山）遗教、总裁（蒋介石）言行、倭寇侵略史、抗战建国纲领、宣传组训技术、国内外时事六科；军事常识有学科、术科，每周各两小时。周恩来、八路军高级参谋薛子正都曾到班授课。为期一个多月的培训结束之后，受训的僧徒得到了很好的教育与锻炼，取得了较好的效果。其间，他们发表了《告各国佛道同仁书》，并用英、法、俄等各国文字，散发，广泛地推动国际佛道信徒的反侵略运动；用日本文字，编印传单小册，以爱护和平正义的佛道理论，唤醒日本人民；呼吁全中国的佛道同仁，为抗战作法施、财施、无畏施。

第二，宣传工作。战时知识训练班结束后，训练班那些有一定文化知识水平的青年学员被筛选出来，组成“南岳佛教流动工作团”和“南岳佛教青年服务团”，分别由巨赞、演文和暮笳、绍贤带领，赴长沙、湘潭、江西、重庆等地开展抗日救亡活动。第一路是佛教流动工作团，由暮笳和绍贤率领，一共 25 人，赴湘潭等地开展抗日救亡宣传活动。

> 《湖南南岳佛道救难协会流动工作团宣言》：“我们愿意站在佛教的岗位上，到街头，到农村，到一切有着广大群众的地方去流动工作。我们要学佛的救世精神，我们

要学习历史上许多为人群幸福而献身的佛教大师，在这个民族革命的伟大时期，为僧青年创造一页新纪录！这时候，全中国是我们的道场，全中国是我们的课堂，我们是这样的一边工作，一边学习。我们要在敌人的炮火下生长起来，我们要在艰苦的工作中锻炼自己。[12]

自南岳出发，他们一路广发传单、广贴标语，“当汉奸的，生受国法，死堕地狱”等口号是传单和标语的主要内容，他们运用佛教的知识开展宣传公众，接近民众，服务民众。

第二路是南岳佛教青年服务团工作，由巨赞、演文率领，有团员 12 人，后增加 6 人，共 18 人。佛教青年服务团曾先后服务于衡阳和长沙。在衡阳，他们通过街头宣传，出佛青壁报，写大型标语等进行宣传工作。此外，组织了一个临时贫民儿童俱乐部，教小孩子们唱歌认字。在长沙，他们召开并参加了各种会议，比如七七纪念会、八一三、九一八等纪念会；发表了《佛青特刊》四期；进行街头及戏院宣传、贴标语、出佛青壁报，作通俗演讲，写慰劳信及往各处劳军等。人民群众称呼他们为“和尚兵”。

除了青年服务团和流动工作团的宣传工作，南岳佛道救难协会还发行了自己的刊物，1940 年 12 月 15 日创办的《狮子吼》作为南岳佛道救难协会的核心刊物，为协会的宣传工作作出了巨大贡献，该刊由巨赞法师担任主编和主笔，暮笳法师担任编辑，主要内容是宣传抗战救亡的爱国理论和在抗战形势下的佛教革新。

南岳佛道救难协会以流动宣传为主要宣传方式，传单、标语、书刊等为传播媒介，抓住受众向来愿意接近并相信有威望的和尚、尼姑的心理，创造宣传机会、创新宣传方式，运用一切佛教的方式，接近民众，服务民众，激起民众的抗战意识，动员民众参与到抗日救亡中。

第三，慰劳工作。只要有战争就会有伤员。抗日战争，不管是正面战场还是游击战，由于军事装备与日军差距较大，在获得胜利的同时伴随着伤亡惨重，伤员增加。正所谓“精神能把握战争，是打胜仗的灵魂”，慰劳工作的开展为稳定全国军民的士气和人心作出了突出的贡献。

南岳佛道救难协会在抗日战争中做的慰劳工作主要包括欢送并慰劳出征壮丁，慰问照看往来的伤员以及发放慰问品等。此外，南岳衡山的各大寺庙纷纷举行各种法会，超度牺牲的抗战将士和为国而殉难的爱国同胞。其中最为著名的有两次，分别是 1940 年 7 月，南岳上封寺住持智园于七・七纪念日特举办“干焰法会”于磨镜台，超荐抗战阵亡将士和殉难同胞；抗战胜利后的 1945 年 11 月 2 日至 6 日，南岳衡山佛教界举办“超荐抗战阵亡死难同胞，祈求平安清醮会”，南岳镇禁屠 5 天。

三、结论与讨论

（一）社会组织的主要功能

1. 动员和整合社会资源

社会组织具有动员和整合社会资源的功能。南岳佛道救难协会自成立之初就拥有多层次的社会资源提供路径，其中不仅包括来自宗教信徒、善男信女以及爱国群众的捐赠，同时还受到了国共两党的物资资助，在那个战火纷飞的年代，社会资源往往具有强烈的货币属性或一般等价物属性；在当下这个安定和平、人民安居乐业的年代，社会资源具有了更丰富的内涵，主要包括社会捐赠等公益慈善资源，义工服务等志愿资源，以及基于互助合作、协同共赢的公益资源。依照组织构成和制度特征可以将社会组织分为会员制社会组织和非会员制社会组织。会员制社会组织是社会组织中数量最多、影响力最大、最普遍的形式，在会员制的社会组织中，社会组织以会费等形式动员和汇集社会资源。非会员制的社会组织通过筹款募捐、志愿服务等形式获得社会资源。社会组织将获得的社会资源用于社会事业，实现了资源的有效利用，同时还向社会表达它们致力于公益的宗旨和理念。在得到社会的回应和认可后，获得更多的社会资源。另外，这里的资源动员是建立在社会成员对社会组织表达的公益理念的认同基础上的一种关系，不同于政府与纳税人之间的强制关系，也不同于生产者与消费者的交换关系。不论是在战争年代还是在和平发展的年代，资源都是社会组织生存、发展、服务的必需品，南岳佛道救难协会在抗日救亡的过程中，在开展战时救护工作、宣传工作、慰劳工作的过程中，正是依靠它所凝聚的人力、物力，才能顺利有效地开展，为稳定全国军民士气、安稳民心做出了突出贡献。

2. 解决社会问题，提供社会服务

社会组织具有解决社会问题，提供社会服务的功能。社会发展过程中会发生各种社会问题，当社会问题出现时，公共利益会在第一时间受到伤害，社会组织的自发性、志愿性和非营利性的特点，使它能够弥补政府失灵和市场失灵的不足，维护社会的公共利益，加快社会问题解决的进程。来自社会的志愿性、无偿性的资源决定了社会组织必须向社会提供各种形式的社会服务。南岳佛道救难协会就是在我国内忧外患、中华民族面临生死存亡的紧急关头的背景下走上了历史舞台，积极投入到救国救民的战斗中，为当时的宗教界做出了榜样，开拓了政府与宗教界联合抗战的新方式；南岳佛道救难协会通过调动社会资源，加入救国救难的队伍中，其下属的青年服务团和流动工作团的爱国行动，在当时对社会各界人士产生了积极深刻的影响，成为抗日战争中不可忽视的一股力量。

3. 推进社会治理，维护社会公平正义

社会组织具有推进社会治理，维护社会公平正义的功能，是公民进行利益表达和政府进行社会管理的重要途径，也是政府、公民、社会三者有效沟通的纽带和桥梁。

抗日战争时期，抗日民族统一战线是全国人民的共同诉求，南岳佛道救难协会联合信众拧成一股绳，在南岳形成了以宗教信仰为线索的群众团体，为抗日民族统一战线的形成做出了积极贡献。社会组织来源于民间，具有贴近民众、代表群体、及时整合和协调公众利益的优势。它以组织化、制度化的表达方式反应不同群体利益诉求，这有利于协调不同群体利益、协调政府与群众关系，推动公众行为规范有序。社会组织的社会治理功能体现了社会组织所具有的公民主体性，这是社会组织区别于政府和企业的本质特征之一。

（二）社会组织生长的路径选择

1. 正确处理政府与社会组织的关系

首先，进一步完善法律体制，赋予民间组织正式的法律地位。我国社会组织的法律法规还不健全，目前只有国务院颁布的《社会团体登记管理条例》和《民办非企业单位登记管理暂行条例》，民政部出台的《取缔非法民间组织暂行办法》《民办非企业单位登记暂行办法》和民政部与其他部门联合下发的规范性文件等。总体上层次不高，数量少，还没有专门的、全面的关于民间组织管理的《民间组织法》。其次，调整我国现有的双重管理模式，重新定位登记管理机关和业务主管单位。对登记管理机关和业务主管进行职能上的重新定位，加强执法、监督和投诉受理的职能，并依靠社会力量逐步建立广泛的社会监督体系。最后，政府要对社会组织持一个积极态度，正视社会组织的价值。社会组织的发展是民间社会发展的内在必然，是社会和谐的标准。政府要承认其存在以及发展的合理性。努力建立有效的治理机制，构建出政府、市场与社会合作工作的良性结构，更好地发挥社会组织的政治、经济、文化功能。同时，要转变角色，从控制型管理者转向秩序的维护者，积极探索合作模式。

2. 加强社会组织自身能力建设

第一，提高专业素质、内部治理能力。作为公共服务的重要提供者，社会组织必须完善内部治加强自身能力建设，增强专业素质，提升自身发展竞争力。社会组织要完善内部治理结构，设立权力机关、权力机关常设机构、执行机构、监督机构等，各部门积极行使各自职权，严格按照基本管理制度进行管理，保证社会组织可持续发展。第二，努力扩大财政来源、积极开拓创新。我国社会组织财政来源比较单一，而且主要依赖于政府。社会组织应该拓宽融资渠道，积极争取和吸收各种捐款，开拓民间组织筹款渠道，为民间组织履行使命、从事慈善公益事业提供必要条件。第三，提升公信力，获得广大群众的信任。公信力是社会组织的安身立命之本。社会组织要确保公众的认同度，保证社会组织的透明性和公开性；要正视和重视社会公众的关注与质疑。

3. 处理好政府与宗教的关系

宗教是一种复杂的社会历史现象，既是一种意识形态，又是一种社会力量，它有着相当广泛的群众基础。关于政府对宗教组织的管理，首先要明确管理的性质是保证社会的正常有序、公平正义、安定团结。其次要把握管理宗教组织的重要方法即依法管理；最后强调政府管理宗教组织还需要辅之以积极引导和热情服务的方法。宗教组织自身要加强宗教团体建设，增强自治能力；服务社会经济发展，增强自养能力；推进神学思想建设，增强自传能力。

参考文献：

[1] 王名，社会组织论纲 [M]. 北京：社会科学文献出版社，2013.
[2] 王傅，刘忠. 社会组织基本知识 [M]. 广东：广东人民出版社，2017.
[3] 费孝通. 乡土中国 生育制度 [M]. 北京：北京大学出版社，1998.
[4] 中央档案馆编. 中共中央文件选集（第 11 册）（1936—1938）[M]. 北京：中共中央党校出版社，1991.
[5] 漆亚婷，闫树军. “与中国共产党同心同行的爱国宗教界人士”系列之五 巨赞法师 开国大典登上天安门的高僧 [J]. 中国宗教，2021 (05).

[6] 明真，圆证. 关于“南岳佛道救难协会”的回忆 [J]. 法音，1990 (07).
[7] 南岳佛教抗战文献汇编，团结出版社，32 页《普度众生要向艰难的现实敲门叶剑英先生在南岳佛道救难协会成立大会演讲》原载于 (1939 年 5 月 29 日《救亡日报》第三版).
[8] 田艳. 民国时期南岳的僧伽教育 [J]. 南岳佛道协会.
[9] 明真：关于“南岳佛道救难协会”的回忆 [J]. 法音，1990 (07).
[10] 曾瀛洲主编. 抗战中的南岳 [M]. 北京：中共党史出版社，2010.
[11] 黄夏年主编. 民国佛教期刊文献集成 [M]. 北京：全国图书馆文献缩微复制中心，2006.
[12] 暮笳. 湖南南岳佛道救难协会流动工作团宣言 [J]. 海潮音第 20 卷第 10、11 期合刊，1939 - 11 - 1.
[13] 旷顺年. 南岳佛教抗战文献汇编 [M]. 北京：团结出版社. 2015.
[14] 李湖江. 抗战时期南岳佛道救难协会研究 [J]. 宗教学研究，2016 (02).
[15] 唐林生. 南岳佛道抗战与启示 [J]. 衡阳师范学院学报，2011 (05).
[16] 谭岳生. 上马杀贼下马学佛——抗日战争中的南岳佛道救难协会及其活动 [J]. 中国宗教，2001 (03).
[17] 抗战烽火中的南岳衡山 [J]. 中国宗教，2011 (06).
[18] 曾友和. 抗战时期湖南佛教僧众的抗日救亡壮举 [J]. 档案时空，2016 (01).
[19] 梁家贵. 动荡时期的民间组织与社会救济——以民国时期的世界红卍字会为例 [J]. 贵阳学院学报 (社会科学版)，2012 (05).
[20] 王名. 国内外民间组织管理的经验与启示 [J]. 学会，2006 (02).
[21] 赵春飞. 我国民间组织发展现状浅析 [J]. 中国经贸导刊，2014 (16).
[22] 孟亚男，何娟. 民国时期的民间组织与社会工作 [J]. 社会工作，2012 (10).
[23] 高法成. 社会工作与社会管理创新的契洽与共生——以幸福广东建设为例 [J]. 行政管理改革，2013 (10).
[24] 刘康乐. “宗教与法治——宗教组织的管理”学术研讨会综述 [J]. 世界宗教研究，2008 (01).
[25] 黄波. “国家—社会”关系视角的社会组织权力生成与合法化 [J]. 齐齐哈尔大学学报 (哲学社会科学版)，2017 (12).
[26] 王娇. 近代湖南佛教文化复兴研究 [D]. 济南：山东师范大学，2018.
[27] 詹灿君. 中国民间组织发展与社会治理创新 [D]. 昆明：昆明理工大学，2014.
[28] 戴柏汉，蔡北文. 湖南在抗日战争史上的地位 [J]. 湘潭大学学报 (哲学社会科学版)，1995 (04).

身闲与心闲：先秦两汉隐士休闲文化研究

刘小珍*

摘　要：先秦两汉时期是中国传统文化的发轫阶段，对后世传统文化有着深远影响。隐逸文化与休闲文化，作为中华传统文化的重要组成部分，两者之间的密切联系于先秦两汉时期已初见端倪，这种契合处在含有休闲色彩的隐士生活中得到一定体现。隐士在不仕后拥有大量闲暇时间来进行个人活动，受儒道隐逸思想及其自身心态的影响，隐士休闲既有借助外物来达到闲适的身闲，也有缘于其自在心境的心闲。同时，先秦两汉时期的隐逸休闲也有着重精神轻物质、文化型休闲等特点。以隐士个人生活为切入点研究先秦两汉时期的休闲文化，既可以透过史料来观照士人的内心世界，了解当时的隐逸文化，同时可以更好地理解休闲的真正实质，对当代休闲文化建设具有一定借鉴意义。

关键词：先秦两汉；休闲文化；隐士生活

游离于主流社会之外的隐士群体，以及由其衍生而来的隐逸文化，皆滥觞于先秦时期，休闲文化作为中国传统文化重要部分在先秦两汉时期也已初显端倪。在漫漫历史长河中，隐士虽为边缘群体，却始终存于社会之中，并占据一定地位，史家为隐士单独立传，皇家诏令常见征召隐士。隐逸文化作为非主流文化，客观地促进了中国传统文学艺术的丰富发展[1]。休闲自古有之，早在先秦《诗经》等先秦典籍中就对时人的休闲活动有较多记载，晚至唐诗宋词、明清小说中休闲生活的丰富描写，无不体现着中国古人对休闲文化的理解。隐逸与休闲虽非儒家等主流文化，在典籍文献中却也常见，同时，隐士作为活动主体，其行为生活既体现着隐逸文化，也承载着休闲精神。直至今日，隐士及隐逸文化在现代社会似乎已难觅踪迹，隐士或成为上古之遗风供世人瞻仰，休闲于当代社会却是大行其道，一改昔日模样，人人提休闲，处处有休闲。但休闲之实质却已被逐渐异化，人们想到的只有被不断物化的“消费休闲”，无消费不休闲，反而忘记了休闲的真正含义。本文采用休闲文化这一视角，以先秦两汉隐士的个人生活为窗口，探讨隐士生活所蕴含的休闲文化，并试图重新理解休闲文化的实质内涵，以期对当代休闲文化建设有所裨益。

---

* 作者简介：刘小珍，江西赣州人，2020 级中国史专业硕士研究生。

一、引言

隐士在历朝历代都有许多名称，不同称谓所代表的含义也有所侧重，但根本前提在于“士”这一身份，隐士与士人一样，接受文化教育，具有较高学识素养。士人们因各自原因或退隐山林或在家闲居或产生隐逸倾向后，他们的身份便从士人转变为了隐士，并有“身隐”与“心隐”之分别。“隐士”由来已久，《庄子 · 缮性》中就已出现“隐士”一词，商周时期就已存在伯夷叔齐等隐士，一直持续到明清时期，社会上依然存在着大量隐士群体。

“休闲”一词最早见于《三国志 · 魏书 · 陈思王植传》裴松之的注解中：“植常为琴瑟调歌，辞曰：‘长去本根逝，夙夜无休闲。’”[2]576并在此后的史籍中多有出现。“休闲”一词虽是秦汉之后才出现，但早在先秦时期，古人已有休闲娱乐生活。对“休闲”的现代理解，学者从不同角度多有定义，但其核心特征主要是行为自主、内心自由、情感积极，即如美国学者杰弗瑞 · 戈比所言“以欣然之态做心爱之事”[3]1。隐士在隐居山林或居家闲居后，拥有了大量可自由支配的闲暇时间，这成为隐士休闲的重要前提。隐士所具备的知识素养及各种艺术技能，又为其隐居后所进行多样的休闲活动提供了条件。

休闲文化作为中国传统文化的重要内容，同时与隐逸文化有着密切联系，两者在一定程度上是相通的。其一，从字义上看，段玉裁为“逸”字作注时认为“亡逸者，本义也。引申之为逸游，为暇逸。”[4]472在《今文尚书 · 无逸》中即借用此引申义，含有闲适、安乐、放纵等含义。可见“逸”字在字义上含有一定的休闲成分。其二，从思想渊源上看，儒家的待时之隐与道家的适性之隐是古代隐逸思想的重要源头[5]。同时，儒家道家思想中均蕴含着丰富的休闲理想。例如，孔子对“曾点之志”的看重，既是其休闲观的反映，也是其隐逸情怀的体现；庄子所提倡的“逍遥”，恰是一种自在休闲。其三，从内容上看，隐逸和休闲具有重叠部分，隐士们在隐居后，拥有了大量的闲暇时间，不仅可以进行休闲娱乐活动使身心处于一种悠闲放松的状态，同时还可以从事一些学术活动，在休闲中发展自我，这也正是今人容易忽视的休闲心态。其四，隐居生活与休闲活动，都是人们思考选择后而做出的主动行为，具有自由自主的特点。

关于休闲的两个层次：身闲与心闲，唐人白居易在其诗《秋池二首》有所论述：“身闲无所为，心闲无所思。”[6]1492明人张萱云：“闲有二：有心闲，有身闲。辞轩冕之荣，据林泉之安，此身闲也；脱略势利，超然物表，此心闲也。”[7]444今人也有所研究，认为从理论上身闲指身体的放松、休息与恢复，偏重生理层面；心闲既指一般思虑、意识的放松，更指人精神、心灵、德性等内在层面的舒畅[8]。本文对身闲与休闲的看法，在借鉴前人定义的基础上，认为隐士身闲多是依托外物来使内心达到闲适，隐士之心闲则是缘于其内心的真正自由，前者是行为影响心绪的外在休闲，后者是内心引导行为的内在休闲。身闲与心闲虽是隐士休闲的两种境界，但其最终目的皆是为了实现内心自由。

隐士作为特殊群体，仍属于士阶层，其生活与士人相比，有别于同时代一心仕宦的进取士人，在休闲方式上既带士人休闲的共通点，也具有一些新特色。本文采用休闲文化这一新视角，以先秦两汉隐士的个人生活为窗口走入隐士内心，探讨隐士生活方式，重新审视“休闲”的真正含义，发掘古代隐逸文化中所蕴含的休闲价值，以期对现代社会的休闲文化建设有所裨益。

二、先秦两汉隐士的休闲方式

休闲文化历史悠久，自先秦《诗经》到明清小说，无不体现着休闲文化的丰富内涵。隐士在归隐后所拥有大量闲暇时间，也使得其隐居生活富有休闲色彩。“休闲”不只是简单地指身体上的放松，更强调心理与精神的一种自在状态。依据内心状态之不同，可将隐士休闲分为借助外物达到闲适的身闲和缘于内心自由的心闲。在史料典籍中所记载的隐士生活剪影，也为我们了解先秦两汉隐士休闲方式提供了丰富素材。

（一）“身闲”

首先，隐逸往往是隐于山林之中，与大自然有着更为密切的联系，受农耕文明的影响，隐士对自然也有着天然的亲近感。如隐士庄子则明确表达过对自然的欢喜之情：“山林与，皋壤与，使我欣欣然而乐与！”[9]295古人常常借助山水寄托自己的情感，如孔子在《论语・雍也》篇中所言：“智者乐水，仁者乐山。”在赞颂隐士的诗赋中则常有对自然景物的描摹。先秦诗歌《箕山操》即叙写了许由隐居的箕山之景：“登彼箕山兮瞻望天下。山川丽崎，万物还普。日月运照，靡不记睹。游放其间，何所却虑。”[10]308此段在描述优美的自然景色之外，也表达了游于自然逍遥洒脱的情怀。东汉班固在《终南山赋》中，不仅书写了终南山的自然景象，还想象了荣启期、绮里季等隐者在大自然中进行登高游览的休闲活动：“伊彼终南，岿嶻嶙囷。……傍吐飞濑，上挺修竹，玄泉落落，密荫沉沉。荣期绮季，此焉恬心。三春之季，孟夏之初，天气肃清，周览八隅。”[11]534李恂因事罢免后，“步归乡里，潜居山泽，结草为庐。”[12]1684隐士向长、禽庆二人在有归隐之心后，“俱游五岳名山，竟不知所终。”[12]2759隐士选择隐于自然之中，将自然山水看作心灵解脱之所，徜徉于自然中，体味山川美景，不仅使耳目愉悦，内心也处于一种宁静平和的状态。

其次，中国士人自古以来就具有极高的艺术修养，六艺之中“乐”与“书”，在历史上占有重要地位，抚琴读书等文化活动成为隐士们在隐居后的主要休闲方式。如荣启期望山清歌，王子乔随风吹笙。又如宋胜之以琴书为娱，吉茂以经籍自娱。张衡在其理想隐逸图景《归田赋》中也提及琴书：“弹五弦之妙指，咏周孔之图书。”[13]746琴声可以反映琴者心绪，如西汉刘向所作《雅琴赋》即描写了在寂静山林中所听到的幽雅琴声：“潜坐蓬庐之中，岩石之下。游予心以广观，且听乐之愔愔。”[11]206在琴声的悠扬变化中，不仅感受到了琴之悦耳，还获得了内心的平静：“葳蕤心而自憩兮，伏雅操之循则。”[11]206隐士之隐除了自身无心仕宦的主动退隐之外，还有因政治黑暗、仕途无望而无奈归隐。如东汉末年党锢之祸，使得大批士人被迫避世，在隐居其间常以“闭门著书”来保全自身。隐逸作为士人失意后的解决之法，借助隐居时的休闲生活以研经读史等活动来纾解自身郁结，使内心于无奈世事下得到暂时的解脱。这也正如当今快节奏下生活着的我们，希望通过多类型的休闲活动，在短暂的闲暇时间里，获得一些放松。对于失意之人，酒是其物质层面的短暂欢乐，遁世是其精神层面的暂时解脱。酒可以较好消解因仕途不得志而产生的悲愤情绪，酒也可以成为隐士休闲生活中的调剂，增加隐逸乐趣，“良朋萃止，则陈酒肴以娱之；嘉时吉日，则亨羔豚以奉之。”[12]1644

（二）“心闲”

其一是隐士“自得其乐”的休闲精神。隐士有别于在官场上追求仕进的士人，他们既然选择隐避世外，可见他们所追求的不再是世间的荣华富贵，而是山林中的任情逍遥，这正是道家隐逸思想的实质：“适性”。所谓“适性”是指契合个人的自然天性，让其自由发展，纵意所适，即让个人之天性自觉安适自在[14]。《诗经》中就有这样一位隐士，在偌大的山林中，且行且歌，生活安乐：“考槃在涧，硕人之宽。独寐寤言，永矢弗谖。考槃在阿，硕人之薖。独寐寤歌，永矢弗过。考槃在陆，硕人之轴。独寐寤宿，永矢弗告。”[15]321－322他虽独自一人，却不孤寂，反因幽静的隐居环境符合其天性而感到舒畅适意。《楚辞·渔父》中所出场的渔父，是一位深受道家隐逸思想影响的高蹈隐者，其中含有道家“不凝滞于物，而能与世推移”[13]39的全身思想，其最后莞尔而笑、鼓枻而歌、以水洗脚的随性模样，“渔父莞尔而笑，鼓枻而去。歌曰：‘沧浪之水清兮，可以濯吾缨。沧浪之水浊兮，可以濯吾足。’”[13]39更是道家适性之隐的直接体现。先秦渔父于江畔怡然钓鱼的自由闲散，也使得钓鱼成为后世隐者的重要休闲方式。儒家隐士亦有安贫乐道的孔颜之乐，如孔子门生颜回，孔子赞曰：“贤哉回也！一箪食，一瓢饮，在陋巷，人不堪其忧，回也不改其乐。”[16]2187后世士人虽未以身隐于自然，但其对隐逸生活中悠闲的向往却是与先秦道家隐逸思想的适性是一脉相承的。西汉挚峻在与司马迁的书信中表达了自身只想悠闲度日，对于世间名利早已看淡：“徒欲偃仰从容以游余齿耳。”[17]72东汉戴良在屡次拒绝征辟后，“乃遁辞诣府，悉将妻子，既行在道，因逃入江夏山中。优游不仕，以寿终。”[12]2773“优游、寿终”正蕴含了戴良隐逸后自在闲适的生活状态。

其二是隐士深受儒家典籍熏陶，在其居家拥有大量闲暇时间的同时，选择不断提高自身修养。这正是休闲的一种表现，即以自己的方式生活、做自己想做的事情[3]1，同时也体现了休闲不只是单纯的放松娱乐，而且是一个人格修养过程，一种精神追求过程[18]。孔子即提出“志于道，据于德，依于仁，游于艺”[19]94的休闲方式。隐士在隐居后多是进行著书教授等活动，在提高自身素养的同时，也传播了文化知识。如西汉末年隐士薛方在拒绝王莽征召后则选择“居家以经教授，喜属文，著诗赋数十篇。”[20]3096又如东汉隐士法真“博通内外图典，为关西大儒”却“深自隐绝，终不降屈，”[12]2774并以洗耳以喻逃名，法真等人正是因其自身性格“恬静寡欲，不交人闲事，”[12]2774避名利如水火，才可真正做到隐居修身。不少隐士在隐居后，不仅专注自身的发展，读经诵史，更是通过讲书教授，将其一生所学传授于他人，客观上推动了文化的传播与发展。

三、先秦两汉隐士休闲的特点

先秦两汉时期作为隐逸文化的发轫期，其特性有别于自唐宋以来的隐逸文化，前者在隐逸文化上多注重精神和心理层面的追求，重精神而轻物质，后者则呈现出世俗化和生活化的倾向[21]。这在一定程度上也影响了当时的休闲文化。

第一，先秦两汉时期休闲文化特点与隐逸文化一样，注重精神状态，追求逍遥自由的心境。隐士作为士阶层的一员，有着较高的文化修养，故隐士即使物质生活贫苦，依然可以用自己独特的休闲方式来享受隐逸乐趣，身处岩穴有观景之乐，躬耕田园有自足之乐，闲居家中有著书之乐。隐士的目光随着避世从社会移向个人，在悠然平和的心境下，才能真正感悟安贫乐道之实质。如《诗经・衡门》中的隐士，吃鱼娶妻不求名贵，只道知足常乐。儒家中被孔子高度赞扬的隐士颜回，亦是虽在陋巷，仍有其乐。在贫困的隐居生活下，所欢乐的正是其精神富足、内心自由。

第二，书籍作为隐士生活的重要部分，既可以纾解仕途不顺所引起的负面情绪，同时也体现了休闲活动中的文化内核。隐士在被迫归隐后，通过闭门著书，转移注意力，在与前人神交的过程中，令心灵获得一定抚慰，同时，隐士在看书著书讲书的过程，也是一个提升素养、发展自我的过程。正如马克思对休闲过程中精神陶冶与品格提升的重视[22]，也正是教诲我们要认识到休闲不等于一味地放松娱乐，更重要的是在休闲过程中追求个人发展。

第三，隐士在隐居后可以进行丰富的休闲活动，其活动多属于文化型休闲，这缘于士阶层所掌握的文化知识与艺术修养。隐士群体多曾有过游学经历，或不远千里拜访名师，年少经历为其以后隐居生活的充实创造了前提，同时年少时所读书籍也往往影响其日后选择，那些选择终身不仕的隐士，多好读《老子》《周易》等书，如西汉严君平、东汉姜岐等人。许多休闲活动，尤其高层次高质量的文化型休闲活动，皆需要一定知识储备才可享受其中乐趣。正如马克思认为："对于没有音乐感的耳朵来说，最美的音乐毫无意义。"[23]87这也提醒我们，当代休闲文化建设要提倡多样且高质的休闲活动，休闲教育要重视知识与技艺的培养，使人们身心皆获得愉悦，而非仅停留在身体层面的欢娱。

四、先秦两汉隐逸休闲的影响

首先是对后世隐逸的影响。先秦两汉的隐逸文化作为历史悠久的古代隐逸文化的先声，对后世隐逸文化的发展影响深远。在隐逸思想上，先秦两汉隐逸思想主要是由儒家的待时之隐与道家的适性之隐所构成，后世隐者虽还受佛教等宗教因素的影响，但其隐逸行为依然不出儒道二家。正是儒家的积极入世与道家的出世逍遥，使得隐士呈现出一定的矛盾特性，如严君平在成都占卜时，虽是于帘下读老庄之书，著《老君指归》，与人卜筮时却是教人"善、顺、忠"等儒家理念。在日常生活中，先秦两汉隐士在精神层面的富足，使得其虽在山林丘壑间独行，却依然有自己的人生乐趣，或于江畔渔钓、或于天地神游、或以读书为乐、或以弦歌为娱。士人们的日常休闲活动，正是发端于此。在文学作品上，先秦两汉隐士对自然的亲近认同，使得后世逐渐出现了山水诗、田园诗等类型。在园林建筑上，先秦两汉隐士避世于山林，使得后世隐者多寻求深山作为隐居之所，"岩穴之士"成为隐士的重要称谓之一，就算处于城市，在其居所也要人为地取石构山、营造自然，这对中国的古典园林艺术产生了重要影响。中国古代历来对隐士都非常钦佩与崇尚，正是始于先秦两汉统治阶层对隐士的尊重，两汉皇帝就时常下诏书以"招隐士"，后世统治者也常下诏征聘隐士，官员更是有着举荐"岩穴之士"的重任。

其次是对当今休闲文化的借鉴意义。休闲与生活密切相关，并对人类发展有重要作用。但休闲并非只是简单地“玩”，休闲文化具有丰富内涵，研究先秦两汉的休闲文化，对我们正确认识休闲具有借鉴意义。随着社会的发展，相比从前我们拥有更多的可自由支配的闲暇时间，但我们的身心却没有随着自由时间的增加而更为放松，反而在匆忙的生活中愈加疲惫。物质主义生活方式已经从很多方面损害了我们的休闲感受[3]171，我们的休闲活动往往是与金钱消费所挂钩。然先秦两汉隐士的生活，纵使物质贫乏，依然充满着休闲智慧。正是因为，他们的休闲是建立在深厚文化底蕴的基础上，使得在物质方面的要求极具伸缩性[24]326。这种重精神甚于物质的休闲观念以及隐士宁静闲适的生活方式恰是今天的我们所需要的。先秦两汉的隐逸文化可以让我们重新认识休闲文化的底蕴，探寻休闲的实质。先秦两汉隐士在闲暇时间里，除了抚琴饮酒、游山钓鱼等活动，最常进行读书、著书、授书这一类学术文化活动，先秦《左传·襄公二十四年》所言“大上立德，其次有立功，其次有立言。”成为士人所共同推崇的人生理想，隐士在不仕后选择以著书授书来达成“立言”不朽，在这类活动中，他们不仅乐在其中，而且可以获得满足感，在充实的休闲活动实现自我价值。这也提示当今社会的我们，在闲暇时间内不只是放松身心，更重要的是要以充实人生为目的，要学会在休闲中发展自我。

参考文献：

[1] 徐清泉. 论隐逸文化在中国传统文学艺术发展中的意义 [J]. 文学评论，2000 (04).
[2] 陈寿. 三国志 [M]. 北京：中华书局，1971.
[3] 〔美〕杰弗瑞·戈比 (Geoffrey Godbey). 你生命中的休闲 [M]. 康筝译，昆明：云南人民出版社，2000.
[4] 段玉裁. 说文解字注 [M]. 扬州：江苏广陵古籍刻印社，1997.
[5] 霍建波. 隐逸诗研究（先秦至隋唐）[D]. 西安：陕西师范大学，2005.
[6] 朱金城. 白居易集笺校 [M]. 上海：上海古籍出版社，1988.
[7] 袁宏. 袁宏道集笺校（上册）[M]. 上海：上海古籍出版社，2008.
[8] 赵玉强. 休闲：中国哲学研究的新视域 [J]. 中州学刊，2014 (08).
[9] 王世舜. 庄子注译 [M]. 济南：齐鲁书社，1998.
[10] 逯钦立辑校. 先秦汉魏晋南北朝诗 [M]. 北京：中华书局，1983.
[11] 费振刚，仇仲谦，刘南平校注. 全汉赋校注 [M]. 广州：广东教育出版社，2005.
[12] 范晔. 后汉书 [M]. 北京：中华书局，1965.
[13] 马积高主编. 历代辞赋总汇：第 1 册 [M]. 长沙：湖南文艺出版社，2014.
[14] 肖玉峰. 先秦隐逸思想及先秦两汉隐逸文学研究 [D]. 成都：四川大学，2006.
[15] 阮元校刻. 十三经注疏 [M]. 北京：中华书局，1980.
[16] 司马迁. 史记 [M]. 北京：中华书局，1982.
[17] 皇甫谧. 高士传 [M]. 北京：中华书局，1985.
[18] 张培锋. 休闲是一种修养——中国传统休闲文化的现代启示 [J]. 道德与文明，1997 (02).

[19] 杨伯峻. 论语译注 [M]. 北京：中华书局，2012.
[20] 班固. 汉书 [M]. 北京：中华书局，1963.
[21] 朱曙辉. 论隐逸文化在近古时期的转型与衰落 [J]. 安阳师范学院学报，2019 (04).
[22] 张永红. 休闲文化观：基于马克思理论视角的解读 [J]. 中南大学学报（社会科学版），2010 (02).
[23] 马克思. 1844 年经济学哲学手稿 [M]. 北京：人民出版社，2000.
[24] 吴小龙. 适性任情的审美人生：隐逸文化与休闲 [M]. 昆明：云南人民出版社，2005.

虚实之间：蜀中韩娥传说的地方叙事

宋会明*

摘　要： 明洪武朝以降的蜀中地区，盛传着“韩娥从军”的巾帼英雄故事。它刻画了元末明初，当地一位名叫“韩娥”的女子女扮男装从军十五年的励志女性形象。从历史的叙述看，“韩娥从军”的蓝本是北朝民歌《木兰诗》中的“木兰”女扮男装代父从军。而元末明初，蜀中地区成为各地方政权争相侵夺的关键区域之一，兵燹频繁，社会动荡，因而出现类似于“花木兰”式的女英雄，自然也就不足为奇。同时，韩娥本身的坚贞形象受到同时代及后人的赞美，并逐步演变为人们崇拜的对象。因此，在这个具体的史事身上，正好勾勒出元末明初蜀中地区在元明王朝更迭过程中的兵燹频发，社会极度不稳定的历史过程。也重现了在明清时期妇女贞节观念不断强化的历史背景下，韩娥从普通女性转变为政府和人民共同推崇的榜样女性的动态过程。

关键词： 元末明初；兵燹社会；韩娥；青巾军；贞节

北朝民歌《木兰诗》讲述了花木兰女扮男装替父从军，为国尽忠的英勇故事。在《木兰诗》中，木兰是一位能够为国尽忠，为家尽孝的奇妙女子，她的英勇故事流传后世，成为后世建构地方性英雄女性的范式。在四川成都和阆中地区，也流传着“蜀中花木兰”——韩娥的英雄传说故事。

一、相关研究回顾

当前对韩娥传说的研究主要是集中在以下两个方面：一是将韩娥故事置于历史时期“女扮男装”的巾帼英雄叙事中去，进而呈现历史时期十三位巾帼英雄是如何去实现自己的理想诉求的[1]。二是聚焦于李喜喜青巾军入蜀后的暴行，列举韩娥的故事说明青巾军占领下成都百姓的苦难生活，尤其是陈世松的《元末青巾军入蜀考——兼释重庆〈玄宫之碑〉》[2]一文，在这一点上着力颇多。综观上述研究，人们对韩娥故事的传说叙述是较为清晰的，但对明永乐六年（1408）刘惟德所撰《韩娥传》中“（韩娥）出入军中一十二年”的从军历程则未能作出确切考述。虽然“蜀中花木兰”的故事流传甚久，但是韩

* 作者简介：宋会明，四川南充人，2020 级中国史专业硕士研究生。

娥从军的具体历程则依旧充满了疑惑，还有待详考。有鉴于此，本文试图以刘惟德所撰《韩娥传》等史料为中心，结合其他历史文献和田野考察，回到元明之交的四川历史脉络中去考察，将真假混合的韩娥传说故事转变为真实可考的历史，从而在真实的历史中探寻韩娥传说故事背后的历史。

二、韩娥史事的时代叙述

明永乐六年（1408）刘惟德所撰写的《韩娥传》是后世研究和梳理韩娥故事的史源。其后的（道光）《保宁府志》和《全蜀艺文志》，几乎是直接收录刘氏《韩娥传》之内容，《明史》和《平夏录》亦收录韩娥故事，但所记内容则十分简略，称韩娥为“韩贞女”，且二书所载内容则与刘氏所撰《韩娥传》有较大出入。在后文中，将对其间记载的差异作具体的分析和考证。据刘氏所撰《韩娥传》载：

> 娥姓韩，元四川盐运司副使韩新泽之孙，处士韩成之女，母王氏生娥于元至正乙酉。娥甫三岁失怙，七岁失恃，育于叔父韩立。遭元季之乱，岁丙申（1356），盗贼蜂起劫夺货财，掳掠妇女，无所惮。叔母杜氏度娥不能自保，密谓娥曰：“我夫妇老矣，汝年十二，必遭寇手，吾不忍视汝受掠。吾制男子衣裳，汝可服之，寇知汝男或可免，叔父又哭曰：“汝本故官之孙，吾鞠汝、恤汝，愿汝有家，不幸至此时也，命也。汝宜自裁。”娥受叔母教，即易其服，总其角。旦日往拜叔母曰：“而今而后，或达母训，有死无二，岂忍不念吾叔母。言甘受寇辱求苟活耶?”未几，果为寇掳，问娥姓名，娥曰：“我韩关保也。”遂与负戈而往，后遇万户王起岩，见而怜之，以与千户罗甲。甲，蜀之叙南人也，抚之如己子。与征云南，自云南复归叙南。娥在师旅中与人和睦，或有与之嬉戏，即正色曰：“韩关保不能閒（闲）戏，恐官长怪责，无益也。”每遇祁寒，未尝怨咨，暑雨未尝裸浴，至夜则和衣而卧，卧常后，起常先人，问其故曰：“恐家务不办尔。”自是甲有军旅之事，事无大小，娥皆勉勉为之，无斯须惰容。甲矜其勤慎，间与之酒，辞曰：“关保天性不能饮，饮辄病。”甲益重之，娥尤兢兢业业，惟恐有失而违叔母训。出入军中一十二年，人皆不能窥测，又善以父事甲，故甲信而不疑。甲尝谓人曰：“我之关保，干蛊之子也。”为之婚娶，冀其成立，娥不得已从，而百计避之。妇诉其父母，父母责娥夫妇不睦。娥犹隐讳不言，一日，娥从王万户自叙南之成都计事。娥微行至城东，度缘桥物色，得叔父母已不能识矣。娥具以实告，指其上额刀伤痕，仰天痛哭。叔父亦哀其艰苦，将以白金赎之，王万户谓娥叔父曰：“是子，罗甲之子，焉得为尔之女侄。”事闻，有司召媪视之，媪曰：“室女也。”万户乃受白金还之叔父以娥，归。戍上马复宗生男一人，女二人，娥夫妇继殁，而男女俱存。[3]417

以上即是刘惟德记录的韩娥的事迹。从时间上看，韩娥于元惠宗至正五年（1345）出生，刘惟德为其作传是永乐七年（1409），其间相隔六十五年。在这一个甲子的岁月里，蜀中地区却经历了元朝、大夏政权和明朝三代政权的更迭控制。也正是在这个兵燹频繁，社会动荡的时代，韩娥女扮男装的故事，进而才有了历史的叙事模式，而本文所要考证的正是韩娥真实的一生。据《韩娥传》载：

> 叔母杜氏度娥不能自保，密谓娥曰："我夫妇老矣，汝年十二，必遭寇手，吾不忍视汝受掠。吾制男子衣裳，汝可服之，寇知汝男或可免。[3]417

据载可知，至正十六年（1356）时韩娥正好十二岁，值金钗之年则已经开始改变服饰，即"女扮男装"。但先存史料对于韩娥被掳的具体年纪，记载则不一致。据《韩娥传》载：

> 未几，果为寇掳，问娥姓名，娥曰："我韩关保也。遂与负戈而往。[3]417

"未几"泛指时间没过多久，表明韩娥被掳的时间是"女扮男装后不久"。据此推测，韩娥被掳的时间，很有可能是易服当年（至正十六年）。据《明史·烈女传》载：

> 元末明玉珍据蜀，贞女虑见掠，伪为男子服，混迹民间。既而被骗入伍。[4]7693

"既而"再次表明韩娥入伍的时间是在女扮男装后不久，而据邓士龙所撰的《平夏录》载：

> 初保宁城中有韩氏女，年十七遭明氏兵乱，虑为所掠，乃伪为男服，混处民间。既而果被虏。[5]

《平夏录》中明确记韩娥十七岁即至正二十一年（1361）时被掳，但邓士龙为明朝万历时期人，其记载的依据只能是之前流传的记载，所以其真实性有待考证。

根据以上史料，仅能得知至正十六年韩娥开始"女扮男装"，不久被寇所掳。按照《明史》和《平夏录》所载："元末明玉珍据蜀"[4]7693 "年十七遭明氏兵乱"[5]，韩娥似乎是被明玉珍部所俘虏。但《韩娥传》并未记载"寇"是何人，来自何方，因此仍需考证。

通过观察韩娥生活的时代背景可知，元末明初的蜀地兵燹频繁，其中对蜀地影响较大的三股势力分别是元朝政府官员、明玉珍部和李喜喜部。而掳韩娥入伍的"寇"必然是三者之一，对于"寇"字的含义，徐锴曰："当其完聚而寇之。"闫英华解释为："完聚就是修缮堡垒，聚集人群，准备发动攻击，是一种非正义的群体武力行为。"[6]因此"寇"具有强盗之意。显然，元朝官兵作为当时正统王朝在地方的统治代表，不在"寇"之列，"寇"应该是明玉珍或李喜喜领导的农民起义军。按出土于重庆明玉珍墓的《玄宫之碑》载：

> 天启三年二月，宋主命平西……其年定夔（今奉节县）、万（今万县市），四月抵渝（重庆）……太祖一鼓而下，擒参政哈林都，送之朝。泸州降。冬，克叙南（今宜宾市），拜广西两道宣慰使。[7]

"天启"为徐寿辉建立的天完政权的年号，仅仅 1358 年至 1359 年使用，其后便易号为"天定"，由此碑文中的"天启三年"是不成立的。而刘孔伏、薛新力通过对史料和碑文的互相考证，得出"天启三年就是至正十七年，因此天启元年应该是至正十五年。"[8]的结论。由此可知，至正十七年（1357）二月明玉珍收到平蜀的命令后，立即率领军队由川东夔州入蜀，一路向西南挺进，短短两个月就平定了万县，抵达重庆。其后继续向西南出发克泸州，在冬季攻下宜宾。至正十七年冬时，明玉珍已占领了蜀地东南地区，而韩娥所居住的成都属于蜀地西部，不在明玉珍的势力范围内，因此无论从时间还是地域来看，明玉珍都不可能是俘虏韩娥的“寇”。排除明玉珍后，再根据史料来考察李喜喜在蜀地的行踪。据《元史·顺帝纪》载：

(至正十八年)四月，察罕帖木儿、李思齐合兵会张良弼、宣慰张良弼、郎中郭泽善、宣慰同知拜帖木儿、平章政事定住、总帅汪长生奴，各以所部讨李喜喜于巩昌，李喜喜败人蜀。[9]942

李喜喜原是属于刘福通所率红巾军的西路红军。当时，由白不信、大刀敖，李喜喜率领的西路红巾军经武关道（陕西商县东八十里）向关中进发，接连占领了商州、七盘山、兰田县，起义军迅速逼近丰元（今陕西西安）。在此紧急情况下，元廷召集各路军队进攻起义军，起义军不敌，不断向西撤退并攻占巩昌（今甘肃陇西县）。由于被各路元军围攻，红巾军损失严重，其中一部分由李喜喜带领向南逃窜，由巩昌进入四川，史称青巾军。对于李喜喜进入蜀地的准确时间和入蜀后的踪迹，据陈世松考证为：

(至正十七年)九月李喜喜所部的青巾军于西北退入四川，乘四川官员不备，沿途攻陷了以成都为心的川西地区的汉州、灌县、雅州、天全、名山等“数十城”。[2]

根据陈世松的考证，李喜喜于至正十七年就率领残部进入四川，占领以成都为中心的四川西部，并非是《元史》中记载的至正十八年，而当地的县志也可以证明其论断。据(天启)《成都府志》载：

烈女元费氏，成都灌县人，至正丁酉青巾贼入蜀肆行剽掠，泣曰：亲恩未报，乃不幸罹此贼害。遂缢死。[10]386

至正丁酉即至正十七年（1357），灌县为今天的成都都江堰市，也证实了李喜喜在至正十七年就已经攻入成都，且放肆掠夺财物，俘虏女性，行径非常残暴。同灌县遭遇一样，成都路下属的其它县也没能逃脱青巾军的魔爪，据（天启）《成都府志》载：

罗涓，崇宁人，由进士任合州知厉知剑州眉州，有政声，以母老归乡。元末青巾军劫境，持节而死。[10]351

在成都路遭到青巾军劫掠的同时，韩娥所居住的新都县也未能幸免，据（天启）《成都府志》载：

桂，新都人，学兼五经……居家以经义教后进，多所成就。四方人争受业，学舍不能容。元末青巾入境，义不受屈而卒。[10]351

根据以上史料记载可知，青巾军于至正十七年就已经攻入成都新都县，时间和地点与《韩娥传》相吻合，由此可以确定韩娥是至正十七年十三岁时被青巾军所掳，其后化名韩关保，跟随青巾军队伍而行。据《韩娥传》载：

（韩娥）遂与负戈而往，后遇万户王起岩，见而怜之，以与千户罗甲。甲，蜀之叙南人也，抚之如己子。与征云南，自云南复归叙南。[3]417

千户长罗甲是四川叙南（今宜宾）人，叙南隶属于叙州路，位于四川南部。随青巾军而行的韩娥会出现于此，是否可以说明青巾军由蜀西南下？据（民国）《合江县志》载：

（元）鄢氏，泸州合江人，青巾贼至被掳，夺刀自刎，事闻旌表祀节义祠。[11]560

泸州隶属于重庆路，叙州路与重庆路东西接壤，位于四川省南部。此外，据《新元史》记：

（至正二十一年春），玉珍舟行过泸州，其部将刘泽民言于玉珍曰：前进士刘桢，有策略……青巾贼李喜喜入蜀，祯避乱于此。公盍往见之？[12]3299

泸州人鄢氏为免遭青巾军俘虏而自杀，刘桢为躲避青巾军而隐居方山，结合泸州鄢氏和刘桢的事迹，可证实李喜喜率领的青巾军确实到达并劫掠了蜀地南部。

通过以上对史料的梳理可知明玉珍和李喜喜的踪迹均于叙南出现，考察二者谁先到达叙南，确定李喜喜南下时间，是证实韩娥由李喜喜部进入王万户和罗甲部的重点。明玉珍于至正十七年冬攻克叙南，据《玄宫之碑》载：

明年（1358）六月，击亳人李仲贤（李喜喜）于晋州（今安岳县），败还成都。[7]

晋州属于潼川府路，西接成都路，南接叙州路，《玄宫之碑》记载明玉珍与李喜喜在晋州交战，随后李喜喜撤军退回成都。此处是有史料记载的青巾军与明玉珍部的首次战斗，此前明玉珍部占领叙南和泸州时，并没有与青巾军作战的相关记载。因此可推断青巾军入叙南和泸州是在明玉珍占领此地之后的至正十八年（1358），推测是青巾军洗劫完西部地区后，开始向东南地区转移，与提前占领此地的明玉珍部开启争夺之战，战败后退回成都。据《玄宫之碑》载：

明年（1359）春，李仲贤、王虎、郭成奔平元，数十万兵一朝解散。[7]

据陈世松考证王虎就是属于青巾军的部将①，由碑文可知青巾军于至正十九年（1359）正式解散，主要将领逃向别处。此外，据《明史·傅友德传》载：

傅友德，其先宿州人，后彼场山。元末从刘福通党李喜喜入蜀。喜喜败，从明玉珍，玉珍不能用。走武昌，从陈友谅，无所知名。太祖攻江州，至小孤山，友德帅所部降。[4]3799-3800

① 据陈世松考订："据《大明一统志》载：'侯彦直，稚州人，仕为忠诩校尉副千户。至（元）（正）间。王虎寇州。彦直引兵力战于名山县二日，兵少力弱，为贼所擒。义不屈，骂不绝口，为贼所杀。'文中的'至元间'当为'至正间'之误。"

综上可知，青巾军于至正十九年（1359）正式解散，其中一部分投降于明玉珍部，韩娥应也是此时被收入千户罗甲队伍，此时韩娥为十五岁。其后韩娥从属于罗甲部，跟随罗甲南征云南。据《玄宫之碑》载：

盖仁心爱人，而人慕之，人心所归，即天命所在。故四年而西土悉平。[13]

明玉珍用四年的时间彻底占领四川，在至正二十二年（1362）年于重庆称帝，国号大夏，改元天统。为扩大势力范围，明玉珍派兵攻取云南，对于明玉珍攻取云南的研究众多，其中刘孔伏、潘良炽明确揭述了明玉珍兵攻云南的经过：

天统元年（至正二十三年1363）二月，明玉珍派遣万胜、邹兴、芝麻李等人率兵分三路进攻云南。三月初八日，万胜兵至昆明，梁王学罗帖木儿不意大夏兵奄及，仓皇出逃，弃城退守楚威。万胜初战成功，克昆明，又进屯金马山，派人四处告谕招安，赍宣牌招降纳叛。梁王退到楚威站稳脚跟，其傅大都即率兵出侦敌，获万胜部将姬安礼，查知万胜所部虚实，遂会合大理段功的地方武装共同进攻万胜。邹兴、芝麻李两路兵马不至，万胜所部成为了深入敌阵的一支孤军，势单力薄，不能持久，四月，万胜留逮水元帅府千户聂瑾率主力与大部拒守，自己则还归重庆，明玉珍南征云南的计划即告失败。[14]

据上述考证可知韩娥跟随罗甲南征云南后归叙南的准确时间是至正二十三年（1363），此时韩娥十九岁。据《韩娥传》载：

（韩娥）与（罗甲）征云南，自云南复归叙南。娥尤兢兢业业，唯恐有失而违叔母训。出入军中一十二年，人皆不能窥测，又善以父事甲，故甲信而不疑。[3]417

从云南回到叙南后，韩娥一直跟随罗甲在队伍中生活了十二年，并深得罗甲信任，关于韩娥在军营中的生活，（道光）《保宁府志·烈女传》有所记载：

与同部无戏容，卧常后起常先。军旅之事皆勉勉为之，甲喜为之酒。未尝饮，为之娶不肯，强纳妇，娥百计避之。[3]349

由记载可知韩娥在队伍里一直是小心翼翼，从不与男性嬉戏，晚睡早起。对军旅之事尽心尽力，罗甲喜爱他，为他劝酒也不会喝，劝他娶妻，拒绝后为他强行娶亲，成亲后韩娥也是千方百计地避开妻子。直至韩娥跟随王万户从叙南出发到成都办事偶遇叔父母。

娥微行至城东，度缘桥物色，得叔父母已不能识矣。娥具以实告，指其上额刀伤痕，仰天痛哭。[3]417

叔父母与韩娥相认后，欲用百金赎回韩娥，王万户震惊之余请专人鉴定韩娥性别。

有司召媪视之，媪曰："室女也。"万户乃受白金还之叔父以娥，归。[3]417

确定韩娥为室女后，王万户收下赎金放走了韩娥，韩娥再次回到了新都。从十三岁时被掳离乡到再次返回新都，韩娥已经在军中生活了整整十五年。

韩娥跟随叔父母回到成都新都后，与在军中结识的当地人马复宗成亲，并育有一儿两女。韩娥成亲的确切年份在《明史》、《平夏录》和（道光）《保宁府志》中均记载为："洪武四年（1371）嫁为尹氏妇，成都人以韩贞女称。"其记载的年份与《韩娥传》中韩娥被叔父赎回的时间相符合，但韩娥丈夫的姓氏均与《韩娥传》所记载的马氏不同。据《韩娥传》载：

> 戍上马复宗生男一人，女二人……永乐七年（1407）冬十二月，余使蜀方外士韩太和，立之子、娥之弟也，以其详诣余诵之余，喜娥之贞烈且孝，作《韩娥传》。[3]417

刘惟德同韩娥属于同时期的人，因为赞扬韩娥贞孝的品质，取材于韩娥叔父的儿子，于永乐七年（1407）著《韩娥传》，属于当时人记当时事。且经上文考证其内容与当时四川历史相符，因此刘惟德所著《韩娥传》内容真实可靠，韩娥应该是嫁与马复宗。

明朝建立后，蜀地由蜀王朱椿管理，王万户入京做官，致仕还蜀后将韩娥的事迹讲予蜀王，蜀王朱椿颇为赞扬，立即召见韩娥并赐宝钞五锭。《韩娥传》中没有记载蜀王召见韩娥的具体时间，但蜀王朱椿于洪武二十三年（1390）正月初一正式就藩成都，所以召见韩娥的时间是洪武二十三年之后，此时韩娥已是知命之年。得到蜀王召见并赏赐之后，韩娥的事迹开始广为流传，蜀地人民更是将韩娥与"花木兰"并肩，称赞其为"蜀中花木兰"。

三、韩娥事迹中的贞女现象

刘惟德在《韩娥传》中称赞韩娥有"三善"——智也，贞也，孝也。"智"代表了其善于执捧，赢得了上司多年的信任。"贞"表明其心坚似金石，军旅中从未有过"儿女情长"。"孝"则言其品德高尚，回归家庭后依旧淳朴孝顺。而正是韩娥的种种优秀品德和传奇经历，使得韩娥从军的故事一直在蜀地中流传，蜀地人民称其为"韩贞女"。关于"贞女"的定义，孙绍光在《女性与性权力》里写到：

> 贞女是父权文化所推崇的理想女性形象，在父权文化中，具有极高的正向伦理道德价值，是男权社会为女性树立的榜样。"贞女"是父权文化赐给女性的最高的荣誉，较之"贤妻良母"又高出一个层次，因为"贞女"是个别女性在特定条件下才能实现的特殊人格。夫病，夫死，失散等等厄运突然降临，而女子忠于男子之心不移。[15]167

在前文已经提及《明史》和《平夏录》所载韩娥事迹内容与刘氏所撰《韩娥传》有较大出入，但其皆出现了"室女""韩贞女""贞"等词语，说明韩娥的守贞行为是得到了同时代人们的认同，显然这也是在当时的男权社会，韩娥被推崇到极高地位的重要原因。针对明清时期的贞女现象，有众多的研究成果，其中《明清妇女贞洁观探析》里就曾写到：

明清时期，随着理学影响下的贞节观的实践，明清妇女贞节观开始得到全面强化，达到了无以复加的地步。这一时期妇女的贞节观专指生理上的不失身。[16]

韩娥从军十五年，在全是男性的军营中仍然能保持自身的贞洁，称赞其为贞女也是合情合理。同时通过查阅资料发现：

在明清时期，旌表的方法有很多种，政府对节烈女性的奖励，第一是给予物质方面的奖励；第二是精神方面的奖励；政府会给与普通守节妇女以荣誉称号。第三是给银建坊、建祠堂。一般的就是由户部或者地方官给官银三十两，听任应旌表的贞节妇女本家建坊。[16]

明清政府大力提倡贞节观念，政府的各级地方官员往往将宣扬守节思想作为一项政务来对待和推广。王万户入京做官，致仕还蜀后将韩娥的事迹讲予蜀王，蜀王朱椿颇为赞扬，立即召见韩娥并赐宝钞五锭。王万户与蜀王皆是当时政府官员，蜀王更是统治阶级在蜀地的代表，他们用自身的行动表明了对韩娥的赞扬，给予她物资和精神上的奖励。同时，韩娥的儿女和当地的人们，为了纪念韩娥在成都和阆中两地皆修建了木兰寺。其次，“在文人士大夫阶层，这些守节的妇女在此时期还受到很多儒士的称赞，他们纷纷作书以赞美她们。”[16]韩娥在蜀王召见并嘉奖后，当时君子多作诗文赞美韩娥坚守贞洁。男性对贞节的认同更让我们体会到守贞行为的普遍性。

明清时期政府通过物质奖励、精神奖励、建坊或建祠堂来旌表贞洁女性，通过以上叙述可知韩娥不仅得到了政府官员物质和精神上的奖励，在民间也得到了家人和当地人民的推崇和赞美，并为她修建寺庙，奉为女性之表率。

四、从韩娥到韩娥传说的地方实践

通过对《韩娥传》的考证所得，韩娥的形象是一位具有花木兰品质和历史影响的巾帼英雄。为了缅怀和纪念这位名为韩娥的巾帼英雄，在今天的成都新都区和南充阆中市，均设置有“木兰镇”，且两地亦均修建有木兰寺（庙）。据（民国）《新都县志》载：

木兰寺，在县南十里龙门山（即木兰山），建置年代不详，明寺内有龙门塔、滚钟坡，兵焚后俱毁，清康熙四十五年重建，乾隆三十三年、四十一年，“民国”三年培修，主持、僧三人。[17]754

照（民国）《新都县志》所追记，成都木兰寺建置的确凿年代已不可考。在当地的调查过程中，当地人普遍反映说，是韩娥的儿女和当地的人们，为了纪念韩娥而共同修建了木兰寺。在其后的历史过程中，木兰寺还演绎出了“木厂会”这种当地独特的庙会活动，在每年农历二月初一至初三这三天里，周边地区的人们纷纷赶来参加“木厂会”。

木兰寺木厂会，每年二月初一日举办，农器、花木杂陈于寺前。时有升降，代有兴废，未可以一概论也。[17]757

就上述所载可见，木兰寺的朝拜人群从最初单纯的纪念花木兰本人的仪式活动而逐步演变为具有典型“庙会”性质的人群集会。参加集会的人们，不仅可以在这里交换农产品、农业工具，分享庄稼丰收的喜悦，还可以在这里获取外界的各种信息，观赏来自外界的娱乐活动，从而将韩娥传说故事，纳入到了区域社会的结构脉络之中，形成了稳定的传承和运作机制。

而阆中木兰镇的木兰庙，其前身则是清康熙四年（1665），阆中县人民为纪念巾帼英雄韩娥，在她的家乡木兰镇修建了“木兰祠”，祠内主殿供奉着韩娥。庙内管事则讲述了无史料记载的韩娥后半生：在韩娥年老时，老年生活在阆中木兰的叔母去世，韩娥悲痛欲绝，赶回阆中祭拜叔父叔母。由于悲伤过度也一病不起，不久于阆中去世，埋葬于钟鼓楼。在对当地的田野调查中发现，“韩娥墓”的墓碑上刻着“阆中花木兰生于老乾山下，葬于钟鼓楼前，孝烈千古，孰能记焉”字样。同时，这一传说故事依旧能为当地人们娓娓道来，由此可见，韩娥的故事早就根植于当地人民心中，并且深信不疑。

五、结语

我们通过对《韩娥传》的考证，将真假混合的韩娥传说故事转变为真实可考的韩娥从军历史，不断证实韩娥传奇一生是真实存在过。在元末明初社会动荡不安，各大地方政权争相侵夺的四川地区，“韩娥”的励志故事，无疑给后人去重新审视这段时间内四川的历史与社会，提供了更多的可能。同时，韩娥被称为贞女，被蜀地人们传颂，为后人研究明清时期蜀地女性形象提供鲜活的案例。此外，也正是韩娥坚毅勇敢的精神，激励着后世蜀地女性勇敢地去追寻自己的理想，她们以自己的方式诠释着木兰精神，令它历久弥新。

附：韩娥生平活动轨迹表

元惠宗至正五年（1345）	至正七年（1347）	至正十一年（1351）	至正十六年二月（1356）	至正十七年（1357）	至正十九年（1359）	至正二十三年（1363）	洪武四年（1371）
出生于保宁府（今阆中市木兰镇）	3岁父亡	7岁母亡，后跟随叔父到成都新都生活	12岁开始女扮男装	13岁被青巾军所掳，从此化名韩关保	15岁跟随青巾军投降于明玉珍部，归千户罗甲管理	19岁跟随罗甲南征云南	27岁被叔父赎回，同年嫁为马氏妇

参考文献：

［1］杨梦秋．“言内”之身，“言外”之行——帝制中国的“女扮男装”行为解构［D］．成都：西南民族大学，2020.
［2］陈世松．元末青巾军入蜀考——兼释重庆玄官之碑［J］．四川文物，2006（04）.
［3］〔清〕谢艺波．保宁府志［Z］．成都：巴蜀书社，1992.
［4］〔清〕张廷玉．明史［Z］．北京：中华书局，1980.
［5］〔清〕纪昀．文渊阁四库全书本［DB］．上海：上海人民出版社，1999.

[6] 闫英华. 浅析“盗”“贼”“寇”“匪”[J]. 科教导刊，2010（11）.
[7] 董其祥. 明夏睿陵“玄宫之碑”的研究[J]. 四川文物，1984（02）.
[8] 刘孔伏，薛新力. 谈元末徐寿辉农民政权的年号和国号——附录《玄宫之碑》碑文[J]. 学术月刊，1984（05）.
[9]〔明〕宋濂. 元史[Z]. 北京：中华书局，1980.
[10]〔天启〕王维新. 成都府志[Z]. 成都：巴蜀书社，1992.
[11]〔民国〕王玉璋. 合江县志[Z]. 成都：巴蜀书社，1992.
[12]〔清〕柯劭忞. 新元史[Z]. 上海：上海古籍出版社，2017.
[13] 董其祥. 明夏睿陵“玄宫之碑”的研究[J]. 四川文物，1984（02）.
[14] 刘孔伏，潘良炽. 明玉珍兵攻云南辨析[J]. 南开史学，1985（01）.
[15] 孙绍光. 女性与性权力[M]. 沈阳：辽宁画报出版社，2000.
[16] 张如英. 明清妇女贞洁观探析[D]. 济南：山东师范大学，2010.
[17]〔民国〕黄云生. 新都县志[Z]. 成都：巴蜀书社，1992.

图书在版编目（CIP）数据

碧泉论丛．2021：社会工作与社会学专辑 / 郑鹏，陆自荣，张今杰主编．-- 湘潭：湘潭大学出版社，2022.6
ISBN 978-7-5687-0757-2

Ⅰ．①碧… Ⅱ．①郑… ②陆… ③张… Ⅲ．①社会科学－文集②社会学－文集③社会工作－文集 Ⅳ．①C53 ②C91-53

中国版本图书馆 CIP 数据核字（2022）第 082680 号

碧泉论丛.2021：社会工作与社会学专辑
BIQUAN LUNCONG.2021:SHEHUI GONGZUO YU SHEHUIXUE ZHUANJI
郑鹏 陆自荣 张今杰 主编

责任编辑：尹筝筝
封面设计：李　平
出版发行：湘潭大学出版社
社　　址：湖南省湘潭大学工程训练大楼
电　　话：0731-58298960 0731-58298966（传真）
邮　　编：411105
网　　址：http://press.xtu.edu.cn/
印　　刷：长沙鸿和印务有限公司
经　　销：湖南省新华书店
开　　本：787 mm×1092 mm 1/16
印　　张：15.25
字　　数：372 千字
版　　次：2022 年 6 月第 1 版
印　　次：2022 年 6 月第 1 次印刷
书　　号：ISBN 978-7-5687-0757-2
定　　价：49.00 元